여호와의 산에 오르자!

여호와께 성결

저자 최 길 숙 사모

도서출판 주 영 광

머 리 말

　하나님께서는 가장 작은 자를 들어서 그 분의 창조의 기적의 능력을 보이시며 일하셨습니다. 부족하고 연약하고 실수가 많고 부끄럽고 죄인 중에 괴수된 자를 통해서 그분의 완전하고 놀랍고 크고 은혜로우신 일들을 하십니다. 연약한 우리가 그분의 완전한 손에 올려 졌을 때 그분은 창세전부터 계획하셨던 놀라운 창조의 기적의 능력의 일들을 위해 연약한 우리를 사용하십니다. 이 얼마나 크신 은혜인지요! 참으로 그 크시고 놀라우신 하나님의 일에 불러서 사용되게 해 주신 은혜에 감사함과 영광과 찬양을 드릴 수밖에 없음을 고백 합니다.

　주님께서는 목사님과 저를 부르셔서 하나님의 교회를 섬기는 복된 일을 맡기셨습니다. 주님의 핏 값 주고 대속하신 그분의 양떼들을 섬기는 일은 너무나 감사하고 복된 일이었습니다. 하나님의 양떼들이 한사람 한 사람 세워지는 은혜를 받게 하시고 교회에 복을 주셨습니다. 그리고 계속 기도로 주님을 구하게 하시고 따로 주의 종들을 섬기는 은혜를 더하게 하셨습니다. 주님께서 한 장면을 보여 주셨는데 정말 그대로 보여 주신 일들을 하게 하셨습니다. 주의 종들의 하얀 운동화에 묻은 진흙들이나 검불들을 바닥에 납작 무릎을 꿇고 엎드려 그것들을 치워드리고 닦아드리는 일을 해서 주의 종들이 붉은 비로드 앞길을 잘 나아가실 수 있게 하셨습니다. 주님의 귀하고 복된 주의 종들의 신발 앞에 바다 속의 해초처럼 얽혀있어 갈 길을 막는 해초들을 잘라주고 치워주어 주님의 종들이 붉은 비로드 앞길을 잘 올라가실 수 있도록 납작 바닥에 무릎 꿇고 앉아서 그 얽혀있는 해초들을 치워주는 일들을 감당하게 하심을 보이셨습니다.

또 성도들이 자신들이 얼마나 존귀하고 보배로운 존재인지도 모르고 길가에 나뒹구는 진흙 속에 묻힌 자갈돌 같다고 자신의 인생을 생각할 때 그들이 주님의 거룩하신 보배피로 구원받은 축복의 존귀한 사람임을 그가 또한 하나님을 크게 영화롭게 해드릴 은혜의 사람임을 그들이 깨닫고 믿음의 활기찬 능력의 삶을 살 수 있도록 돕는 사역을 하게 하셨습니다. 아들의 생명으로 주어진 존귀한 신분의 자긍심을 회복한 그들을 부축하며 새 힘 얻어 다시금 힘차게 나아가도록 주님께서는 목사님과 저를 사용하셔서 그들의 마음과 육체의 병들을 고치시고 심령을 새롭게 하셔서 하나님의 용사로 다시금 천성 문을 향하여 진군하는 용사로 세우시기를 기뻐하셨습니다.

이 일들은 사람에게서 나서 행하여 질 수 있는 일들이 아니었습니다. 오직 능력의 주님께서만이 하실 수 있는 축복된 일들이었습니다. 놀라우신 하나님의 능력으로 날마다 축복의 행진들이 일어나기 시작했습니다. 육신과 마음의 병으로 피폐해진 그들의 영육을 예배와 기도 가운데 주님께서 일하셔서 고치셨습니다. 하나님은 가장 작은 자를 들어 쓰셔서 얼마나 복된 일들을 하시기를 기뻐하시는지 우리를 알고 있는 많은 사람들 가운데 하나님께서는 날마다 영광과 찬양과 감사를 받으시기에 바쁘셨습니다. 사람을 살리시고 거름 더미와 진토에서 사람들을 일으키시고 영 육 혼을 살리시는 주님의 창조의 능력의 기적의 일들로 말미암아 우리는 감사하며 온 세상에 주님께서 행하신 놀라우신 일들을 전하기를 소원하게 하셨습니다.

그렇습니다! 정녕 하나님은 기적의 하나님이시요 창조의 능력을 행하시는 권세 있는 전능하신 주님이신 것입니다.

하나님의 말씀은 그 어느 때보다도 흥왕한 것 같지만 영혼이 기갈에 허덕이는 세대에 저는 작은 증인으로서 말씀이신 주님께서 말씀하시고 순종하는 그 백성들을 통해서 그 말씀을 확증하시는, 말씀이 삶으로, 능력으로 나타나는 하나님이 행하시는 축복을 보이고 싶습니다.

저는 감히 당신을 이 축복의 하나님이 일하시는 자리에 초대하기를 원합니다. 오셔서 주님께서 주시는 생수를 당신이 마시기를 원합니다. 여호와의 기구를 메는 자는 성결해야 합니다. 거룩하고 순결해야 하나님께서 쓰실 수 있습니다. 이 시대에 하나님은 여호와께 성결한 사람을 하나님은 부르시고 쓰십니다. 저는 능력이 없지만 그 분께는 권세와 능력이 무한하십니다. 이 능력의 사랑의 하나님 안에서 주님의 사랑받으시는 당신도 저처럼 승리의 삶을, 능력의 기적의 삶을 사시기를 축복합니다.

예수그리스도의 흘리신 보배피로 하나님의 자녀 된 당신이 지금 이 시간 영원한 권세자이시고 온 하늘과 땅의 주인 되신 그분께 기도하는 이 일을 통하여 당신은 하늘의 권세를 힘입게 되십니다. 당신의 발은 이 땅을 밟고 있으나 당신의 정체성은 하늘 시민의 권세 있는 삶을 살게 되는 것입니다.

인생의 거름더미에 앉아 있던 저는 하나님의 긍휼하신 은혜로 말미암아 지금 놀라운 축복의 삶을 살고 있습니다. 날마다 하늘 권세로 채움 받는 능력과 축복된 삶 가운데 이러한 창조의 기적의 능력의 하나님을 당신도 나처럼 향유하기를 그래서 주님을 기쁘시게 영화롭게 해드리고 기쁨이 충만한 희락의 삶을 사시기를 축복 합니다

그분께는 부족함이 없으십니다. 그분이 부어 주시는 충만하고 충일한, 지금도 새 일을 행하시는, 당신의 삶의 광야에 길을 내시고 당신의 삶의 사막에 강을 내어주시는 능력의 하나님 안에서 갈한 당신의 목을 시원케 해드릴 생수를 마음껏 마시기 바랍니다. 지금 이 순간 곤비한 당신을 초대하시는 미쁘신 주님의 사랑 안으로 그 축복 안으로 들어오십시오!

우상들이 무성했던 사당동에서
생명 되신 주님의 횃불을 높이 들고서
그분의 영원한 종 된 최길숙사모 드림

목 차

1. 하나님은 살아 계셔서 지금도 말씀하신다!

하나님은 날마다 그분의 창조적 능력과 기적을 펼쳐서 하나님을 영화롭게 사람들을 복되게 하시기를 기뻐하십니다. 그분은 지금 찾고 계십니다. "내가 누구를 보내며 누가 우리를 위하여 갈꼬." 주님께서 말씀하십니다. 누구에게요? 바로 당신에게 말씀하시고 계십니다!

자신을 어떻게 생각 하십니까? 인생에서 빛을 발할 소망이 스러져 가는 안타까움이 있지 않으신지요? 이 시대를 흥왕케 하는 하나님의 대사로서의 사명을 다 하고 싶은 간절한 의에 주리고 목마른 심령이 있지만 그 안에 감추인 빛이 제대로 빛을 발하지 못하는, 능력이 미치지 못하는, 지금의 나는 그러한 상태지만 주님의 권능이 임하여서 주님의 능력으로 수많은 영혼들을 살리고 세우시기를 원하시는지요? 만약 그렇다면 당신은 당신의 몫으로 분정 되어 진 하나님께서 당신에게 주시기를 원하시는 그 축복을 이제 체험하실 일들이 남아 있습니다.

가시덤불과 잡초더미가 가득한 것 같은 나의 인생을 주님께 드렸더니 그분께서 놀랍도록 싱그럽고 진주처럼 가치 있는 왕궁 중앙의 화원으로 제 인생을 만들어 주셨습니다. 사람들에게 아무것도 줄 것이 없던 가치 없던 인생이, 그 고통의 가시덤불 가운데서 무릎 꿇을 때 주님이 주시는 희한한 능력과 은혜로 채움 받아 고통 가운데 있는 수많은 사람들에게 주님의 빛을 전달하여 사람들을 살리고 세우는 이 일들을 하게 하셨습니다. 하늘의 신령한 은혜와 능력을 부어주시고 각양 좋은 은사와 온전한 선물을 주시니 이로 말미암아 고통가운데 있는 많은 사람들을 도울 수 있게 하셨습니다. 만나는 거의 모든 사람들과 함께 주님께서 은혜로 선물로 주시는 이 놀라운 일들을 통해서 그들의 곤고한 인생들을 변하여 새롭게 하시고 엄청난 기쁨과 감격이 있고 최고로 만족된 삶을 살게 하셨습니다.

전도자들은 전도하여 영혼들을 살릴 때 최고의 기쁨이 있습니다. 지금의 나도 당신을 위해 그런 은혜를 사모합니다. 지금 두 손을 그분께 내미시고 주님이 당신의 삶에 들어오셔서 주인 되시고 다스리시기를 간절히 사모하십시오! 그 이름을 부르기도 귀하고 복되신, 예수님의 거룩하신 보배피로 사신 당신을 위해 부족한 이 종은 섬기는 마음으로 간절히 말씀 드립니다.

이것은 내가 사는 삶이 아닙니다. 나의 발은 지금 이 땅에 딛고 살지만 전적인 주님의 은혜로 주님의 특별하신 하늘 권세를 이 땅에서 마음껏 체험하며 하늘의 권능을 실어 나르는 주님의 도구가 되어져 보배피로 사신 사람들을 섬기게 하시니 이는 능력의 지극히 큰 것이 사람에게 있지 아니하고 오직 하나님께 있음으로 인하여 주님께 영광 돌리며 감사드릴 뿐입니다.

주님의 권능의 이름을 사용하여 눅10장19~20절의 말씀이 삶 가운데 능력으로 체현되는 기적을 날마다 체험하며 살아가는 특별한 축복들을 경험하게 하시는 은혜를 덧입고 살아갈 수 있습니다. 곤고한 가운데 낙심하여 갈 길을 잃어버리고 방황하며 괴로워하는 사람들이나 병으로 인하여 고통과 슬픔가운데 소망을 잡지 못해 비탄에 빠진 사람들을 위하여 예수의 능력의 이름으로 선포하여 하늘 권세를 이 땅에서 체험하여 병원에서 힘들어하며 포기한 수많은 사람들을 살릴 수 있습니다.

주님께서는 먼저 그의 나라와 의를 위하여 기도하게 하셨고 의에 주리고 목마른 심령을 부어 주셔서 오직 간절히 주님의 은혜로 덧입기를 위하여 기도하게 하셨습니다. 무엇을 위하여 기도해야 되는지를 알게 하시니 얍

복 강 앞의 야곱처럼 오직 주님의 사람 살리시는 크신 은혜만이 내게 부어주시기를 원하고 원하게 하셨습니다. 이 시대를 위하여 주님의 권능으로 힘입어서 지금 나는 그토록 소망하던 하나님이 부어주시는 능력의 축복의 삶을 살고 있습니다. 인생의 깊은 절망 가운데의 퇴색한 해골의 거름더미에서 건져주시고 주 하나님의 숨결을 불어넣으시어 새롭게 가치창조 된 진짜 축복의 삶을 살게 하십니다. 인생 가운데 가장 무능하고 졸렬하기 그지없었던 인생을 주님께서 찾아와 주시고 만나주셨습니다.

주님을 만나면 낙망하고 스스로 자신을 가치 없게 생각되어지는 인생들이 숨을 쉬고 빛을 발하게 됩니다. 나는 이 놀라운 기적을 거의 날마다 경험하는 삶을 살고 있습니다.

나같이 무능하고 소심하고 권세 없는, 주의 길을 간다고 말하기도 영육이 곤궁했던 삶을 살던 사람이, 살아계신 무한한 사랑과 은혜와 창조의 축복의 능력의 기적의 하나님을 만나자 주변 사람들은 물론 나 자신까지도 화들짝 놀라 새롭게 된 나를 바라보며 기뻐하며 주님께 영광 돌리는 매일의 삶을 살게 되었습니다. 놀랍고 놀라운 일들을 일으키시는 주님의 선하신 능력이 지금 이 시간에 당신을 감싸기를 원합니다. 주님은 무능한 나를 만나주시기를 기뻐하십니다. 주님은 보혈로 구원하신 당신의 기도에 귀 기울이시면서 듣고 계십니다.

하나님은 구약의 선지자들에게 말씀으로 임하셨습니다! 하나님의 말씀이 임하는 것을 우리는 어떻게 알 수 있으며 무엇으로 말씀하시는가요? 우리는 무엇을 통해서 그분께서 말씀하시는 것을 알 수 있다는 것인지요? 하나님이 말씀하시는 징표는 무엇입니까? 하나님께서는 여전히 같은 방법으로 말씀하십니다. 말씀으로, 환상으로, 꿈으로. 하지만 우리가 간과해서는 안 되는 것이 있습니다. 그것은 세상의 영도 말을 한다는 것입니다. 그러므로 우리는 하나님의 사람이 환상과 꿈과 말씀을 받았다 할지라도 그것이 하나님의 말씀인지 하나님께로부터 온 것인지 세상의 영 사단의 것으로부터 온 것인지 아니면 사람의 영 즉 자신의 생각에서 온 것인지 반드시 구분하여야만 합니다.

하나님의 영을 받은 선지자인가? 악한 영을 받은 선지자인가 구분하는 방법이 있습니다. 하나님의 영을 받아 하나님의 선하신 통로로 쓰임 받는지의 여부는 하나님이 말씀하신 것은 반드시 이루어진다는 사실입니다. 악한 영 사단의 말로 나온 최후의 열매는 사람들을 망하게 하는 것입니다. 도적질하고 죽이고 멸망시키는 것이지요. 사단은 하와에게 거짓말로 다가섰고 하와는 뱀에게 속아 범죄 하였습니다. 사단은 똑같은 방법으로 40일을 금식하시고 주리신 예수님에게 접근합니다. 하지만 예수님은 말씀으로 "기록되었으되" 말씀으로 사단마귀를 이기셨습니다.

내주하시는 성령님의 인도하심에 민감하게 반응하여 우리는 영적 지각을 총동원하여 분별하여 오직 성령님의 도구요 통로로 쓰임 받을 때 우리를 통하여 그분의 선하신 일하심을 날마다 경험 할 수 있게 되는 것입니다.

악한사람들과 속이는 자들은 더욱 악하여져서 속이기도하고 속기도 하나니 그러나 너는 배우고 확신한 일에 거하라 너는 네가 누구에게서 배운 것을 알며 또 어려서부터 성경을 알았나니 성경은 능히 너로 하여금 그리스도 예수 안에 있는 믿음으로 말미암아 구원에 이르는 지혜가 있게 하느니라 딤후4:13~15

- 나는 할 수 없다! -

다 치우쳐 한가지로 무익하게 되고 선을 행하는 자는 없나니 하나도 없도다. 롬3:12

하나님 앞에 쓰임 받은 많은 사람들은 철저히 자신의 무익함을 발견한 사람들 이지요. 자신의 연약함과 죄성과 불의와 무능함과 비열함과 악함의 바닥에 끝까지 내려가 본 사람은 이제 주님 앞에서 교만함을 버리고 깨어져서 낮아지고 낮아져서 내 힘으로, 내 능력으로, 나로서는 아무것도 할 수 없음을 철저히 깨닫고 오직 그분 없이는 아무것도 아닌 자신의 영적 현 주소를 낱낱이 알게 되는 것 이지요. 자신의 무익함과 악하고 추악한 죄성을 철저히 발견한 사람은 정결해질 소망이 있습니다.

우리가 사랑의 능력의 주님 안에 있다는 것은 엄청난 축복이지요. 세상의 그 어떤 우상도 줄 수 없는 하나님의 놀라우신 사랑의 능력은 우리를 살리시고 거름더미에서 일으켜 새 소망을 주십니다.

이제는 자신의 생각을 내려놓고 오직 주님의 말씀이 나의 힘이요, 능력이요, 생명임을 알아 주님의 말씀이 나의 온 삶을 관통하여 일하시도록 순종의 삶을 살기를 원하게 됩니다. 이젠 더 돌아서 가는 신앙생활하기를 원하지 않게 되지요. 온전히 나의 삶을 통하여 오직 주님만을 영화롭게 하기를, 그 이름에 영광 돌리는 삶을 살기를 간절히 원하게 됩니다. 주님께서 바로 당신을 부르셔서 이 일들을 맡기시기를 축복합니다.

- 겸손한 자에게는 하나님의 은혜가 임한다! -

저는 어린 두 아들을 키웠습니다. 그때만 해도 서울의 사당동은 국립현충원의 산을 두르고 있는 시골 정서가 가득한 나무냄새 풀냄새 가득한 정겨운 동네였어요. 오후가 되면 고삐 풀린 어린 아이들의 서로를 부르며 노는 소리가 온 동네에 가득했습니다. 지금은 목사가 된 둘째 아들은 아이들의 소리를 듣자마자 발에 날개를 달고 날아가듯 소리치며 쏜살같이 고만 고만한 빌라 가득한 골목길로 내달았지요. 뒤에 대고 말하는 엄마의 부탁일랑은 아예 귀에 걸치지도 않고 마음은 이미 또래 친구들 속으로 뛰어 들어갔어요. 저녁 해가 질 때 쯤 이면 너무 재미있게 놀아서 만족함이 가득한 미소를 지으며 약간 피곤함이 섞인 얼굴로 아들이 집에 돌아옵니다. 아들의 손과 발과 얼굴은 가히 자연인이 다 되어 있어요. 머리칼은 땀에 절어 흐트러져있고 나뭇가지를 들고 온 손에는 흙투성이에 바지는 진흙으로 질펀하게 뭉개져 있지요. 아이가 대문을 밀고 들어올 때 저녁을 준비하던 나의 마음은 아이에게로 향하여 내닫지요. 아이의 냄새나는 머리칼과 더러운 흙이 묻어 있는 모습은 엄마에겐 아무것도 아닙니다. 아이가 대문을 밀치며 들어올 때 엄마는 달려가서 꽉 껴안고 사랑의 입맞춤을 멈추기가 힘들지요. 너무 사랑스러워서요.

아이에게 엄마는 하나님의 사랑을 대신하여 세워진 존재이지요. 그 몇 시간 보지 못했던 그리움으로 엄마는 아이를 놓아주기가 힘들어요. 땀 냄새 흙냄새 가득한 아이를 꼭 껴안고 엄마는 기쁨과 행복이 충만해집니다. 아이 엄마는 왜 하나님께서 이 땅에서 가정을 먼저 만드셨는지 알 것 같아요.

결혼하여 남편과 아내로서의 사랑이 자라날 즈음 아이로 인한 더 깊어진 사랑을 깨닫게 되지요. 누가 말해 주지 않아도 아이에 대한 사랑은 거의 모든 부모들에게 절대적이 될 수밖에 없어요. 따스한 물을 먹이고 대야에 물을 받으며 먼지와 흙이 가득한 아들의 땀 냄새 나는 발을 씻기며 엄마는 행복해 집니다. 어린 아들은 엄마의 손길이 간지러운지 깔깔깔 웃으며 발로 물을 찰방거립니다. 뿌옇게 되어 진 물이 얼굴에 닿지요. 결혼 전과는 너무나 다른 내가 거기 있습니다. 쓱 얼굴의 물을 닦고 아이를 안아 올려 품에 안아주고 마른 수건으로 몸도 닦아주고 발가락 사이사이를 호호 불어서 뽀송뽀송하게 말려줍니다. 밥도 국도 반찬도 빨리 만들어야 되는데 저에게 주어진 최대 행복을 놓치기가 싫어요. 다른 무엇과도 이 순간의 행복을, 기쁨을 바꾸기 싫지요. 이제는 진흙도 먼지도 다 사라진 사랑스러운 복사꽃 같은 아이를 꼭 안아 꼬물거리는 발가락을 깨물어주고, 부드러운 옷으로 갈아 입혀주고, 아이의 손에 좋아하는 책을 들려준 뒤에 부엌으로 가는 엄마는 기쁨과 만족감이 풍선 부풀 듯 가득 넘칩니다. 이와 같이 나는 나의 하나님 아버지를 압니다.

그분은 나를 아십니다!
그분은 나의 약함을 아십니다!
그분은 나의 비겁함을 아십니다!
그분은 나의 더러움을 물론 아십니다!
그분은 나의 치명적인 죄악을 아십니다!
그분은 나의 존재의 깊디깊은 냄새나는 추악한 내면의 실상을 아십니다.

그럼에도 불구하고
그분은 나를 안으시지요!

그럼에도 불구하고
그분은 나를 용서하십니다!

그럼에도 불구하고
그분은 나를 치유하십니다!

그분의 사랑이 너무 크시므로 당신과 나의 죄악이 우리를 가렸으나 그 죄악의 오물 뒤에 있는 당신과 나를 너무 사랑하시어서 도대체 모른 체 하실 수 없으시거든요. 그분의 나에 대한, 바로 당신에 대한 그 사랑이 너무 깊으셔서 그분은 당신의 오물을 그분의 피로 씻기시고 그 너른 품에 안아주시는 것이지요! 죄를 지은 나는 주님의 얼굴을 피해서 도망갔으나 그분은 지하 하수장 까지 내려오셔서 나를 부르시고, 품에 안으시고, 씻기시고, 먹이시고, 피 묻은 손으로 따뜻하게 감싸주시고 그분의 말씀을 보내 나를 회복시키시고 그분의 상으로 불러주십니다! 이유는 오직 하나! 나는 그분의 것이기 때문이지요. 나는 이제 그분의 상에서 먹을 것입니다!(호6:1, 사1:18)

오라 우리가 여호와께로 돌아가자 여호와께서 우리를 찢으셨으나 도로 낫게 하실 것이요 우리를 치셨으나 싸매어 주실 것임이라 호6:1

아들을 주신 여호와 하나님께서 우리를 부르시고 말씀하십니다. 아들의 보배로운 순수한 보혈로 덮임을 받은 그의 양자된 우리에게 지금 그분의 용서와 사랑의 손을 내어밀며 친절히 말씀을 전해주시지요! 이 시간 주님의 성령님의 감동하심으로 나의 눈은 눈물이 가득 채워지고 흘러내립니다. 아버지의 따뜻하신 사랑 앞에서 패악 무도한, 가슴이 건조해 질대로 건조해져 사막과 같이 황폐한 은혜를 잊어버린 이 세대의 그분의 수많은 자녀들에게 가슴이 타서 뜨거운 김이 터져 나오는 그분의 안타까운 사랑으로 인하여 나의 가슴은 아프고 쓰라립니다. 그분은 부지런히 주님의 사랑의 손길을 보내시기에 바쁘십니다. 새벽에 밤새 준비해놓으신 생명의 이슬을 내려 보내시고 그들이 새 힘을 얻을 떠오르는 밝은 아침 해를 보내십니다. 그분의 자녀들, 아직 그분의 자녀 되지 못해 아직도 어둠가운데 있는 사랑의 아버지의 자녀 될 그들을 위해서도 아버지의 사랑은 끝이 없으시지요. 숨 쉴 수 있는 공기를 무제한 은혜로 공급해주시고 하늘과 땅과 별과 꽃들도 다 주시고 그분이 자녀들이 든든하게 딛고 누리고 다니도록 그분의 말씀으로 땅을 붙잡고 계십니다. 우리 중 어린아이 일 때 누가 우리를 어머니의 젖가슴에 품어 젖을 먹여주심에 감사 할 수 있겠습니까? 누가 우리의 첫 걸음 뗄 때 위태위태한 그 걸음걸이를 조마조마한 마음으로 넘어져 다칠까 봐 가슴 설레게 바라보았던 양육자 된 부모의 고마움에 감사를 표한 적이 있었겠습니까? 당신이 자랄 때까지 숱한 그 잠 못 이루던 부모의 나날들에 대해서 우리가 얼마나 알고 있을까요? 우리가 먼 훗날(?) 잠깐의 시간이 흐른 다음에 그분의 전적인 은혜로 우리의 발이 황금 길을 거닐 때 인생 가운데 세지 못할, 셀 수도 없는 그 수많은 주님이 베푸신 은혜들을 깨달을 때 우리의 가슴은 벅차고 견딜 수 없어 그 분의 사랑 앞에 무너져 엎드려 질 것입니다. 어찌 다 고개를 들 수 있단 말입니까?

이 글은 앞으로 나아가야 하는데 웬일인지 발에 손에 족쇄 채인 것처럼 앞으로 나아가기가 힘든 당신을 위한 하나님의 격려의 메시지입니다! 나같이 비겁하고 무능하고 결기가 없는 사람을 주님께서 찾아와 주시고 함께하셔서 놀라우신 창조의 능력의 기적의 하나님을 경험하고 날마다 주님께서 행하실 놀라운 일들을 두근두근하는 기대로 가득 찬 축복의 날들이 되게 하신 주님께서는 이 시간 당신을 만나 주시기를 원하시고 있어요. 적어도 당신은 저보다는 훨씬 나은 사람이지요. 나같이 죄성이 가득하고 연약하고 아둔하고 비겁한 사람을 만나주시고 복 주셔서 주님께서 놀랍게 축복의 통로로 쓰셨는데 나보다 훨씬 더 나은 당신을 통해서는 얼마나 놀라우신 일들이 일어나겠습니까? 받을 만한 자격이 없는 나를 사용하시는 주님의 자비와 긍휼하심과 인내만이 그 사랑만이 해답입니다.

나는 당신도 하나님의 이 사랑의 축복의 깊은 바다에 발을 깊이 디뎌 보시기를 원하고 원합니다.

　그 시작은 전능하신 하나님과의 만남 곧 기도로 그 비밀한 축복의 문에 들어가게 되는 것이지요. 당신이 그 길에 들어섰다면 당신은 당신을 향하신 하나님의 놀라우신 사랑을 곧 경험 하게 될 것입니다. 하나님의 행하시는 놀라우신 사랑과 하나님의 경륜과 섭리는 당신과 내가 미처 인식하기도 전에 우리의 삶을 준비시키시고 열어 가시는 가운데서 역사하시는 완전하신 주님의 사랑을 체험하게 됩니다.

- 미리 미리 예비하시는 하나님 -

저는 6.25한국전쟁이 휴전되고 10년이 지난 1963년 봄에 전라북도 부안군 산내면 진서리의 초등학교 앞의 단란한 2남4녀의 집에서 셋째 딸로 태어났습니다. 어머니는 집 바로 앞의 초등학교 교사이셨으나 아이들이 많이 생겨지자 집안에서 아이들 양육만을 하셨고 아버지는 작은 회사의 사무실에서 근무하셨던 것을 기억 합니다

여름 날 거센 소나기라도 오면 빨간 양철지붕 위와 양철 대문에 갓 익은 살구들이 '따다닥 딱' 요란한 소리를 내며 떨어졌고 아침이면 대문 바깥까지 흐드러지게 넓적한 잎과 같이 떨어진 노오란 살구들이 홍건히 고인 물 가운데서 말갛게 나를 쳐다보던 것을 기억합니다. 부모님은 일제 강점기와 6.25한국전쟁의 온갖 풍상을 그 몸으로 힘들게 겪어내신 분들이셨어요.

원래 할머니는 일제 강점기에 전북 고창의 시골마을의 교회에서 전도부인으로서 섬기며 새벽마다 종을 치고 복음을 전하는 충성된 하나님의 종이었다고 우리 집안을 아는 마을 어르신이 전해 주셨어요. 또 아버지 가까운 친척 중에 한사람은 예수님을 전하러 중국에 가면서 자기는 살아서 고향으로 돌아오지 않고 중국에서 복음 전하겠다고 하며 고향을 떠나 전도하러 가신 후 연락이 끊겼다는 말씀도 해주셨어요. 사실 아버지는 일체 지난 일이나 가족 이야기를 하시지 않으셔서 오가는 친척 분들만 알고 있었지요. 그 시대 아버지들처럼 아버지는 말이 없으셨어요. 하지만 우리들을 사랑으로 돌보셨어요. 자녀들의 공부에 관심이 많으셨고 자녀들을 위해 그 시골에서 철철이 과일과 육류 그리고 마른 건삼과 에비오제 영양제를 억지로라도 먹이시며 엄한 가운데서도 사랑으로 우리를 돌보셨던 것을 기억합니다.

때로 술을 드시면 고단한 가운데서도 기분이 좋으셔서 온 가족들을 모아놓고 노래를 시키시고 용돈을 주셨던 것을 기억 하고 있어요.

우리 마을 사방 15킬로미터 안에는 교회가 없었습니다. 그래서 마을의 모든 사람들은 교회를 다니는 사람이 한 사람도 없었지요. 여섯 살 정도의 아직 학교 가기전의 어린 아이일 때 동네 언니를 따라 20킬로미터 떨어진 교회에 한참을 다녔다가 그 언니가 교회에 가지 않아 어린 나는 갈 수가 없어서 나도 교회에 그 후로 가지 않았습니다. 여름 날 온 몸이 땀에 완전히 절어 볼이 불에 덴 것처럼 느껴졌고 그것이 기억이 납니다.

교회에 도착하면 젊은 남자선생님의 인도로 찬양 드리던 것과 기다란 잠자리채 같은 것으로 헌금 드리던 것이 기억납니다. 선생님들이 분반 공부로 그림을 보여주며 열성을 다하여 이야기 해 주신 것은 기억나지만 그때 주님을 영접하지는 못 했습니다. 그렇지만 그러한 경험들은 제 인생에 영적 자양분으로 남아 있었던 것 같습니다.

아버지는 일제 강점기에 우리나라 여러 청년들과 같이 일본군인들 틈에 끼어 사이판으로 끌려가서 전쟁을 치르게 되었다 하였습니다. 전쟁막바지에 나중에 고립되고 보급이 끊겨 거의 아사직전까지 갔으나 하나님의 은혜로 아버지를 좋아했던 그곳 처녀가 아버지를 불쌍히 여겨 빵 나무 열매를 다른 사람들 몰래 줘서 겨우 목숨이 끊기는 것은 넘기실 수 있었다하니 놀랍고 놀라우신 하나님의 돌보심의 은혜였습니다. 우리나라 청년들이 40명이 같이 갔는데 오직 아버지만 돌아오시게 되었다고 하셨어요. 너무도 몸이 마르고 제대로 걷지도 못해서 큰고모가 조로 미음을 쒀서 그 물만 한 달 넘도록 먹게 하여서 겨우 운신을 하게 되었으나 그 후로도 아버지는 돌아가실 때까지 계속 마른 몸이셨습니다.

또한 6.25동란이 끝나가며 빨치산 패잔병들이 물러갈 때 동네에 와서 물자들과 그 물자들을 옮기는 남자들을 끌어갈 때 아버지도 같이 끌려 가셨다합니다. 그 때 어머니께서는 이미 어렸을 때 죽은 큰 오빠와 언니들이 있어서 아버지를 따라 멀리까지 따라가며 울며 공산당 인민군에게 아버지를 달라고 하였다합니다. 그러자 인민군들이 총 개머리판으로 어머니를 마구 때리며 돌아가라고 하였으나 어머니는 "나는 애기들 혼자 못 키워요 나는 농사지을 땅도 없고 아이들과 먹고 살 능력이 없어요. 아이들 아버지 없으면 우리는 다 굶어 죽어요." 하며 울며불며 아주 먼 거리까지 한참을 따라가니 인민군 중에 좀 높은 사람이 끌려가던 무리 중에서 아버지를 따로 끌어내더니 아버지를 마구 때리고 어머니에게 가져가라고 주었다고 합니다.

어머니는 아주 부유했으나 나의 외할아버지가 돌아가시고 나서 외할머니가 사기꾼에게 속아서 엄청난 재산을 다 잃어 버리셨다고 하였습니다.

내가 아주 어렸을 때에 가본 여관, 지금은 호텔이라고 할 수 있었던 건물도, 그 당시에 2층 건물이란 것이 그 지방에 거의 없었을 때에 아주 외관도 화려하고 수많은 객실과 정원도 너무 멋있었던 건물을 보이며 이것도 외할아버지가 남기신 재산이었는데 이것마저도 다 사기꾼에 속아 넘어갔다고 말씀하시던 것을 들은 기억이 있어요. 만일 그 재산들이 남아 있었다면 아마 아버지를 달라고 하시지는 않았을 거라는 생각이 듭니다.

어머니는 아이들 돌보느라 국민 학교 지금의 초등학교 교사도 할 수 없었고 시골에 땅도 없었으므로 정말 절박한 심정이 되어서 아버지를 달라고 그렇게 무서움을 무릅쓰고 사정을 하였던 것이지요. 주님께서는 우리의 앞길을 다 미리 아시니 그 재산이 없어지는 것이 장차 하나님 아버지의 자녀들을 이 땅에 보내실 수 있는 길임을 아시고 악인을 사용하시어 때에 맞게 재산도 치워주신 것이라고 생각합니다. 그 후로 그 때 끌려 간 마을 사람들

중에 돌아온 사람이 한 사람도 없었다고 합니다. 너무도 안타깝고 가슴 아픈 일이었지요. 그때 아버지가 풀려 나오시지 않았더라면 거름더미에서 살아나 다른 사람을 살리는 일에 부르심을 받은 나도, 그리고 지금 장로로 섬기는 오빠도, 목회를 하는 동생과 집사로 충성을 다하는 여자 동생도 태어날 수가 없었을 것입니다. 실로 하나님께서는 인간의 가장 연약한 그 모든 것까지도 사용하셔서 합력하여 선을 이루시는 축복의 능력의 하나님이십니다.(시135:3, 롬8:28)

우리가 알거니와 하나님을 사랑하는 자 곧 그의 뜻대로 부르심을 입은 자에게는 모든 것이 다 합력하여 선을 이루느니라 롬8:28

- 새 벽 -

인생의 가장 곤핍한 그 시간에 주님은 마른 목 축이도록 생수의 바가지를 우리에게 내미십니다. 신학교 때 MT를 갔었습니다. 그때 과대표가 인도하여 찬송하며 "예수 나의 ○○ 아~ 아멘"으로 자신의 믿음을 고백하는 시간을 가졌어요.

나는 '예수 나의 새벽'이라고 고백했습니다. 그 시절의 동기들은 80년대 대한민국 신앙의 부흥기에 은혜를 받고 부르심을 입어 순종하여 신학교에 온 사람들이었습니다. 지금 두각을 나타내며 사회에서 존경받는 목회자들이 되어있고 거의 대부분 목회를 잘 하고 있어요. 신학교 동기인 지금의 남편 목사님을 동기들을 통하여 중매하게 하셔서 결혼을 했고 부교역자 훈련을 한참하고 난 뒤에 주님께서는 동작구 사당동 총신대 산 뒤에 주 영광 교회를 세우게 하셨습니다. 목사님은 기도원에서 교회 설립을 위해 기도하고 있었고 나도 아이들을 돌보며 기도하고 있었지요. 그때 목사님은 교회 이름을 다르게 정해 놓고 있었으나 하박국 2장 14절 말씀을 통하여 주님께 영광을 돌리라는 마음으로 '주영광 교회'라고 교회이름을 정하게 되었고 나도 집에서 기도할 때 주님께서 '하나님을 영화롭게! 사람을 복되게!' 라는 표어를 주시며 교회의 나아갈 바를 말씀하여주셨습니다.

결혼 후에 하나님께서는 사람의 채찍과 인생 막대기를 사용하셔서 나를 벌레보다도 못한 거름더미에서 사는 인생으로 훈련시키시면서 낮고 낮아지며 겸손하고 겸손하며 인내하고 인내하는 사람으로 빚어가셨어요. 그 고난의 훈련 가운데 나는 온전히 순종하지 못했고 안 지어본 죄가 없을 정도로 그 현실을 도망가고 피하고 싶었습니다.

그러나 주님께서는 달리는 말에 박차를 가 한다고 더욱 더욱 인내를 요구하시는데 나의 기막힐 상황에 대해서 아무에게도 아무 말도 못하게 하시고 단 한마디의 나를 구원하기 위한 변명도 못하게 하셨어요. 이 훈련은 교회 개척과도 맞물려 계속 이어졌고 십몇 년의 세월이 이어질 때까지 훈련 되어졌습니다. 하나님의 시간표는 이미 확정 되어졌고 저를 그 분의 계획가운데 빚어 가셨습니다. 하나님의 능하신 손아래에서 겸손하게 훈련을 시키시더니 때가 되매 주님께서는 복되고 영광된 일들을 교회에서 나타내시며 연약하고 부족한 저를 통하여 영광을 받으셨습니다.

그 전에 주님께서 던지시는 고난가운데 철저히 나란 사람에 대해서 알게 하시고 철저히 절망하며 낮아지며 주님 앞에 엎드려질 수밖에 없었습니다. 나에게는 소망이 없음을 알게 되었습니다. 나의 소망은 오직 주님 밖에 없었습니다. 죄인의 괴수된 나를 신뢰하지 않고 주님만을 신뢰할 때 그분을 의지하며 나갈 때 인생 가운데 기대도하지 않았던 좋은 일들이 밀려들어왔어요. 축복된 일들은 문 밖에 대기하고 있다가 들어오고, 감격하고 감사하며 그 선물들로 감사드릴 때 다시 위로부터 부어주시는 바 된 은혜와 축복들이 강물처럼 부어지고 흘러넘치게 하셔서 원수의 목전에서 후한 상을 차려주시는 주님의 은혜와 그 크신 사랑에 감사 감격하는 인생이 되게 해주셨습니다.

- 주의 성령님의 일하심 -

집에서 처음 예배를 드렸는데 그동안 전도하고 다녔던 주일학교 아이들이 많이 왔어요. 믿는 옆집에서 불만을 쏟아냈어요. 아이들이 예배 후 큰 소리 내며 놀았거든요. 그때 웬일인지 아버지들의 학대로 어머니들이 많이 집을 나가 편부 아이들이 15명이 되었습니다. 다른 아이들도 있었습니다. 아이들 집을 방문해 보았더니 너무 안타까운 상황이었어요. 그래서 아이들을 적극적으로 돌보아 주었습니다.

얼마 후 주님께서 정말 적은 전세금과 월세를 받는 교회를 주셨어요. 목사님의 지금은 마중물 선교회 대표로 있는 동생과 집사로 충성하고 있던 저의 여동생을 통하여 교회를 얻게 해 주셨어요. 성령님께서 그렇게 기쁜 마음을 주시며 감동을 주셨어요. 오랫동안 있던 많은 먼지와 더러운 것을 청소하고 목사님과 성전을 만들었습니다.

정말 신실하고 충성스러운 전도사님과 선생님들이 그들을 사랑으로 섬겼어요. 나중에는 교회에 온 다른 청년들도 교사로서 아이들을 돌봐 주었습니다. 사랑으로 그 어린아이들을 섬겼고 먹을 것과 입을 것들을 챙겨 주었어요. 집에서 엄마의 따스한 손길을 느낄 수 없었을 그들을 사랑으로 품어주고 매주 주일학교 때마다 맛있는 음식도 해 먹이고 선물도 주었습니다. 선생님들이 자비량으로 그들을 헌신적으로 돌보며 기뻐하였습니다. 물론 저도 주님은혜로 아이들에게 풍성히 먹일 수 있었고 사랑의 손길로 돌봐 줄 수 있었습니다. 주님께서는 개척교회의 재정을 아시고 그분의 천사들을 보내 주셨습니다. 성도들도 정성껏 헌금을 하였고, 지금은 중학교에 미술교사로 있는 이ㅇ혜 선생님이 아무 말도 없이 와서 월급의 거의 전부를 조용히 헌금함에 통째로 몇 번이나 드리기를 마다하지 않았습니다.

주님께서 그렇게 교회의 필요들을 채워가셨고 주님께서 그 헌신을 축복하시기를 가슴깊이 기도하게 하셨습니다. 그 중에 아이들은 사랑으로 자라갔고 믿음들이 세워져 갔어요. 교회 개척 후 충성스러운 하나님의 일꾼들을 붙여주셔서 기쁘게 주님을 섬겨 일하게 하셨습니다. 그러나 전도가 잘되지 않았고 여전히 어른 성도의 수는 적었고 믿음이 생길만하면 이사를 가고 큰 교회로 옮겨가는 과정가운데 낙심이 되며 대인 기피증이 생길 정도로 나는 안으로 움츠러들기 시작하였지요.

　기도로 주님 앞에 나아갔다면 더 힘을 얻고 성령님의 지시하심 가운데 지혜롭게 복음을 전하며 목사님을 도와 섬겼을 텐데 주야로 말씀을 준비하며 기도회도 있어 일주일에 열다섯 번을 넘게 설교하시는 목사님을 전도로 돕지 못함이 내게 엄청난 죄송함과 안타까움으로 자꾸만 자책하게 되었고 후에는 사람들을 피하게 되는 일 까지 생기고 모든 일에 자신감이 사라져 갔습니다. 결혼 전 학원 강사와 인하전문대 강사 할 때는 기쁨가운데 열심히 복음을 전하며 수많은 사람들을 전도 할 수 있었던 것은 순전히 주님의 은혜와 능력으로 된 것임을 다시 한 번 더 깨닫게 되었어요. 결코 내 힘으로 그 수많은 학생들을 전도 할 수 없었음을 다시 한 번 알게 된 것이지요.

　처음 생각할 때와 다르게 많은 시간들이 지나는 동안 교회는 성장하지 못하고 계속 제자리걸음을 하며 여전히 작은 인원의 성도와 지하에서 나오지 못하고, 사람막대기를 통해서 매일 매일 훈련 받던 나는 고통가운데 모든 의욕과 기대와 소망이 사라져 갔습니다. 마치 거름더미에 던져진 낡은 신발과 같은 자가 되어 텔레비전의 드라마를 나의 도피처로 삼게 되었고 소망 없는 삶을 살게 되었습니다. 여전히 부족한 우리를 바라보며 충성스럽게 헌신적으로 믿음생활을 하고 있는 몇몇 성도들을 생각한다면, 일주일에 열다섯 번씩 설교 준비하며 온 힘을 다하는 목사님을 생각한다면 나는 더욱 힘쓰고 애쓰며 주님 앞에 나아가야 했습니다.

그리고 위로부터 부어주시는 은혜를 사모하며 구하여 목사님을 도와 하나님을 영화롭게 사람을 복되게 해야 하며, 성도들을 위해 간구하며 사랑으로 섬겨야 됨에도 불구하고, 보이는 사람의 눈에는 잘하는 것 같지만 내속은 자꾸만 위축되고 주저앉게 되었습니다.

자비하신 하나님께서 저의 삶에 관여하셨습니다. 하나님의 뜻 가운데 연약하고 겁 많은 저를 쓰시기 위해 인간막대기인 사람을 붙여주셔서 지속적이고 반복적으로 훈련 받게 하셨습니다. 사람으로 지속적으로 훈련받는 정신적 육체적 고통에 때로는 한 밤중에 부엌에 나가 미친 듯이 밥을 꾸역꾸역 밀어 넣음으로 내 안에서 고통으로 무력감으로 무너져 내리는 나를 학대하기도 하였습니다. 어느 날은 새벽 3시 반까지 잠을 못 이루고 텔레비전 앞에 앉아있는 나를 보고 목사님은 무척이나 놀라기도 하였어요. 사단의 즐거운 환호성 속에 나는 맥없이 무너져 내리고 모든 것이 헛헛하고 자신감도 없고 기쁜 일이 없고 밥도 모래알 씹히는 것 같이 그냥 자동적으로 시간이 되었으므로 마쳐야하는 숙제처럼 살아가고 있을 때 내 안에 살고 계시던 성령님께서는 철저히 무력감을 숙명처럼 안고 살아가는 나를 내버려두시지 않으시고 은혜와 자비의 자락을 내미셨어요.

안과 밖으로 고통 받는 나는 가히 '자동 회복불능'의 상한 갈대요, 꺼져가는 등불의 상태였습니다. 나는 소망이 없었지만 하나님의 손바닥에 내 이름을 새기고 아시는 주님께서는 나를 불러주시고 내 안에서 새롭게 일하시기 시작하셨어요. 나는 나를 믿을 수가 없었어요. 지금이니까 그 병명을 알게 되었지만 공황장애의 내 자신의 힘으로는 숨조차 쉬기도 너무 버겁던 그 현실에서 나에 대한 소망과 비전, 자신감을 모두 상실한 그 절망의 순간에 만물의 찌끼 같던 나를 살리시기 위해서 주님께서는 에스겔골짜기의 마른 해골 같던 나에게 말씀으로 응답해 주시고 살길을 열어 주셨습니다. 신선한 기름 부음을 부어주시고 숨을 쉴 수 있게 하시고 기도하게 하셨습니다. 놀라우신 주님의 은혜였지요! 인생의 끄트머리 절벽위에서 기도 하게 하셨습니다. 인생의 벼랑에서 주님의 말씀을 붙잡고 하루하루를 지탱하며 살길을 찾아 은혜를 간절히 사모하게 하셨습니다.

지난 1980년대에 주님께서는 대한민국에 놀라운 성령의 바람을 불어넣으시고 크고 놀라운 일들을 행하셨습니다. 수많은 교회에 주님의 은혜를 간절히 사모하는 사람들로 예배시간 마다 가득했습니다. 중 고등학생까지 새벽예배에 참석해 나라와 민족을 위해 기도하며 방언으로 기도하게 하셨습니다. 많은 국제적인 기도모임과 부흥회들을 행하게 하셨고 여의도광장에서 세계적인 규모의 예수이름으로 예배와 회개와 찬양과 결신 그리고 선교사와 주의 종과 일꾼으로서의 헌신의 시간들이 있었습니다. 이때에 헌신 했던 많은 젊은이들은 시간이 흐른 지금은 선교지와 교회에서 주의 종으로, 각처에서 주님을 중추적으로 섬기는 헌신의 사람들로 세워져 일하고 있는 줄로 압니다.

그때만 해도 믿음의 기반위에 세워진 미국과 서구 유럽 여러 나라들은 1984년도에 여의도 광장에서 백만이 넘는 개신교성도들이 맨바닥에 비닐을 깔고 수일간 아침부터 저녁까지 오직 주님을 찬양하며 예배드리고 기도드리는 모습을 경쟁적으로 취재하여 각 나라의 신문과 방송으로 내보내게 되었습니다, 주님의 감동하심으로 기독교 정서가 강한 그들에게 이 일은 세계역사상 그 유례가 없던 일로서, 엄청나게 신선한 충격이 되었고 깊은 울림이 되게 하셨습니다. 서구 각 나라의 바이어들은 이왕이면 믿음으로 하나님을 섬기며 이렇게 기도하는 나라의 사람에게 수주를 줘야겠다는 마음을 갖게 하심이었습니다.

우리나라는 이를 기회로 엄청난 경제발전을 이루는 전기가 되었습니다. 배후에 주님의 권능의 돕는 손길로 인하여 우리나라의 경제는 획기적인 발전이 이루어졌음을 기도하는 하나님의 백성들은 다 알고 있는 사실입니다. 그때 믿음의 사람들의 기도로 삼각산과 청계산 등 믿음의 사람들이 모이는 곳에서는 밤을 하얗게 밝히며 이 나라와 민족을 위해 세계선교와 주의 종들과 교회들을 위해 비가 오나 눈이오나 더운 여름철이나 영하의 추운 겨울철이나 수많은 믿음의 사람들의 부르짖는 기도가 하나님께 상달 되었던 것입니다. 물론 교회 교회에서도 주님 앞에 뜨겁게 부르짖어 기도하는 교회들이 상당히 많았습니다. 저도 주님의 은혜로 그와 같은 교회에 다녔기에 새벽마다 저녁마다 찬양하고 예배드리고 기도하였습니다.

우리 교회에서도 그와 같이 기도하는 사람들이 많았어요. 제가 다니던 교회도 열심이 특심인 권원택 목사님 영향아래 예배와 기도와 찬양은 거의 매일의 세끼 식사와 같이 당연히 믿음의 사람들이라면 자발적으로 교회에 모여 매일 기도 하다시피 하였습니다.

고난 가운데 하나님의 선하신 은혜로 신선한 기름 부으심을 입은 나는 주님의 은혜를 다시금 사모하게 되었습니다. 고난 가운데서 내 안에 훈련시킨 기도의 DNA는 오랜 숙면을 떨치고 일어섰습니다. 온 땅을 두루 살피시어 전심으로 자기에게 향하는 자를 찾으시는 하나님께서 쉬지 않고 부르짖는 나의 기도를 들으셨고 그리스도 안에서 하늘에 속한 모든 신령한 복을 부어 주셨습니다. 그 이후로 나는 날마다 창조의 능력의 기적을 행하시는 하나님과 동행하며 삽니다. 나는 살아계신 주님을 주님의 은혜로 기도함으로 주님을 다시 만났고 그 은혜로 살아났습니다. 지금의 나는 오직 그분의 은혜로 날마다 만나는 수많은 사람들을 살리고 세우는 일에 쓰임 받는 축복을 받게 되었습니다. 거름더미 가운데서 나를 부르시어 사용하신 그분의 은혜의 초청으로 당신도 이끌게 됩니다.

이 시간 나는 당신을 마주 봅니다!

나는 당신 안에 주님께서 심어 놓으신 주님을 향한 당신의 간절한 소원과 열망을 찾고 있습니다. 혹 이미 빛바래져서 생명 없어 보이는 소망 없는 마른 씨앗이 힘없이 누워 있음을 자각하십니까? 아닙니다! 절대 아닙니다! 마른 해골 같았던 나! 거름더미의 낡은 신발 같았던 나도 이렇게 주님주신 은혜로 새 힘을 얻어 강건하고 당당하게 하늘 권세를 받아 그 권세로 남을 살리며 남까지도 행복한 길로 인도하며 살아가고 있지 않습니까? 이제 당신도 나와 같이 날마다 기적의 능력의 축복의 하나님과 동행하는 다이나믹한 삶의 행로를 걸으시기를 원하고 원합니다.

그 시작은 생명의 하나님, 그분께 나아가 주님을 만나는 축복의 기도의 작은 호흡으로 부터 그 하늘 권세를 힘입는 능력이 시작됩니다. 기도하라고 초청하신 주님의 말씀에 순종함으로 당신이 바로 그 축복의 통로가 될수 있습니다. 하나님의 엄청난 사랑으로 구원 받은 당신 당신은 주님의 축복을 받기를 원하십니까?

- 지름길은 없습니다! -

　지난 십여 년간 거의 매일 매일을 예배를 인도하며 살아왔습니다. 많은 사람들이 고난과 환난 가운데서 주님께로 나아옵니다. 그들은 어서 이 고난과 환난의 풍파가 자신들의 인생가운데서 사라져 주기만을 구합니다. 그리고 문제없는 평안한 날들을 간절히 원하고 있습니다. 처음에는 긍휼한 마음으로 안타까이 동정의 마음이 되어서 그들을 위로하는데 마음을 썼습니다. 그러나 이제는 그리하지 않습니다. 하나님의 진짜 속마음, 의중을 알게 하신 후 부터는 살길을 말씀에서 찾아 권고하며 환난과 어려움을 당한 그 사람을 향하신 선하신 하나님의 인도하심과 축복하시기를 원하시는 하나님의 마음에 대해서 말씀을 드립니다. 기도할 때 주님께서 성령 안에서 주신 환상과 예언의 은사를 통하여 주님의 뜻이 전달되어지는 통로로 사람들을 살리고 세우시는 주님의 손에 붙잡혀 쓰임 받게 하시는 은혜에 감사 드릴 뿐입니다.

　모든 문제들을 우리는 한 관점에서 볼 때 문제 해결의 길이 쉽게 풀리는 것을 볼 수 있습니다. 하나님께서 인생에게 고난을 허락하신 이유가 무엇일까요? 하나님께서는 사람들을 극진히 사랑하십니다. 극진히 사랑하시는 사람들이 복의 길로 가지 못하고 생명의 길로 가지 못할 때 주님께서는 인생가운데 고난을 허락하시는 것입니다. 이스라엘 백성들이 주님을 떠나 우상을 섬기며 죄악의 길로 행하며 영생을 얻지 못하고 멸망의 길로 갈 때 주님께서는 결코 좌시하지 않으셨습니다. 왜냐면 그들은 하나님의 택하신 백성이었기 때문이요 언약의 백성이었기 때문에 그냥 유기 할 수가 없으셨던 것이었습니다.

지금도 예수그리스도의 거룩하신 보배피로 구원 얻은 하나님의 백성이 하나님의 뜻을 떠나 세상길로 가고 육신의 소욕대로만 살며 구원의 길에서 데마처럼 떨어져 나갈 때도 하나님의 축복받을 사람이 축복의 길을 버리고 자신의 생각과 소견대로 말씀을 떠나 하나님의 뜻을 저버리고 살아간다면 인생들을 극진하게 사랑하시는 하나님께서는 그분의 막대기로 인생 채찍으로 사람들을 사는 길로 축복의 길로 인도해 가시기를 기뻐하십니다. 그것이 살 길이고 복 받을 길임을 아시기 때문에 아무리 사람들이 이 고난을 걷어가 달라고 기도한다고 하더라도 주님께서는 하나님의 백성이 회개하고 생명의 길 축복의 길로 오기를 공의의 길에서 간절히 기다리신다는 것입니다.

　주님은 말씀 안에서의 정의로운 길로 행하시며 공의로운 길 가운데로 다니시며 그분의 백성을 만나 복 주시기를 간절히 원하고 계십니다. 내 자신보다도 부모형제 보다도 주님께서는 더욱 더 간절히 그분의 백성을 복주시기를 애타게 원하신다는 사실을 우리는 잊어서는 안 될 것입니다. 왜 기다리십니까? 그 사랑하시는 백성이 회개하고 돌아오면 복을 주시고 생명을 주시고 인생가운데 그렇게도 원하는 단비를 주시기 원하셔서 당신보다도 저 보다도 부모형제나 배우자나 자식이나 친지나 친구보다도 더 간절히 기다리고 계시는 것입니다. 우리가 주님을 영접하면 구원을 얻듯이 주님의 말씀에 순종할 때 우리는 복을 받게 됩니다. 인생에게 고난을 허락하신 이유는 그것이 그 길을 통과 하여야 진정 살길을 찾기 때문인 것입니다. 미련하고 어리석고 금방 잊고 거만한 것이 사람입니다.

　저는 저의 마음을 보며 가장 부패한 것이 사람의 마음임을 다시금 인정하게 되었습니다. 보혈의 은혜로 구원 받고 죽을 목숨을 살려주신 주님의 기적을 체험 하였으면서도 날마다 사는 날 동안에 주님의 은혜에 감사드리며 그 크신 은혜를 감히 갚으며 살아야함에도 불구하고 잠시잠깐 만에 그 크신 은혜를 잊고 나의 안일과 나의 자랑과 나의 육신의 만족을 위해서 나를 우상삼고 사는 어리석고 죄 가운데 있는 저를 보게 되었습니다. 하나님의 복을 받을 하나님의 백성들은 삶 가운데서 죄악을 회개하고 거룩할 때 주님께서 예비하신 복을 내려 주십니다. 우리에게 복을 주시기를 간절히 원하시는 하나님께서는 복을 주시기 위해서는 한 가지가 반드시 해결 되어야 하는 것입니다. 죄를 깨끗하게 회개하여 거룩하여야 주님의 복을 주실 수 있다는 것입니다. 이것은 하늘나라의 모형인 우리의 가정에서도 볼 수 있는 것입니다. 자녀에게 밥을 차려 줄 때 아무리 바쁘고 시간이 없다하여도 더럽고 냄새나는 것이 밥그릇에 묻어 있다면 여기에 밥을 담아 자녀에게 줄 수 없습니다, 이것은 반드시 깨끗하게 세척하고 나서야 그 밥그릇에 밥을 담아 줄 수 있는 것과 같은 것입니다. 응답받고 축복 받을 수 있는 길은 회개하여 거룩하게 되고 죄에서 떠나 의복을 정결하게 하며 말씀을 좇아 순종하여 살 때 당신과 나를 위해서 예비하신 하나님의 복이 그 구하는 대로 내려온다는 것입니다.

편법은 통하지 않습니다!
더군다나 그것이 살아계신 하나님의 앞이라면 우리는 말해 무엇 하겠습니까? 살아계신 하나님은 온 세상을 두루 감찰하시고 아십니다.(대하16:9상)

하나님의 은혜를 입기 위하여 기도하며, 또 섬기는 교회에서 충성하며 하나님의 은혜와 능력을 그들의 삶에서 얻기를 원하는 많은 사람들을 봅니다. 그런데 때로는 너무 충격적인 사실들을 목격하게 됩니다. 예를 들어 별로 아픈 마음 없이 도무지 심상한 마음으로 주일을 성수하지 않는 하나님의 사람들이 있습니다. 주일 성수와 십일조와 말씀 지켜 순종하여 살며 기도로 구하며 사는 삶이 하나님의 축복을 받기 위한 기본 요소인 것입니다.

하나님께서는 하나님의 자녀로 택하시고 부름 받은 하나님의 자녀들이 영생을 선물로 받고 이 현세에서도 복을 받아 풍성히 누리기를 원하시는 것입니다. 주님께서는 내가 온 것은 양으로 영생천국을 소유하는 생명을 얻게 하고 더 풍성히 얻게 하려고 죽어 주신 것이라고 말씀하십니다.

물론 코로나사태로 인하여 특별한 상황 가운데 놓여있는 것은 사실이나 우리는 그래도 주님의 교회를 찾아 예배하기를 힘써야합니다. 물론 어쩔 수 없는 상황가운데 온라인으로 예배를 드리게 된 경우에도 할 수만 있다면 우리의 할 수 있는 전심을 다해 주님을 섬겨 예배드려야합니다. 그것은 옷차림 그리고 성경과 헌금을 준비하는 일에서도 나타납니다. 물론 직접 참여하여 예배드리는 경우처럼 집중하기 힘들더라도 우리는 마음을 다해 그분을 찾고 경배해야 합니다.(요4:24, 사56:6~7)

주님께서는 말씀하십니다. 하나님의 자녀 된 자로서 주님의 날을 성수할 때 귀히 여길 때에 주어지는 자녀의 복에 대하여 성경 곳곳에서 말씀하여 주십니다.(사58:13~14)

세상의 풍조에 속지 맙시다! 세상의 풍조에 떠내려가지 맙시다! 정녕 당신이 주님을 존귀하게 여길진대 주님께서 당신을 후히 공대해 주실 것입니다.

나를 존중히 여기는 자를 내가 존중히 여기고 나를 멸시하는 자를 내가 경멸하리라
삼상2:30하

2. 축복의 길

매주 월요일 오전 10시부터 12시까지 그리고 저녁에는 월, 화, 목 8시부터 10시까지 기도학교를 열고 주님께 매일 매일 예배드리며 기도하였습니다. 기도학교에서 1시간 예배를 드린 후 1시간 기도하였습니다. 그 시간들을 통해서 주님께서는 하나님을 영화롭게 사람을 복되게 하셨습니다. 저는 많은 사람들을 위해서 기도를 해 주니 몇 몇 특이한 경우를 빼놓고는 한 사람 한 사람 다 기억이 나지는 않습니다. 정말 수많은 사람들이 하나님의 은혜로 병을 고침 받고 은혜를 받았지만 그들이 일일이 말하지 않으면 저도 모르고 지나간 축복된 일들이 참 많이 있었습니다.

그 중에 한 집사님은 깊은 우울증을 주님께서 치유해 주셨습니다. 한참의 시간이 흐른 뒤에 그때 이야기를 해 주셨어요. 제가 예수님이름으로 그 집사님 얼굴 위에 손을 뻗어서 기도해 줄 때 손은 얼굴에 직접 닿지 않았는데 손에서 불이 나와 자신을 감쌌고 뜨겁게 얼굴이 태워지는 것 같았는데 머리카락이 불에 그슬리고 타는 냄새가 났대요. 그런데 만져 보니 모든 것이 그대로인데 태워지는 냄새가 났었던 거예요. 그 이후로 그 집사님을 많은 시간 괴롭혔던 우울증이 다 떠나갔다는 거예요. 그 집사님은 학교 선생님인데 주변에 힘들고 어려운 분들이나 병으로 고통 받는 사람들을 교회로 인도해서 예배를 드리고 기도 받게 하셨어요. 많은 사람들이 주님의 은혜로 병도 고침 받고 주님의 은혜로 영, 혼, 육이 자유하게 되었습니다. 집사님은 힘껏 기도로 사랑의 섬김으로 물질로 저를 도와서 주님의 사역에 힘을 더하여 주었습니다. 직장에서도 진실 된 사랑으로 학생들을 섬기고 주변의 선생님들을 사랑으로 그들의 영혼을 위해 날마다 새벽에 기도하며 친절한 헌신함으로 섬기니 사람들이 감화를 받고 주 예수님을 믿는 일들이 많이 생기게 되었다고 합니다.

그래서 졸업 후에도 수많은 학생들이 그들이 대학에 다니고 졸업을 하고 성인이 되어서도 이 선생님을 찾아오고 인생의 고비마다 기도의 요청을 하며 믿음의 삶을 걸어가고 있다는 이야기를 집사님과 함께 찾아온 학생들을 통하여서도 듣게 되었습니다.

본 교회에서도 정말 성심을 다하여 섬겨서 많은 아름다운 열매를 가득 맺으시는 바나바가 생각나는 분이시죠. 이후로 집사님은 권사임직을 받게 되셨어요. 그 권사님의 헌신을 통하여 우리 교회도 가정도 도움을 많이 얻게 되었고 저는 힘드신 개척교회 목사님들과 사모님, 그리고 선교사님들에게 물질을 흘려보내 섬길 수 있게 되었습니다. 사실 그 권사님의 모습을 보면 언제나 검소하고 단정한 모습이었고 값비싼 치장은 하지 않았어요. 늘 기도로 사랑의 섬김으로, 아낌없이 물질을 보내 주의 일에 힘쓴 것을 주님께서 왜 모르시겠습니까? 저도 그 마음을 알기에 주님께서 기뻐하시도록 물질을 쓰고 흘려보내는 일에 조심에 조심을 하여서 기도하며 주님의 뜻을 구하여 쓰게 되었습니다. 시간이 흘러 주님께서는 주와 복음을 위해 애쓰신 그 권사님의 가정을 축복해 주시는데 남편도 두 자녀도 하나님의 은혜 가운데 보호하시고 지켜주시고 복되게 하시는데 주와 복음을 위해 심은 것이 많으니 그들의 만사에 도우시고 평안을 주시고 형통케 하는 모습을 보게 하셨습니다. 그 권사님은 더욱 열심히 교회를 섬기고 맡겨진 일에 충성하는 것을 들었습니다.(잠4:18, 전11:1, 시112:1~9)

이제 날마다 하나님의 말씀으로 사람들에게 권고하며 아침을 깨우고 날마다 사랑으로 빛과 소금이 되어 예수님을 그 삶 가운데서 녹아 흘러내리니 누구도 대적자가 없도록 그 앞길에서 주님께서 친히 장애물을 치워주시며 영혼들을 살리는 일에 능력으로 도우시는 것을 보게 하십니다. 어느 날이 권사님을 위하여 기도하는데 수많은 사람들을 이끌고 눈이 부셔서 볼 수 없을 정도로 너무도 밝은 빛나는 황금 빛 찬란한 곳으로 가는 것을 보았습니다. 참으로 그 모습을 보는 저에게도 은혜가 되고 격려가 되는 시간이었습니다. 제 주변에는 많은 사람들이 주와 복음을 위해서 헌신하는 사람들이 있습니다. 주님께서는 그들의 삶의 열매들을 보게 하십니다.

참으로 주와 복음을 위하여 시간을 드리고 재능을 드리고 물질을 드리고 헌신하는 사람들을 주님께서는 반드시 그들에게 복을 주시고 넘치도록 그들의 삶을 채워주시는 것을 보게 하십니다. 저는 이런 하나님의 백성들을 많이 압니다. 주님께서는 그들의 삶의 열매들을 보고 어린 성도들이 따라오게 하시는 좋은 이정표가 되게 하는 것 같습니다.

예수께서 이르시되 내가 진실로 너희에게 이르노니 나와 복음을 위하여 집이나 형제나 자매나 어머니나 아버지나 자식이나 전토를 버린자는 현세에 있어 집과 형제와 자매와 어머니와 자식과 전토를 백배나 받되 박해를 겸하여 받고 내세에 영생을 받지 못할 자가 없느니라 그러나 먼저 된자로서 나중 되고 나중 된 자로서 먼저 될 자가 많으니라
막10:29~31

- 선택하라 축복을! -

하나님의 말씀 가운데는 그 자녀에게 복을 베풀고 싶어 하시는 하나님의 마음이 많이 실려 있습니다. 신명기서 28장 1절 말씀은 우리에게 하나님의 말씀에 대한 순종의 자세를 가르치시고 있습니다. 하나님의 자녀는 순종할 때 하나님의 복이 임합니다. 말씀에 순종할 때 정의로운 길로 행하며 공의로운 길 가운데로 다니시는 주님을 만나게 되고 주님께서 자기를 사랑하는 자들을 위하여 예비하신 부귀와 장구한 재물과 공의를 얻게 되는 것입니다.(신28:1, 잠8:17~21)

(주의 것을 도둑질 하지 말라!)

당신은 한 사람을 보고 있습니다. 그는 유명 백화점을 거닐고 있었고 당신이 보는 앞에서 비싼 핸드백과 옷을 훔쳤다합시다. 당신은 그가 이제 얼마 후면 어떻게 될지 아실 것입니다. 그런데 그 사람이 당신이라면 더욱 끔찍할 것입니다. 우리는 사람들을 대면하며 사는데 이와 같은 일이 생기는 것은 지극히 적은 일이고 극히 적은 일 일 것입니다. 주님의 은혜로 각양 좋은 은사와 온전한 축복을 많이 받고 난후 주님께서는 죄인의 괴수된 나에게 많은 사람들을 보내 주셨습니다.

수많은 사람들을 위해 기도해 주고 각종 암 치유와 각종 희한한 병들을 치유하시는 주님의 능력을 체험하게 하셨습니다. 또한 마음과 몸이 곤고한 가운데 주님께로부터 응답과 축복을 받기를 원하는 수많은 사람들을 보아 왔습니다. 하나님께서는 하나님을 섬기는 자녀들의 행복에 참으로 관심이 크십니다. 하나님의 자녀들이 복을 받고 행복하게 살기를 원하셔서 복을 받을 수 있는 길을 성경에 많이 기록해 놓으셨습니다.

우리가 네비게이션을 잘 따라가다 보면 잘 모르는 초행길도 안전하게 갈 수 있습니다. 히딩크 감독을 아실 것입니다. 그는 처음에는 우리에게 영광스럽지 못한 이름으로 알려졌었습니다. 오대영 '5대 0' 말입니다. 그렇지만 그는 기초체력훈련과 기본기를 철저하게 가르쳤고 마음과 정신가운데도 굳건한 신념으로 채워서 선수들을 독려했고 그 결과는 우리국민 모두가 다 아는 2002년 월드컵 때 전 세계 4위의 성적을 거둘 수 있게 된 것입니다.

하나님은 복주기 위해서 그들의 삶의 모든 장애물들을 막아 주시기 위해서 재정의 복을 주시기 위해서 십일조와 헌물을 드리라고 하시는 것입니다.

예전에 존경하는 목사님들로부터 꼭 들었던 말씀이 있습니다.

"심어야 거둔다!"(요12:24)

사람들의 상당수의 목마른 기도제목을 압니다. 경제적인 부분이 많은 부분을 차지하고 있습니다. 이 땅에 발을 붙이고 사는 우리들 모두 재정의 필요성이 채워져야 하고 필요함을 압니다. 주님께서는 우리 인간의 모든 필요를 아시지요. 주님께서 가난하게 되심은 우리를 부요하게 하시기 위함입니다.(고후8:9)

주님은 말씀하셨습니다.(요10:10)

주님께서는 하나님의 자녀 된 우리가 그분을 믿음으로 구원받고 천국 가는 것을 이미 마련해 놓으셨을 뿐 아니라 이 땅에서도 풍성히 얻고 주님 안에서 누리며 기뻐하고 행복하게 살기를 원하십니다. 그리고 자녀 된 그분의 백성들이 간구하는 모든 기도의 제목을 응답해 주시기를 기뻐하십니다. 주님은 요14;13~14에서 말씀하십니다.

너희가 내 이름으로 무엇을 구하든지 내가 행하리니 이는 아버지로 하여금 아들로 말미암아 영광을 받으시게 하려 함이라 내 이름으로 무엇이든지 내게 구하면 내가 행하리라 요14:13~14

이 외에도 우리는 주님께서 신약성경 곳곳에서 우리가 구할 때 받는다고 말씀하심을 보아왔습니다.

그런데요 14:15절 말씀에 보면

너희가 나를 사랑하면 나의 계명을 지키리라

또한 21절 말씀을 통해서 아버지의 마음을 상세히 읽어 들일 수 있습니다. 요14:23~24

당신은 예수님을 사랑하고 하나님을 경외하시지요? 성령하나님의 영이 하나님을 사랑하고 하나님을 쫓는 당신의 영 안에 빛을 비추어서 지금 당신을 인도하고 계심을 믿으십시오! 그런데 매우 충격적이게도 많은 사람들을 만나 보았을 때 자신이 하나님의 사람임을 그리고 주님을 사랑하며 섬긴다는 사람들 가운데 몇몇 사람들이 안타깝게 곤궁한 가운데 힘들어서 변명하며 온전한 십일조를 주님께 드리지 못하고 있다는 것입니다. 주님의 놀라우신 은혜를 체험했음에도 이 부분에서 명쾌한 자신의 믿음을 드러내지 못하는 사람들이 있다는 것은 참으로 안타까운 일입니다. 그들이 온전한 십일조를 드리지 못함으로 팥중이에게, 메뚜기에게, 느치에게, 황충이에게 그들의 재물이 먹힘을 당한다는 것입니다. 이것은 악순환으로 나타납니다.

당신을 말하는 것이 아닙니다. 아직도 당신 주변에 모두들 알고 있는 종교인의 옷을 입고 있는 사람들 중에 백화점 물건을 도둑질 하는 것이 아니라 하나님의 것을 담대하게 도둑질하면서 왜 나는 아직까지도 이렇게 재정의 고통과 압박에서 헤어 나올 수 없는가하고 내 앞길은 왜 이다지도 막히는 것일까 생각하며 하나님께 재정의 복을 주시기를 기도하는 사람들이 있다는 사실입니다. 그들은 하나님을 믿고 신뢰하고 의지하는 것보다 보이는 사람과 환경과 물질을 더 사랑하고 신뢰하기 때문이 아닐까 생각됩니다.

특별히 주님 안에서 복되게 쓰임받기 전에 재정의 훈련을 받으시는 분들도 있습니다. 주님 앞에 헌신하며 힘든 상황 가운데서도 십일조와 봉헌물을 온전하게 드리려 애쓰시는 분들의 이야기를 하려는 것이 아님을 당신이 아시기를 바랍니다.(마6:24, 시18:25~26)

십일조를 온전히 드리지 못하는 사람들의 그 근원을 들어가 보면 자기사랑이 거대하게 똬리를 틀고 자리 잡고 있다는 것입니다. 문제의 근원에 있는 주님의 말씀보다 나의 생각과 의견을 존중하여 우선시하는 이 견고한 진을 내가 잡고 사랑하고 놓을 생각이 없는 한 우리의 지존하신 하나님에 대한 사랑의 노래는 진실하다고 볼 수 없는 것입니다. 그것은 아벨의 제사가 아닌 가인의 제사인 것입니다.

그럼에도 불구하고 주님은 기다려 주십니다! 주님은 예전에도 그러셨고 지금도 그리하시고 앞으로도 주님은 많은 시간들을 기다려 주실 것입니다. 그러나 간과해서는 안 되는 것은 그러한 행실로 인하여 그분의 사랑의 손길을 내가 막아 버린다는 것입니다. 두 손을 펴고 풍성한 그 분의 사랑을, 간절하게 물질의 재정의 복을, 세상의 물질을 쥐고 싶은 바로 그 내가 그분의 거대한 강물 같은, 축복의 은혜를 내가 단단히 막고 대적하고 있다는 사실입니다. 예수님께서 말씀하셨습니다.(요10:10)

우리는 주 예수님으로 인하여 구원을 받을 뿐만 아니라 이 세상 가운데 살면서 들으면 사는 주님의 말씀을 지켜 살 때 풍성한 축복의 은혜를 누리고 사는 복을 받았습니다. 사람의 것을 도적질 하고 죽이고 멸망시키러 온 사단마귀의 일을, 주님께서 우리에게 오셔서 마귀의 일을 멸하러 오신 것입니다. 아담의 죄악으로 인한 사단의 속박의 저주를 없애주시고 그 몸으로 친히 우리의 죄와 허물을 담당하시러 오신 것입니다. 예수님께서 십자가에서 그 값을 치르셨고 우리는 자유하게 되었습니다. 더 이상 사단마귀의 종이 되어 살지 않아도 되는 엄청난 축복을 누리게 된 것입니다. 이제 우리는 새로운 살 길이 열렸습니다. 휘장을 찢으시고 우리의 모든 죄와 허물을 용서하시고 우리에게 새 생명을 주시고 인생가운데 풍성한 영육혼의 축복을 누리게 하시기를 간절히 원하신 주님의 뜻이 온전히 이루어진 것입니다.(마27:50~51, 히9:22, 히9:12~14)

죄악 가운데 있던 우리가 예수그리스도의 피를 힘입어 성소에 들어갈 담력을 얻게 된 것입니다. 히브리서 10장 20절은 주님께서 십자가에 죽으심으로 찢어진 성소의 휘장에 대해서 말씀하십니다. 성소와 지성소를 구분하는 휘장은 질기고 견고하고 절대 찢어지지 않습니다. 그 휘장은 어른 손바닥만한 두께로 공교하게 짜여있어서 암소 두 겨리가 양쪽으로 찢으려 해도 결코 찢어지지 않을 만큼 공교한 것 입니다.그 휘장이 주님께서 십자가에서 그 몸이 찢어지심으로 구원을 완성하시고 하나님 아버지와 사람 사이의 죄로 인한 막힌 담을 친히 화목제물 되어 주사 아버지와 자녀의 사이로 화목하게 해 주셨습니다. 죄로 인한 막혔던 길을, 새로운 길을 여신 것입니다.(히10:20)

주님께서는 일 년치의 물질을 우리에게 주신 것이 아니지요. 주님께서는 모든 재물을 우리에게 주신 것이 아닙니다. 내가 온 것은 양으로 생명을 얻게 하고 더 풍성히 얻게 하려는 것이라고 요한복음10장10절에서 말씀하신 주님께서는 자신의 말씀그대로 날마다 범죄하며 주님을 매일 매일 대적하며 마음 아프게 해드리는 나를 위해서 그분의 단 하나 밖에 없으셨던 목숨 생명을 주신 것입니다. 온 몸을 걸레처럼 갈기갈기 찢긴 채로 고통 받고 죽으셨습니다!

'기 쁘 시 게'

이러한 풍성한 사랑에 우리 중 어떤 사람은 때로 이렇게 피 묻은 주님의 사랑의 손길을 외면하고 세상으로 몸과 마음을 내어 던지는 것입니다. 그들의 우선은 세상의 가치인 것입니다. 주님을 영접한지 얼마 안 된 어린 신자를 말하는 것이 아닙니다.

물론 십일조와 봉헌물을 즐겁게 드리고 싶으나 특별히 재정상태가 너무 어려워져 감당하기 힘들어서 안타까이 울며 드리지 못하는 형제 자매성도들에게 말함도 아닙니다.

예수님께서 제자들과 다니시면서 가르치실 때 특별히 헌금함에 대하여 앉으셔서 사람들이 어떻게 헌금함에 돈을 넣는가를 보시는 장면이 있어요.(막12:41~44)

주님은 진정 마음을 그 헌신을 보시는 것입니다. 우리 교회는 규모는 작고 성도들도 큰 교회에 비해서는 많지 않지만 주님께서는 목격하게 하십니다. 십일조와 자발적 헌금을 풍성하게 드리고 축복 받는 성도들도 보게 하시고 은혜를 받았음에도 여전히 내 생각으로 십일조 헌금을 드리지 못해 계속 손해 보는 인생을 살고 있는 성도들을 대비하여 보게 해 주십니다.

성도 중에 하나님의 은혜를 체험하고 많은 시간이 흘러 하나님을 알만한 성도가 있었는데 반복적으로 하나님의 것을 드리는 믿음의 결단을 자꾸 미룬 사람이 있었습니다. 그 사람 자신의 믿음이 자라서 다른 성도들에게 믿음을 가르칠 만한 시간이 흘렀음에도 그리고 하나님께서 여러 가지 체험을 통하여 그가 말씀에 순종해야 손해를 보지 않을 것을 체험하게 해 주셨음에도 자꾸 순종을 못했습니다. 안타까워서 여러 번 하나님의 말씀으로 권면하였으나 가벼이 여기더니 하나님의 보호하심을 받지 못해 여러 번 큰 물질의 손해를 보는 것을 제가 옆에서 경험하며 하나님의 엄위하심 앞에 마음이 녹아져 내렸습니다. 사랑하는 성도가 반복적인 말씀의 불순종으로 인하여 반복적으로 고통과 큰 물질의 손해를 받는 것을 볼 때 너무 안타깝고 살아계신 하나님 앞에 성도를 잘 인도하지 못했음에 너무 죄송하고 마음이 아팠습니다.

이제 이 성도는 그 과정을 거치고 난 뒤 주님의 말씀의 교훈이 각인되어 주님 앞에 철저히 자원하여 경외함으로 십일조와 봉헌물을 드리는 헌신의 사람으로 바뀌었습니다. 그러나 이미 수많은 물질을 잃어버리고 난 후의 일이었습니다. 이제 주님께서 그의 삶의 수정된 모습을 지켜보시고 귀한 성도에게 그의 믿음에 따라 큰 은혜와 축복을 함께 하실 것을 기쁘게 기대하고 있습니다. 이것저것 교회의 일에 열심인 성도거든요.

우리는 이 성도를 정말 사랑하고 있습니다. 참 귀하고 사랑스러운 성도거든요. 목사님과 저는 이제 이 귀한 성도에게 주님의 복이 임하기를 기도하고 있습니다. 교회 성도들 대부분은 주님 앞에 온전한 십일조와 넘치도록 봉헌물을 기쁘게 드리는 자로 주님의 은혜 안에 복이 임하여 많은 은혜를 받고 살게 해 주시니 주님께 정말 감사하고 있습니다. 주님께서는 반드시 말씀을 가벼이 여기지 않고 주님말씀에 순종하여 그의 시간을 드리고 물질을 드리는 자를 구별하여 복되게 크게 은혜를 주시며 범사에 복을 부어주시는 것을 보게 하심으로 말미암아 감사한 마음이 가득 넘치게 하셨습니다.(고후9:10)

나는 종종 빌립보서 4장 19절 말씀을 가지고 주님 앞에 올려드리며 재정의 풍성한 복을 구하는 사람들을 봅니다.(빌4:19)

우리는 사도바울을 위해 그의 사역을 위해 빌립보 성도들이 몇 번 헌신적으로 헌금함으로 복음사역에 동역하였음을 봅니다. 그냥 막연히 물질의 복을 달라고 구한다고 해서 주시는 것이 아니라는 것을 깨닫게 하십니다. 고린도후서 9장에 보면 헌금에 대하여 자세히 말씀하고 있습니다. 미리 준비하여야 됨과 어떻게 심어야 할 것인가를 말씀하고 있습니다.(고후9:6~7)

교회에 나온 지 얼마 되지 않은 성도들까지도 먼저 있는 대부분의 성도들을 본 받아 그 헌신함이 참으로 아름다운 사람들이 많이 있습니다. 그들의 삶을 보면 평안이 있습니다. 장애물이 별로 없습니다. 주님의 은혜로 형통하게 되는 것을 볼 수 있습니다. 물론 소소한 문제들은 있지만 그 문제들 가운데 훈련시키고 복을 주심을 봅니다. 참으로 주님의 도우심을 받는 사람들은 복이 됩니다!

*이것이 곧 적게 심는자는 적게 거두고 많이 심는자는 많이 거둔다하는 말이로다
각각 그 마음에 정한 대로 할 것이요 인색함으로나 억지로 하지말지니
하나님은 즐겨내는 자를 사랑하시느니라* 고후9:6~7

*나의 하나님이 그리스도 예수 안에서 영광 가운데 그 풍성한대로 너희 모든 것을
채우시리라* 빌4:19

- 농부의 지혜 -

*심는 자에게 씨와 먹을 양식을 주시는 이가 너희 심을 것을 주사 풍성하게 하시고
너희 의의 열매를 더하게 하시리니* 고후9:10

가까운 가족의 친구 되는 남아프리카 공화국에서 사시는 박 집사님의 소식을 들었습니다. 그런데 그 사람이 교회에 왔습니다. 그 사람을 위하여 기도를 하는 중 갑자기 제 눈앞에 푸르른 바다가 보이더니 그 위에 커다란 상선이 몇 척 떠있고 바다를 지나 항해하는 것이 보였습니다. 그때 저에게 '다시스의 배'라는 단어가 떠올랐고 다시스의 떼를 지어 그 사람의 물화를 실어 나르는 모습을 보여 주신 것입니다. 주님께서 그 사람에게 말하기를 바다에서 항해하며 다시스의 선척들이 누린 것 같은 풍부한 재정의 엄청난 복을 주실 것을 말씀하여 주셨습니다. 그러면서 주님께서는 이 가정에 아주 큰 재정의 복을 주실 것인데 주님께서 주시는 물질을 주님의 뜻대로 주님의 영광과 선교의 일에 쓰기를 원하시는 것을 알게 하셨습니다.

그 때 십일조헌금에 대해서도 말하게 했습니다. 그 사람이 말하기를 지금 사모님이 보신 것처럼 자신의 남편이 바로 커다란 상선을 가지고 철광석 중개업을 시작 하였다고 하며 바로 그렇게 상선으로 바다를 지나는 일이 일어나고 있다고 했습니다. 그 사람은 주님께서 재정의 복을 주시면 그것으로 주님을 위하여 일하겠고 선교와 영혼 살리는 귀한 일에 쓸 것이라고 말했습니다.

몇 년의 시간이 흐른 뒤 다시 그 사람을 만나게 되었습니다. 재정이 아주 복잡하게 어려워져 있는 모습을 알게 하셨어요. 왜 이런 일들이 일어나게 되었을까? 그들은 한국 기업체의 주재원으로 근무하다가 그 나라에 있는 광물자원을 수출입하는 통관업무와 중개와 교역 등을 통하여 수익을 창출

하려고 하는데 분명 99%가 되었지만 꼭 마지막에 1% 일이 풀리지 않아 광물을 실은 배한 척에 10억 이나 20억 원의 막대한 수익을 얻을 것을 계속 놓치고 어려움에 있다는 것입니다. 주님께서는 십일조헌금에 대하여 다시 말씀해 주셨어요. 그 사람은 십일조헌금을 하지 않았습니다. 자신이 다니는 한인 교회의 목사님에 대하여 택시운전을 하여 돈을 버신다고 하였습니다. 그러면서 목사님이 이중직을 갖는 것에 대하여 비판을 하였습니다.

 듣기로는 자신은 한 달에 수백만 원이나 되는 엄청난 수영장 딸린 저택을 월세로 들어 살면서 풍족하게 살면서도 십일조 생활을 하지 않는다는 것이었습니다. 그러면서 목사님의 생활비가 부족하여 자녀들을 양육하기 위하여 택시운전하시는 목사님을 교회 사람들과 비방하였던 것이지요. 나중에 듣기로 자신뿐만 아니라 다른 분들도 십일조헌금 생활을 하지 않고 있었다고 하였습니다. 저는 생각하여 보았습니다. 그분들이 그렇게 화려하게 재정적으로 풍족하게 살면서, 제대로 십일조 생활을 하였더라면 목사님의 사례비를 그렇게 각박하게 드리지 않아도 되었을 것인데 그들은 하나님께서 주실 은혜와 축복을 그들 스스로의 발로 차 버렸던 것이지요. 다른 주의 종이 그들에게 십일조생활을 권고하였다가 엄청난 저항을 받고 안타까워하던 것을 기억합니다.

 제가 체험하기로는 하나님께서는 자비롭고 인자하셔서서 사람들에게 미리 복을 주시기 전에 복 받을 만한 그릇을 준비하게끔 미리 복을 주실 것을 말씀을 해 주시더군요. 복 받지 못할 요소들을 나의 삶 가운데서 제하여버리고 복 받을 그릇 준비시키시는 시간들을 주시는 것 같아요. 또한 하나님께서는 죄인들을 벌하시기 전에도 미리 미리 회개할 기회를 주시는 것을 우리는 압니다. 구약의 선진들의 많은 예를 들지 않더라도 우리는 나의 삶 속에 인애하신 주님의 속성을 그분이 하시는 일들을 통해서 깨닫게 되지요.

참으로 안타까운 일이었어요. 하나님께로부터 재정의 큰 복을 받기를 원하면서도 하나님의 공의의 길을 떠나 자신만의 유익을 위해 자신의 욕심 되고 불의한 불순종한 길을 걸으면서 어찌 하나님의 엄청난 재정의 복을 원하는지 하나님께서는 그 사람에게 큰 복을 주시기를 원하시는데 먼저 그 사람을 달아보시고 그 사람의 마음을 살펴보시는 것을 압니다. 수년이 지난 후 그들은 다시 한국으로 돌아왔고 여러 가지로 생활이 많이 어려워져서 차도 없이 자녀들을 학원에 보낼 수도 없는 처지에 있는 모습을 보았습니다.

그들이 순종하였더라면 지금 쯤 엄청난 거부가 되어서 자신들의 생활도 엄청 풍족할 뿐만 아니라 주와 복음을 위해서 선교를 하며 많은 선교사님들을 도와 하나님의 사역을 크게 할 수 있었을 터인데 참으로 안타깝습니다. 그 사람은 십일조헌금을 하지 마라는 목사님의 설교를 보내왔습니다. 아는 성도들 사이에서 굉장히 인기 있으신 목사님이라고 하였습니다. 아마 십일조 헌금을 드리는 것에 대해 부정적인 생각을 갖고 있는 성도들 사이에서의 이야기 인 것 같았습니다. 살아계셔서 우리의 말과 행위를 아시는 하나님께서는 우리의 마음을 아십니다. 그 말을 하는 행위를 하는 그 속 저의를 다 아십니다.(삼상2:3)

*스스로 속이지 말라 하나님은 없신여김을 받지 아니하시나니 사람이 무엇으로
심든지 그대로 거두리라 자기의 육체를 위하여 심는 자는 육체로부터 썩어질 것을
거두고 성령을 위하여 심는 자는 성령으로부터 영생을 거두리라
우리가 선을 행하되 낙심하지 말지니 포기하지 아니하면 때가 이르매 거두리라*
갈6:7~9

*심히 교만한 말을 다시하지 말 것이며 오만한 말을 너희의 입에서 내지 말지어다
여호와는 지식의 하나님이시라 행동을 달아 보시느니라* 삼상2:3

한 30대의 성도가 왔습니다. 자신은 선교대학원도 졸업했으니 전도사라고 불러달라고 하였습니다. 그런데 아무리 봐도 전도사 같진 않고 성도 같아서 성도님이라고 부르면 어떻겠느냐 사역할 생각도 계획도 없는 것 같아서 말해 봤더니 그래도 전도사라고 불러달라고 해서 그렇게 불렀습니다. 이 사람이 자기는 어느 시점부터 목회자나 선교사님들에게서 선이 들어오니 이미 사모로 부르신 것 아닌가 하는 생각을 갖고 있었습니다.

어느 날 선교사님과 만나 사귀고 있으니 잘 되도록 기도해 달라는 것이었습니다. 웬일인지 주의 종들이 처음에는 좋은 반응을 보이다가 결혼까지 이어지지 않는 다고 하며 이번에 만나는 선교사님과 꼭 결혼할 수 있도록 기도해 달라는 것이었습니다. 저는 평소 기도하는 것은 우리를 향하신 주님의 뜻을 깨닫고 주님의 뜻이 우리의 삶에 이뤄지도록 순종하여가는 것이라고, 그래서 주님을 기쁘시게 주님께 영광 돌리고 우리에게는 복이 되는 것이라고 생각하였습니다.

주님께서는 누구를 위하여 예비 되었든지 주님께서 예비하신 그 사람을 배우자로 만나게 해 주시는 것이라고 생각하였는데 상당히 곤혹스러운 말이었지만 그냥 기도 하겠다고 기도하였는데 주님께서는 그 사람을 주의 종 사모로 부르시지 않았다고 하셨습니다. 이 사람은 주의 종의 사모나 선교사님의 배우자가 아니라 성도로서 오빠 같은 그런 좋은 성품의 사람을 만나게 해 주신다는 것을 깨닫게 해 주셔서 그렇게 전하였습니다.

과연 주의 종들은 하나님의 사람이었던 것입니다. 주의 종들이 기도하실 때 주님께서 분명 이 사람이 하나님의 사역을 동역할 만한 믿음의 사람이 아닌 것을 분명히 가르쳐 주셨던 것이지요. 그리고 얼마 후 기도학교의 예배와 기도시간이 다 끝나 잠깐 뒤에서 다른 권사님과 이야기를 나누고 있는데 그 사람이 제게 무슨 말을 하려다가 아주 천천히 문으로 나가려는 것이 옆으로 보였어요. 그 때 저는 깜짝 놀랐습니다. 주님께서 제 입을 여셔서 말을 하게 하시는데 엄청 준엄한 목소리가 크게 제 입에서 나오는 거예요.

" 네가 어찌하여 오늘 파혼하려하느냐 그 사람은 내가 짝 지워 준 사람이다. 너는 그 사람에게 부당하게 대했고 그 사람에게 잘못한 것 회개하라!" 엄청 큰소리로 준엄하게 나무라는 말씀을 내 입에서 내는데 내가 깜짝 놀랐고 그 엄위하신 말씀과 어조 때문에도 엄청 놀랐어요. 이런 일은 처음 있는 일이어서 저도 놀랐습니다. 그러자 그 사람이 화들짝 놀라더니 그러는 것이었어요.

"사모님 저 지금 그 사람에게 파혼하러가는 길이었어요. 제가 지금 만나는 사람은 좋은 사람인데 일반인이구요 제가 짜증도 많이 내고 그랬는데 만나게 된지는 좀 되었어요. 오늘 사모님께 말씀드리고 파혼하러가려했어요"라며 이실직고를 했어요.

그래서 저는 성령님의 감동 가운데 이야기를 나누며 그 사람은 하나님이 주신 좋은 사람인데 너무 사람을 힘들게 대하고 잘못하고 있으니 회개하고 절대 파혼하면 안 된다고 말해주었습니다. 그들은 결혼하여 잘 살게 되었습니다.

그 후로 그들을 다시 만나게 되었는데 결론은 엄청 경제적으로 손해를 입게 되었다는 거예요. 그래서 십일조는 당연히 하려니 생각하며 십일조를 물어 보았는데 웬일입니까? 그들은 십일조를 제대로 하지 않고 있었어요. 다시금 그들에게 십일조의 중요성을 말씀드렸지요. 그 후로도 그런 일은 두세 번 더 반복 되었습니다. 한번은 교회 기도회를 마치고 가다가 차가 부딪혀서 심한 손해를 보았어요. 그럴 때에는 덜덜 떨며 십일조를 해야겠다고 하다가도 그 시간만 지나면 마음이 자꾸 바뀌었습니다. 말씀을 믿는 믿음이 없어서 그런 것이겠지요. 부부가 합하여 천만 원 가까이 버니 십일조가 아까웠었나 봐요.

그 후로도 계속 어려운 일 생기면 십일조를 드려야겠다고 다짐은 하였으나 시행을 못하였습니다. 주님께서는 왜 하나님의 축복을 받지 않고 돌아가려고 하느냐며 안타까운 마음을 깨닫게 하셨습니다. 그 후 남편은 그 좋은 직장에서 갑자기 퇴직을 당하게 되었습니다. 얼마나 어리석은 일인지요! 그렇게 어려운 경험을 자주하고도 순종을 못하더니 결국 그 좋은 직장도 강제로 그만두게 되더군요. 십일조 하지 않고 모아둔 돈으로 여러 곳에 더 많은 재정적 이익을 얻고자 투자를 하였지만 심히 손해를 보는 일이 잦아졌지요. 이제야 그 사람은 제대로 십일조헌금 생활을 잘 하는 것으로 알고 있습니다. 하나님께서는 그 하는 것을 보시고 하는 것 봐서 회복하도록 은혜 주실 것을 생각하니 기쁩니다.

- 빛으로 살아요 -

사업을 하시는 장로님들이 많이 오십니다. 그들을 위해서 기도로 동역할 때가 많이 있습니다. 주님의 교회에서 장로님으로 아내는 권사님으로 충성하며 교회에서 선한 영향력을 끼치며 청년들을 믿음으로 이끄시며 가르치시는 장로님을 위하여 오랜 시간 기도했음에도 재정이 풀어지지를 않는 것입니다.

참으로 안타까운 일이었습니다. 점점 더 어려워져가는 그 가정을 위하여 주님께 간구했을 때 십일조를 말씀하시는 것이었어요. 저는 제가 잘 못 들었다는 생각이 들어서 다시 주님께 기도를 하였습니다. 그런데 주님의 말씀은 같은 말씀을 주셨습니다. 어려운 마음으로 전했더니 십일조헌금을 안한지가 아주 오래 되었다는 것입니다.

기도만 한다고 주님께서 복을 주시는 것은 아닙니다. 우리가 선결과제를 해야만 할 때도 있는 것입니다.

수도꼭지를 틀지도 않고 수도꼭지 앞에서 "물아 나오너라" 라고만 해서는 안 되는 것입니다. 사람이 흑암과 사망의 그늘에 앉으며 곤고와 쇠사슬에 매임은 하나님의 말씀을 거역하며 지존자의 뜻을 멸시하기 때문인 것입니다.

빛으로 살아서 그래서 십일조를 못하는 것이 아니라 빛으로 살아도 다 자신을 치장하며 먹고 살잖아요. 빛으로 살아도 먼저 십일조를 하고 그 후에 삶을 사는 것이 옳습니다. 하나님은 선 악간에 심판하십니다. 스스로 속이지 말라고 하십니다. 하나님은 업신여김을 받지 아니하신다고 하십니다.

사람이 무엇으로 심든지 내가심은 것 내가 그대로 거두게 하시는 분이십니다.

우리 교회 성도 중에 아직 신앙생활을 시작한지 오래 되지 않은 성도가 있습니다. 한동안 어린 자녀로 인하여 코로나 가운데 나오지 못하다가 교회에 나왔습니다. 그 성도를 위하여 기도하는데 주님께서 환상가운데 그 성도의 재정의 상태를 비유로 보여주시는데 상황이 아주 어려운 것을 알게 하셨습니다. 그래서 주님께서 해 주시는 말씀을 시험해 보라고 하셨습니다. 그 성도는 아직 그 말씀이 어디에 있는 줄을 잘 모르기 때문에 제가 말라기서 3장을 펼쳐서 8절부터 12절까지 읽게 하였습니다.

하나님께서는 그 젊은 성도가정의 어려운 상황을 안타까이 여기시고 재정의 복을 주시기를 원하셨습니다. 그래서 그 가정이 복을 받도록 말씀으로 가르쳐주시고 그 가정의 부부가 잘 순종할 때 그 가정에 쌓을 곳이 없도록 복을 부어 주실 줄 믿습니다. 하나님께서는 그분의 백성을 복을 주시기를 기뻐하시는 좋으신 주님이시잖아요. 우리는 하나님께서 우리에게 복을 주실 수 있도록 그릇 준비를 잘 하여드리는 순종하여 하나님을 기쁘시게 해드리는 하늘 백성이 되어야 하겠습니다.

- 생명은 하나님의 것 -

수년 전이었어요 아들과 함께 책을 읽고 있는데 그때 시간이 거의 자정이 다 되어가는 시간이었어요. 12시 몇 분전이었어요. 집 전화가 따르릉 울렸어요. 놀라서 빨리 수화기를 들었지요. 우리 교회 기도학교에 한두 번 왔다간 서른이 훌쩍 넘은 일일공부 가르치는 미혼 선생님 이었어요. 기도학교는 월, 화, 목, 저녁 8시부터 10시 이전에 끝나서 직장인들이 와서 기도할 수 있거든요. 월요일 오전에는 10시에서 12시까지 하구요. 그래서 얼굴을 두세 번 보았어요. 다짜고짜로 하는 말이 자살하면 지옥 안가냐는 거였어요. 생각할 때 다급한 마음을 주셨어요.

생명은 주님의 소유다! 선생님의 생명이라도 자신의 것이 아니라 하나님의 것인데 하나님의 것을 함부로 생명을 끊는다면 어찌 벌을 면할 수 있겠느냐 절대 안 된다고 강력하게 말씀으로 권고하였더니 스르르 내려놓는 것 같더라고요 나중에 와서 말하는데 그때 자신의 삶이 너무 비참하여 천장에 올무 마련해 놓고 의자 위에 올라갔는데 제가 갑자기 생각이 나더라는 거예요. 그래서 마지막으로 그 교회 다니던 성도가 저에게 전화를 했다는 거예요. 주님의 사람 살리시는 은혜이시지요.

교회에 오라고 했습니다. 그리고 기도학교에서 기도하는 시간에 주님께서 말씀하여 주시는데 그 선생님이 여기 다시 오기 전에 좋은 직장이 나올 거라고 좋은 학교 교사 자리를 주신다는 것이었어요.

그래서 주님의 성령님께서 말씀해 주셔서 전하였습니다. 말하기를 아이들 일일공부 가르치는 그 선생님이 학생들이 떨어지면 너무 수입이 적어 자신의 돈으로 그것을 채워 넣다가 너무 아이들이 적어지니 자신의 신세가 너무 비참하고 자신의 지난 인생을 생각하니 너무 괴로워서 죽음밖에 생각이 나지 않았다는 거예요. 임용고시 치르기는 나이가 너무 많고 임용고시와 일을 같이 하기가 어려워서 일만 했는데 이제는 너무 앞길이 보이지가 않는다는 거예요 얼굴도 남들보다 안 예쁘고 선을 봐도 인물 나쁘다는 소리가 들리고 그러니 인생이 힘들다는 거죠. 주님 앞에 나오면 주님께서는 그 분의 자녀들을 깊은 사랑으로 소망을 주셔서 살리시는 능력의 하나님이셔요. 주님은 저에게 그 선생님의 손을 잡아 가슴에 대고 말하게 하셨어요. 선생님이 얼마나 예쁘신 분인지 모르시냐고 웃으시면 참 예쁘다고 예쁜 코, 예쁜 입, 예쁜 이마 가지셨다고 말했어요.

그리고 이제 기도하고 기다리시라고 나는 아무것도 모르는 어리석은 사람이나 반드시 주님께서 말씀하신대로 교사 자리가 날 거니까 기다리라고 하였습니다. 과연 얼마 후 그 선생님한테 전화가 왔는데 기쁨이 넘쳤어요. 자신은 그렇게 영어 선생님이 되고 싶었는데 학교 선생님이 되었다는 거예요. 일일공부 선생님 자리만 알아보다 학교를 알아 봤는데 영어 선생님으로 일하게 되었다는 거지요. 나중에 와서 말하기를 자신은 대안학교의 선생님이 되었다는 거예요. 그래도 너무 좋다고 그랬습니다. 그 후로 다른 대안학교 선생님이 되었는데 얼마 후 제가 신문을 보다가 경기도에서 중학교 영어 선생님을 뽑는 것을 보았어요. 기간제 선생님인 것 같았는데 그 선생님에게 어서 연락을 하라는 감동을 주셔서 빨리 전화했습니다. 그랬더니 그 선생님이 이력서 내고 면접보고 합격이 되었어요. 그간 그래도 대안학교에서 교사로 가르친 경험이 좋은 작용을 할 수 있게 만드신 것 같았어요.

참 좋으신 하나님이시지요. 그렇게 학교에서 교사를 하고 싶었는데 비록 임용고시에 붙어서 정교사는 아니지만 주님께서 복되게 그 고통의 사람을 인도해 가시는데 믿음을 가지고 주님께 기도하며 선하신 인도하심을 받게 하셨죠. 그 선생님이 십일조를 드려야 된다는 생각이 나서 다니시는 그 교회에 십일조를 드려야 한다고 말씀드렸어요. 처음에는 잘 하는 것 같았는데 다음 학년에 다른 학교를 다시 알아봐야 되는데 자꾸 안 되는 거예요.

　그래서 제 마음에 아무래도 걸리는 것이 있었어요. 바로 십일조 문제죠. 십일조는 구원 받은 믿음의 사람이라면 당연히 드려야 하는 구원받은 성도의 신앙고백 같은 거라고 하나님의 말씀에 순종하는 그 백성의 사랑의 헌신의 고백 같은 거라고 생명을 구원해 주신 주님께 드리는 믿음의 고백의 열매 같은 거라고 알고 있었는데 이 선생님이 힘들 때는 위급한 가운데 당연히 드리더니 이제는 살만 하니까 슬쩍 욕심이 나서 드리기가 아까웠던 거죠. 다시금 회개하고 그것 주님께 말씀드리고 반드시 주님께 십일조 생활 할 거니까 학교 교사자리 주시라고 기도하며 찾으라고 말씀드려 주었어요. 그리고 저도 같이 기도드렸죠. 긍휼히 여겨 주시기를 그 사람을 잘 인도해 주시기를 기도 드렸어요. 어릴 때부터 너무 곤고하고 비참한 고통가운데 산 사람이었거든요. 그 가운데 주님께서 부르시고 신앙생활하며 살아나갈 힘을 주신 그런 은혜 받은 인생이었거든요. 이 성도를 불쌍히 여겨주신 하나님께서는 다시금 좋은 학교에 가서 영어교사로 가르치게 하시고 담임도 하게 하셔서 기쁨으로 일하게 하셨습니다. 기뻐하며 굉장히 보람을 갖고 저에게도 학생들과 찍은 사진도 보내주고 참 행복해 하였습니다.

　대학원에 가서 상담교사 공부를 하면 나이 들어서도 교사로서 일하기 좋다고 대학원을 혜택 받게 하시며 다니게 하셨습니다. 그래도 많이 안정된 상황에서 있었는데 어느 날 고통의 전화가 또 온 거예요. 그 성도로서는 엄청난 돈을 빌려줬는데 다 떼이게 된 거죠. 여러분이라면 아실 거예요. 괜히 이런 일은 없거든요. 십일조헌금 잘 하는 사람에게 이렇게 허망한 일은 잘 일어나지 않죠. 왜 이렇게 지혜 없는 일을 하였을까? 저는 일단 진정시키고 나서 물어보지 않을 수가 없었어요. 그동안 십일조 생활 했는지요. 잠시 잠 잠하더니만 풀이 죽어 말하기를 십일조 생활을 하다 안하다 하였다는 거죠 감사헌금처럼 조금하고, 저는 일단 주님께 욕심을 부려 하나님의 것을 도 둑질한 죄 회개하라고 했습니다. 자살을 하여 영원한 지옥에 떨어질 수밖 에 없었던 당신을 구원하여 주신 하나님이신데, 힘들고 어려울 때는 그렇 게도 주님께 안타까이 외치던데 그 고통의 세월을 벗어나서 평안하고 살만 하게 해 주시니 주님께서 그분의 자녀를 축복해 주시고 보호하여 주시려고 드리라고 한 십일조헌금을 드리지 못하였기 때문에 이 어려움을 겪는 것입 니다 라고 말해 주었습니다. 하나님께서는 분명히 말라기서 3장 10절~12 절 말씀에 그분의 백성들에게 복을 주시려고 기록해 놓으셨습니다.

들으면 복 받고 사는 그 하나님의 말씀을 버리고 그 성도는 하나님 것 떼 어먹고 세상 이자 몇 푼 받아 돈을 늘리려다 그동안 정말 힘들게 서너 시간 통학하며 벌었던 돈이 순식간에 허공으로 날아갔고 돈을 달라고 가족에게 채근하기도 어렵게 법이 바뀌었다고 하더라고요. 그 성도가 고통가운데 있 는 것을 보고 저는 다시금 십일조 헌금을 하지 않을 때 주님의 것을 내 것 인 양 마음대로 쓸 때 이제 구원도 받고 주님의 은혜를 체험한 주님의 자 녀이기 때문에 주님께서는 신앙의 어린 아이가 아닌 이 성도를 훈련시키시 는 것을 알게 되었습니다. 고통 가운데 새롭게 변화되는 것은 복이 되지만 일부러 힘들게 고통을 당할 필요는 없지요. 애를 낳을 때 2~30분 고생하다 낳는 것이 좋지 하루 왼 종일이나 이틀을 고생하며 낳는 것이 좋은 것은 아 니잖아요. 참으로 "주의 법을 사랑하여 순종하며 사는 자들에게는 큰 평안 이 있으니 그들에게 장애물이 없으리이다." 라고 하신 시편 119편 165절 하나님 말씀이 마음에 그렇게 와 닿으며 세상 욕심으로 불순종하여, 인생

가운데 겪지 않아도 될 풍파에 격랑에 휩싸인 그 성도의 모습을 생각하니 저의 마음도 쿡쿡 찌르듯이 아팠습니다. 하지만 이 고난을 통하여 그 성도가 주님의 나라 들어 갈 때까지 확실히 십일조 생활을 하겠다 싶어 앞으로 복이 될 그 성도를 위해 힘 있게 격려해 줄 수 있게 된 것이 그나마 위로가 됩니다. 우리가 창세기 3장 14절을 보시면 하와를 꾀어 죄를 짓게 한 뱀에게 사단에게 하나님은 말씀하십니다.(창3:14)

또한 하나님께서는 죄를 지은 아담에게 창세기 3장 19절에서 "네가 흙으로 돌아갈 때까지 얼굴에 땀을 흘려야 먹을 것을 먹으리니 네가 그것에서 취함을 입었음이라 너는 흙이니 흙으로 돌아갈 것이니라 하시니라"고 말씀하십니다. 저는 시골에 살아서 뱀을 보았습니다. 뱀이 개구리나 다른 개체를 먹는 것을 보았어도 뱀이 양식처럼 흙을 먹는 모습은 보지 못했습니다. 바로 사단에게 사람을 양식으로 내주는 것을 의미하는 것이겠지요. 물론 사랑의 하나님께서는 아무 때나 구원 받은 백성들을 사단의 잇 사이에 씹히도록 하시지는 않으십니다. 사단은 사람이 죄를 지었을 때 합법적으로 흙인 사람을 괴롭히는 것입니다.

그러므로 우리는 우리의 영원한 피난처이신 예수님께로 빨리 피하여서 죄를 짓는 즉시 빨리 회개하고 그 삶을 바꿀 때 주님의 크시고 안전하신 날개 안에, 주님의 품 안으로 피할 수 있는 것입니다.

저희 집에서 가장 성령 충만한 곳은 화장실입니다. 모두들 있는 공간에 제가 들어가서 기도하기가 어려워서 화장실에 들어가서 회개를 많이 했습니다. 믿는 우리들이 가서 백화점 물건을 도둑질하고, 간음하고, 살인하기는 어렵습니다. 그러나 우리는 순간순간 교만하고, 무정하고, 마음으로 미워하고, 나쁜 생각과 잘못 된 남을 판단하고, 시기 질투 세상 욕심을 부릴 수 있는 것입니다. 세상의 법은 행위가 실제로 나타나야 법의 저촉을 받지만 우리 하나님의 법은 그 보다도 더 세밀하시지요. 제가 하루에도 얼마나 죄를 지었는지 아시겠지요? 거룩하게 살기를 원하여도 순간순간 죄를 짓는 제 모습을 보면서 저는 얼마나 자주 주님이 필요했는지 모릅니다. 순간순간 저는 나쁜 생각이 떠올라도 화장실로 급히 뛰어가서 회개를 하였습니다. 죄란 몸의 때와 같아서 나중에 묵혀서 씻으려면 시간도 걸리고 힘도 듭니다. 정말로 저는 자주 자주 화장실에 뛰어갈 일이 생기더군요. 남들이 보면 사모요 주일학교 교사요 기도학교의 교사로서 기도한다고 하면서 주님의 일을 하여도 내 안의 죄성이 살아서 나로 범죄 하게 하는 모습을 내가 보면서 날마다 애통해 해야 했습니다.

사사기의 이스라엘 백성처럼 죄를 짓고 고난 받고 회개하고, 하나님의 은혜로 구원받고 구원 받고 평안하고 살만하면 다시 죄를 짓고 다시 고난 받는 이 악순환 고리가 그때 그 백성으로 끝나는 것이 아니라, 사사기를 읽으며 나중엔 화까지 내었던 그 이스라엘 백성이 그게 나라는 사실을 알게 되었습니다. 고난 가운데 살아계신 하나님의 말씀을 붙잡고 믿음의 삶을 곧바로 살아드리지 못했던 지난날들의 저를 생각해 볼 때 어떤 사람이 와서 이야기 할 때도 저는 지난날들의 저의 죄가 생각나서 쉽게 정죄하지 못하고 겸손한 마음으로 돕고 싶고 섬기는 마음을 주신 하나님을 찬양 드립니다.

기도학교에 와서 기도하며 많이 눈물 흘리는 권사님이 있었습니다. 여러 가지 기도 응답도 받으시고 하나님의 은혜도 체험하는데 웬일인지 계속 사업을 하시는 남편 장로님이 물질의 복이 그렇게나 도망가듯이 제가 보기에도 너무나 어이없이 안타깝게 바로 눈앞에서, 바로 문 앞에서 물질의 복이 손에 까지 왔다 잡으려할 때 비껴나가는 기가 막히는 상황이었습니다. 저는 그 때까지도 생각 자체를 못 했습니다. 정말 신실해 보이는 남편 장로님이 십일조 생활을 안 하고 있다는 것을요. 그랬습니다. 장로님은 남들 보기에도 본이 되게 신앙생활을 잘하시고 교회생활도 헌신적으로 목사님을 도와 일하셨는데 십일조 생활을 못하셨던 것이지요. 사업을 할 때 어려우면 못할 수도 있고 다음에 생기면 하겠다라는 생각이었지만 그 순환이 어렵게된 것 입니다. 그래서 저는 말했습니다. 아무리 어려워도 밥은 먹고 살지 않느냐! 그러니 먼저 소득의 십일조를 드리고 나서 생활은 어려우면 빚을 내서라도 해야 한다고 말씀해 드렸습니다. 너무나 힘든 생활이 이어졌기 때문에 이제는 큰돈은 못 드리지만 매일의 삶 가운데 사업을 하면서 생기는 조금의 이익에서도 돈을 떼어서 드리겠다고 울며 다짐을 하셨습니다. 저는이 귀하고 소중한 하나님의 사람들이 앞으로 잘 하실 수 있도록 그래서 온가족에게 하나님의 은혜와 축복이, 약속하신 말씀이 능히 이루어지기를 기도하고 있습니다. 그런데 이와 같으신 분들이 상당히 많이 계심을 만나게되었습니다.

어느 날 한 집사님의 남편이 작은 사업을 한다고 물질축복을 많이 주시기를 원한다며 기도해 달라고 하였습니다. 기도할 때 "너 하는 것 봐서!" 그런 말씀을 주셨습니다. 그래서 그대로 전하였습니다. 정말 똑똑해 보이는 이 집사님은 크게 놀라는 모습이었고 그 이후로 그의 믿음의 삶이 참 아름다워지기 시작하였습니다. 저는 이 집사님을 볼 때마다 힘이 나고 기쁘고 행복합니다. 사업은 주님의 은혜로 잘 풀리고 자녀도 주님 은혜 안에서 정말 특별한 은혜를 받아 육사를 졸업하고 나라를 지키는 일을 즐겁게 수행하고 있어요. 오직 하나님의 성실하신 은혜이지요. 그것 밖에는 답이 없습니다. 저는 어리석고 지혜가 없고 어린 아들보다도 생각이 짧을 때가 너무 많아 제 자신을 신뢰 할 수가 없습니다. 남들이 보기에도 저는 그냥 나이든 평범하고 양순해 보이는 사람인거예요. 남편 목사님은 저에게 속아 넘어가기

딱 좋은 사람이라고 물가에 내놓은 아이처럼 생각되지만 하나님의 은혜로 너무도 좋으신 하나님의 사람들이 기도로 사랑의 헌신으로 물질로 힘을 더해 주시므로 주님의 일을 더욱 기쁘게 할 수 있도록 능력의 하나님께서 돌보아 주십니다. 그것을 알기에 남편 목사님도 기쁘게 저를 위해서 기도해 주시고, 축복해 주시고, 조언해주시고, 가르쳐 주십니다. 저는 철저히 남편 목사님의 가르침 안에서 순종하며 섬기고 사역합니다. 처음에는 때로 불순종도 하고 내 생각대로 행할 때도 몇 번 있었으나 주님께서는 그것을 회개하게 하시고 철저히 목사님의 지도아래 행하게 하십니다. 그것이 저에게 얼마나 복이 되는 지요!

주님께서 임하셔서 사랑의 은사를 주시고 하늘의 신령한 것과 땅의 복된 것으로 축복을 해주셔서 감히 다른 성도들과 주님의 귀하고 복되신 하나님의 사역자분들을 섬길 수 있는 은혜를 부어 주셨습니다. 오직 주님만을 의지하고 신뢰할 때 많은 사람들을 도울 수가 있었습니다. 기도로 돕게 하시고 물질도 주님의 사역자분들과 선교사님들에게 흘려드릴 수 있도록 풍성하게 주님의 방법으로 부어 주셔서 계속적으로 돕게 하시니 감사드릴 뿐입니다. 주님께서는 심는 자에게 먹을 양식과 심을 곡식을 주시더군요.(고후 9:10)

처음에 주님은 보스니아 독신 여 선교사님에게 저의 생활비 전부를 드리라고 하셨습니다. 그 때는 너무도 재정이 없어서 처음 개척한지 얼마 되지 않았을 때니 월세마저 저희가 생활하는 생활비에서 상당기간 나갈 때였습니다. 그 때 인출할 수 없는 약간의 돈만을 남겨 놓고 다 인출하여 선교사님에게 보내기로 했습니다. 다행히 성도가 참여하여 조금 더 보낼 수 있었어요. 그런데 그 선교사님이 물어보는 거예요. 선교 비에 얼마를 쓰고 자기 자신을 위해서 얼마를 써야하는 지를 물어보는 겁니다.

그래서 기도했더니 놀랍게도 50만원에서 35만원은 선교사님이 쓰시고 15만원은 선교비로 쓰라고 하시는 거예요. 너무 자세히 주님께서 알려 주시니 제가 많이 놀랐습니다. 나중에 그 선교사님이 한국에 돌아오셔서 말씀하시는데 그때 착오가 나서 문제가 생겨서 선교 비를 전혀 받을 수 없는 상황이었다는 거예요. 당장 먹을 밀가루도 봉지에서 아주 조금 남고 기름도 거의 없고 케첩까지도 다 떨어진 상황에 주의 성령님께서 그 선교사님을 알고 있는 저에게 그런 마음을 주신 것입니다. 돈이 엄청 많은 사람들이 가득한데 개척하여 돈도 얼마 없고 당장 그 주에 생활 할 돈도 얼마 없는 나에게 그렇게 드리라고 명령하신 것과 드릴 수 있는 마음을 주신 하나님께 너무 감사 드렸어요. 주님은 저에게 이제 꾸이신 거죠. 할렐루야!

　　그런데 무슨 일을 통하여 남편이 얼마 남지 않은 생활비를 제가 다 선교비로 쓴 것을 알게 되었어요. 저는 남편 목사님 말에는 정말 순종을 잘하는데 그 때는 제가 담대하게 말했어요. "앞으로 제 통장과 제 지갑이 비는 일은 없을 거예요" 아주 담대하게 외치게 하시니 착하고 고지식한 남편도 더는 말을 하지 않았어요. 참 좋으신 하나님 그분의 일을 위하여 자신의 가족을 남겨놓고 가서 헌신하는 그분의 종을 위하여 이렇게 주밀하게 도우시는 주님을 어찌 찬양하지 않을 수가 있을까요!

　　이 일 후에 주님께서는 늘 당장 먹을 생활비 때문에 걱정하지 않아도 되도록 몇 만원 있던 통장에 십 만원 단위로 돈을 채워주셨고, 그 후에도 우리도 어렵지만 개척교회나 힘드신 선교사님들을 위해 기도하며 성령님의 인도하심 가운데 순종하여 계속 작은 곳간을 열어 흘려보내게 하시니 주님께서 주신 물질을 사용하는 모습을 보시고 백만 원 단위로 돈을 넣어주시다가 그 물질 사용하는 모습을 지켜보시고 천만 원 단위로 채워 주셨습니다.

주님께서는 지역의 사람들을 위하여 교회 창고를 열라고 하셨고 그 이후로 계속 동사무소나 어려운 곳에 힘에 넘치도록 특별헌금을 통하여 지역사회의 어려운 이웃들을 돕게 하셨습니다. 그들은 그리 크지 않은 교회가 그들이 바라고 생각했던 것과 다르게 헌신적으로 사랑을 베푸는 것을 보고 감동을 받고 교회를 칭찬하고 감사해 하였습니다. 그 일로 믿지 않던 동장님과 동의 일을 하던 주민들에게로부터 교회가 칭찬 받는 일들이 자주 있게 되었고 주님의 교회에 대해서 이일로 주님은 영광을 받으시게 되었습니다. 저희는 오직 주님의 이름이 영광 받으심에 감사하였습니다. 이 일들로 나는 하나님의 말씀은 진실이고 사실이고 참이라는 것을 되새겼습니다. 고린도 후서 9장 6절부터11절 말씀과 잠언서 8장 17~21절 말씀과 말라기서 3장7절~12절 말씀이 다 사실이고 말씀으로 알려주신 그 길을 가며 그대로 순종하는 자들에게 주님께서 풍성히 그 곳간을 채워주심을 알게 되었습니다.(잠8:17~21)

　교회나 가정이 어려우면 먼저 그의 나라와 그의 의를 위하여 물질과 기도와 시간을 쓸 때 주님께서 이 모든 것을 더하여 우리에게 주시는 은혜를 체험 하실 것입니다. 부족함이 없는 축복을요! 먼저! 먼저! 내가 먼저 심고 행할 때 주님께서 일하십니다.

3. 치유하시는 놀라우신 하나님의 은혜

주님께서는 어리석고 연약하고 무능한 저를 아침마다 그 분의 말씀으로 깨우쳐 주십니다. 저는 주님의 도우심이 없으면 아무 것도 할 수 없습니다. 능력의 지극히 크신 것이 깨지기 쉬운 질그릇 같은 저에게 있지 않고 하나님께 있음으로 말미암아 저는 오늘도 기뻐합니다. 남들보다 여러모로 부족하고 이제는 머리도 희어지고 기억력까지도 연약해져가는 저는 다른 사람들에게 자긍할 수 없음에 감사하며 기뻐합니다. 저는 저의 부족함과 연약함에 대해서 주님을 찬양합니다.

주님께서는 세상가운데서 질병의 강도만난 사람들과 마음에 큰 근심과 고통이 있는 사람들을 많이 보내 주셨습니다. 오직 내 안에 살아계셔서 모든 것을 가르쳐주시는 성령님의 가르치심과 지도가 없으시면 저는 아무것도 사람들에게 드릴 것이 없음에 기뻐합니다. 오직 보배피로 구원받은 하나님의 자녀안에 살아계신 성령님께서 가르쳐주시는 은혜로 인생의 강도만난 사람들을 도울 수 있는 것입니다. 주님께서는 저를 20살에 예수님을 믿고 난후 수많은 시간들을 금식과 기도로 훈련 시키셨습니다.

나는 때로 다른 사람들처럼 나도 토요일에는 놀고 싶고 지금의 카페, 다방도 가고 싶고 영화관도 가고 싶었습니다. 그리고 무엇보다도 금식하기가 싫었습니다. 그러나 주님께서 폐결핵으로 죽음을 한 달 앞둔 숨쉬기도 힘든 다 죽어가는 나를 월남전에 참전하여 다리를 잃어 의족을 차시고 사역하시는, 미국의 데니스 굿델 목사님을 통하여 주님의 능력으로 살리시고 치유해 주셨기 때문에 나는 순종할 수밖에 없었습니다.

신학교에 들어가기 전에 이미 야고보서 1장 17절을 체험하게 해주셨고 결혼 후 많은 시간이 지나서 개척하고 난후 완전히 무력감에 절어서 기도도하지 않고 대인기피증에, 지금에 와서야 병명을 알 수 있었지만 공황장애로 말미암아 피폐해질 대로 피폐해진 상태에서 주님은 나를 만나 주셨습니다.

사람으로서는 아무 소망도 없었을 때 주님께서 내안에 숨겨 놓으신 기도의 DNA를 두드려 주심으로 나는 다시, 소망 없는 그 죽음 같은 절망의 삶에서, 기도의 축복된 능력의 삶으로, 쇠락하고 움츠렸던 생명이 소성되는 은혜를 입게 된 것이었습니다. 실로 주님은 놀라우신 사랑과 능력과 축복과 기적의 하나님이십니다. 그 하나님으로 인하여 나는 다시 기지개 켜며 기도의 삶을 살게 되었던 것입니다. 그리고 주님께서는 어리석고 무능하고 죄인의 괴수된 저에게 오셔서 지혜와 지식의 은사 믿음의 은사 그리고 능력 행함의 은사 병 고치는 은사들을 주심으로 많은 사람들을 도울 수 있도록 하신 것입니다. 하나님께서는 놀라우신 은혜로 각종 질병에 걸린 사람들을 치유하셨습니다. 병원에 오래도록 입원하여서 각종 검사를 받았지만 그 병명조차도 알지 못하고 치유 받지 못한 사람들도 간혹 있었습니다. 그들이 교회에 왔고 주님께서는 예수그리스도 이름으로 선포하며 기도하게 하시고 하나님의 놀라우신 능력으로 그들을 치유하셨습니다.

저는 저의 죄와 죄악과 연약함을 알기에 조금이라도 내 의를 주장할 수 없음에 대하여 크게 기뻐합니다. 지극히 크신 능력이 사람에게 있지 아니하고 만물을 창조하시고 다스리시는 하나님께 있음에 감사드립니다. 주님께서는 먼저 저를 기도하게 하셨습니다. 아무 소망도 없고 주변의 아무 도움도 없어 살기 위해서 시작한 기도는 주님의 긍휼하신 은혜를 덧입어서 저를 살게 하셨을 뿐 아니라 수많은 그분의 자녀들을 도울 수 있는 시작점이 되게 하셨습니다. 주님께서는 곤고한 가운데 먼저 기도로 무장하게 하시고 말씀을 주야로 묵상하게 하셨습니다, 주님께서 주시는 말씀을 통해서 날마다 새 힘을 얻고 살 소망을 갖고 겨우 한숨 한 숨 쉬고 한 발 한 발 내딛으며 살아가게 하셨습니다. 실로 주님의 주밀하신 은혜가 아니었다면 저는 소망이 없는 가운데 소멸하여 스러져 갔을 것입니다.

기도 할 때마다 주님께서 내 안에 기도의 DNA를 깨워내셔서 이미 결혼 전 받았던 약 1:17절의 말씀의 역사가 내 안에 활발히 일어나 놀라우신 하나님의 은혜가운데 걸어가게 하신 것입니다.

그 후로 곤고한 가운데 있었던 사람들이 찾아오게 하셨고 그들과 대화하며 기도해 줄 때 주님께서 그들의 아픔을 치유해 주셨습니다. 병이나 마음의 고통이 치유된 사람들을 통해서 계속적으로 사람들이 교회에 찾아 왔습니다. 그들은 그들을 도우시는 하나님의 선하신 손길 아래 기뻐하며 행복한 마음으로 돌아가게 되었습니다. 그들은 모여서 날마다 예배드리고 기도회하기를 요청했습니다. 저희 목사님은 다른 사람들보다도 굉장히 신중한 성품을 지녔습니다. 이러한 일들을 다 보고 받으시고 당분간 모여서 아무 기도회도 하지 말라고 하셨습니다. 저는 윗 권세에 순종합니다. 말씀이 그리하라 그러셨으니 저의 머리되는 남편 목사님께 순종 합니다.

그것은 곧 제가 주님께 순종하는 것이지요. 저는 여전히 집에서 아이들에게 말씀도 가르치고 기도하며 주님 주신 것들을 전하며 기도했습니다. 주님께서는 개척교회 자녀로서의 여러 부담감에 눌린 아이들을 먼저 만져주시고 회복시키시고 행복해지게 하셨습니다. 그 기간 동안 우리는 집에서 놀라운, 하나님의 성령님께서 일하심으로 말미암아 아이들의 아픈 것들이 치유되고 소망과 기쁨을 주시는 놀라운 기적을 많이 체험하게 하셨습니다.

- 사역의 시작 -

어느 날 식탁에 마주보고 앉아 있는데 목사님이 말하였습니다. "내가 당신을 2년 동안 지켜보았는데 교회에서 기도회 해도 되"그러는 것이었어요. 사실 깜짝 놀랐습니다. 예배드리고 기도회를 할 수 있다는 것이 너무 기쁘기도 하였지만 주님께서 이끄시는 저의 삶을 2년 동안 지켜보고 있었다는 사실이 저를 놀라게 하였습니다. 하나님께서는 그 시간들을 선용하셨습니다.

남편목사님의 신중한 성격을 사용하여 많이 덜렁대는 저를 더 다듬어 주신 은혜에 감사드립니다. 그 이후 예전에 같이 기도했던 사람들에게 연락이 왔고 사람들이 많아져서 저는 예전처럼 앉아서 한 사람 한사람에게 말하지 않고 전체 예배를 통하여서 하나님의 말씀을 전하고 기도 하였습니다. 한 시간 예배드리고 한 시간 중 세계의 선교사들과 교회들과 주의 종들을 위하여 기도하였고 우리나라의 교회와 주의 종들을 위하여 나라와 민족을 위하여 이스라엘을 위하여 기도하고 나서 한사람 한 사람을 위하여 손을 그 성도들이 있는 방향으로 뻗어 기도해 드렸습니다. 기도할 때 주시는 성령님의 감동하심으로 각자에게 주시는 찬송과 말씀구절을 전하여 줄 수 있었습니다. 그리고 아픈 사람들을 위하여 기도 할 때 주님께서는 놀라운 치유의 역사를 일으키셨습니다.(막2:17)

하나님께서 저의 임파선 암을 남편 목사님의 안수기도를 통해 치료해 주셨습니다. 그 일이 있기 전에는 암환자들은 한 사람도 보내주시지 않았습니다. 아마 저의 약한 믿음과 성숙하지 못한 어리석고 연약한 믿음을 보셨던 거겠지요. 마음속으로 왜 큰 교회는 잘나가는 성도만 보내주시고 왜 작은 개척교회에는 힘든 성도들만 보내주시는가 하며 어쩌면 저는 주님께 불

평불만을 할 수 있었음을 아신 것이 아닐까요? 주님께서 친히 진두지휘하시고 고전12:4~11절의 역사가 나타나도록, 어리석고 무능하고 아무것도 할 줄 모르니 오직 주님만 붙잡고 기도하는 저를 하늘나라 심부름꾼으로 삼아 일하셨습니다.

하나님께서 일하시니 날마다 창조의 능력의 기적의 역사가 나타났고 날마다 비참과 고통가운데 빠진 사람들이 주님의 은혜로 새 힘을 얻고 새 소망가운데 기쁨으로 행복으로 일어서기 시작했습니다. 하늘 권세를 이 땅에서 누리는 기적의 축복의 능력의 삶을 살고 누리게 하신 하나님을 찬양합니다. 하나님께서 각 사람에게 성령을 나타내심은 교회로 성도로 유익하게 하려 하심인 것을 압니다. 하나님께서는 성령으로 말미암아 지혜의 말씀을 주시고 같은 성령을 따라 지식의 말씀을 주십니다. 우리는 전혀 알지도 못하는 사람을 볼 때 주님께서는 지식의 은사를 통하여 그 사람에 대하여 말씀하심으로 그 사람 속에 있는 것과 그가 처한 사정에 대하여 말씀하심으로 그들을 돕게 하십니다. 그 과정을 통해서 소망이 없는 것이 사람을 무너지게 만든다는 것을 알게 하셨습니다. 무너지는 인생가운데 주님께서는 말씀으로 소망을 주셔서 사람들을 살리셨습니다. 한 영혼 한 영혼을 주님께서 돌보셨기에 가능했던 사실입니다. 저는 점차로 깨닫기 시작했습니다. 지난날 제가 거름더미에서 있었던 세월들로 인하여 그 고난으로 인하여 인내와 겸손함을 제 마음에 아로새기신 것을 보게 하셨습니다.(히5:8~9, 약5:10, 벧전4:16, 벧전5:10)

강원도 화천의 한 교회에서 스물다섯 명의 목회자들이 모여서 기도하는데 인도하시는 주의 종이 저희 목사님에게 모여 기도하시는 주의 종들을 위하여 안수기도해주라고 하셨습니다. 그 때 남편 목사님이 안수 할 때 주님께서 저의 암을 고쳐주셨습니다. 낡은 교회의 공중에서 음성이 들려왔습니다. "임파선 암 종양제거" 저는 너무 놀라서 말씀드렸습니다. "하나님 다시 한 번 말씀해주세요." 그러자 다시 말씀이 울려 왔습니다. "임파선암 종양 제거" 중후한 위엄 있는 음성이었습니다.

그간 나는 왼쪽 겨드랑이와 왼쪽 가슴이 너무 아프고 딱딱한 것도 만져져서 유방암인줄 알고 있었어요. 인터넷을 찾아서 관련 지식 있는 부분을 살펴보니 암이 확실한 것 같고 또 가슴도 아프니 유방암인줄 알았습니다. 그래서 나도 모르게 다시 한 번 말씀드렸어요. "하나님 다시 한 번 말씀해주세요" 그러자 다시 한 번 위엄 있는 음성이 들려 왔습니다. "임파선 암 종양 제거" 저는 곧 천국에 갈 수 없다는 생각에 잠깐 실망했지만 주님께 감사드렸습니다. 보이는 남편 목사님과 아이들을 그리고 귀하고 복된 성도님들을 생각하니 감사한 마음이었습니다. 너무 아파서 잘 올라가지 않던 손도 쑥쑥 올라갔습니다. 그렇게 나를 괴롭히던 극심한 고통도 사라졌고 살이 다시 빠지지 않고 다시 밥을 먹는 대로 살이 차오르기 시작했습니다.

사실 저는 그냥 천국에 갈 생각이었거든요. 얼마 있으면 늘 소망하며 그리워하던 천국에 갈 줄 알았어요. 남들을 위하여 기도 해 줄때는 병치유의 역사가 계속 일어났지만 천국에 빨리 가고 싶은 마음이 가득하니 주님께 저의 병을 고쳐달라고 한번도 기도하지 않았어요. 그 아픔이 극심하고 매일 매일 살이 빠지는데 하루에도 몇 백 그램씩 매일 매일 살이 빠졌어요. 남편 목사님은 왜 이렇게 살이 빠지냐고 물어보면 저는 감기 몸살로 그런다고 말하고 절대 큰아들에게 말하지 말라고 했어요. 지금 생각하면 큰 아들에게 너무 무거운 짐을 지웠나 생각이 들어 너무 미안한 마음이 가득하고 고마운 마음이 듭니다. 만약 남편 목사님이 알았더라면 무조건 병원의 치료를 받으라고 하며 저를 입원 시키고 현대적 치료를 받게 하려 할 것이었습니다. 집안의 재정 상태를 알고 또 내 상태가 상당히 심각한 것을 아니 병원에서 치료해도 너무 늦었고 있는 것이라고는 전세든 돈 밖에 크게 없음을 아니 그것마저도 없애고 저를 치료하려해도 낫지도 못하고 가족들은 갈 곳이 없어 질 것을 알았고, 무엇보다도 예수님 믿고 나서부터 그렇게 간절히 사모하던 천국에 갈 기회가 되었으니 남들 복권 타는 것 마냥 기뻤고 그냥 조용히 천국에 가려 했던 거지요. 물론 다른 사람들을 위해 기도해 줄 때 병원에서 원인도 알 수 없고 검사만 하다 나오고 죽음을 기다리던 사람들도 주님께서는 저를 심부름꾼으로 사용하셔서 완전하게 건강해지는 모습을 많이 보았지만 저는 생각이 부족하여 그냥 천국에 갈 때가 가까워 진 것만 생각하고 기뻐했던 거지요. 은혜 갚아야할 남편목사님과 가족들 그리고 그 사랑과 헌신에 은혜 갚아야할 성도들이 있음에도 저는 천국만을 간절히 사모했기 때문에 극심한 고통이 올 때에는 교회의 뒤편에 숨어서, 집에서는 작은 방에 숨어서 그 시간들을 넘기곤 하였습니다. 너무 아파 견딜 수 없는 시간들은 점점 그 시간도 간격도 좁혀져서 오더군요.

그 몇 년 전에 주님께서 꿈에 제 몸을 스캔하여 보여 주시는데 암의 인자가 있음을 알게 하셨습니다. 미리 기도로 또 생활가운데 몸을 돌아보아 방비하라고 알려 주신 것을 저는 어리석고 우매하여 그냥 심상히 넘겨 버리고 아무 대책도 없었던 것이 잘못이었습니다. 처음에는 몹시 피곤하여 자꾸만 쉬고 싶었고 너무 몸이 피곤하여 잠깐이라도 쉬어야 할 정도로 피곤이 극심하였습니다. 그런 후 바늘로 찔리는 아픔이 어쩌다 간혹 있다가 얼마가 지나서는 송곳으로 찌르는 것 같은 아픔이 겨드랑이와 가슴 쪽으로 왔고 얼마가 지나자 이제는 살이 매일 빠지며 마치 전기 드릴로 뼈와 살을 갈아내는 것 같은 견디기 힘든 고통이 그 간격을 점점 좁히며 달려왔었습니다. 하지만 언제나 사모하던 그 천국에 갈 날이 가까워졌다는 생각에 기쁨으로 설레었습니다. 주님께서는 내가 아직 은혜만 가득 받고 너무도 한 일이 없음을 아셨던 것이지요. 남들은 칭찬하고 뭐라고 해도 나는 얼마나 내가 부족함을 압니다. 그 크신 은혜를 넘치게 받았음에도 나는 주님을 위해 한 일이 너무 적은 것이었어요. 주님께서 목숨이 바람 앞의 등불 같던 나를 살리시고 앞으로 남은 인생 주님을 위해 그리고 그분께서 명하신 일을 하며 사람들을 돕고 세우는 일을 하도록 불러 주심에 감사드립니다. 주님께 감사드리며 그 크신 은혜를 감히 갚으며 살고 싶고, 주님께서 주신 사랑하는 사람들이 베풀어 준 그 사랑을 되갚아 주며 살고 싶은 마음을 주셨습니다.

그 이후로 각종 말기 암에 걸려 인생 마지막을 바라보는 수많은 사람들을 기도하게 하셨고 33명의 말기 암 환자와 2명의 암 초기 환자들이 주님의 능력으로 치유함을 받았습니다. 물론 교회에 오신 환자들 중 치유함을 받지 못하고 천국으로 가신 분들도 여러분이 계십니다. 나는 아무 능력이 없습니다. 우리 목사님도 아무 능력이 없습니다. 오직 하나님 성령님께서 역사하시고 일하시기 때문에 병원에서 마지막을 선고받은 그 많은 말기 암 환자들이 기도 받은 후 그 모든 증상들이 사라지고 건강하여져서 지금까지 정상적으로 생활들을 잘하고 있는 것입니다. 우리는 오직 주님의 영광을 위하여 그분을 의지하여 예수 그리스도의 이름으로 기도하여 드린 후 병원에 가서 꼭 의사선생님께 확인하라고 말씀드립니다.

주님께서는 이 땅에 약도 개발할 수 있도록 지혜와 자원과 물질을 주시고 환자들을 돌보고 도와주고 치료하도록 의사도 세우신 것입니다. 저 개인적으로도 얼마나 의사선생님들과 약사선생님들의 도움을 받았는지 모릅니다. 어린 자녀들을 키울 때에도 얼마나 감사한 도움을 많이 받았는지요. 얼마 전만하더라도 저는 두유 알레르기로 엄청 고생할 때 병원에 급히 가서 주사를 맞고 얼마 있다가 정상으로 회복 된 적도 있었습니다. 팔이 아팠을 때도 병원에 찾아가 의사선생님들의 도움을 받아 회복된 적도 있었습니다.

또한 첫아기를 1월3일에 낳고 부주의하여 겨울 찬바람을 몸에 많이 맞아서 몸에 풍이 들어서 온 몸이 몹시 붓고 온 몸의 뼈가 아파서 잠도 한 달 가까이 제대로 잠 잘 수 없을 정도로 고통을 당 할 때 한의원에 다니는 같은 교회의 남편 친구아내 집사님을 통해 한약을 먹고 뼈가 안 아파서 잠을 잘 잘 수가 있었습니다. 하나님께서는 이와 같이 우리 주변에 아픈 사람들을 돌볼 수 있도록 선한 일에 헌신된 전문가들을 두십니다. 얼마나 고맙고 감사한 일인지요. 지금 코로나로 인하여 온 세계가 고통을 당하고 있는데 우리나라의 일선 의사, 간호사뿐만 아니라 의료계 전체에서 수고하시는 그분들의 헌신적인 노고를 생각할 때 이 고난의 시대를 최일선에서 외로운 깃발처럼 자신을 돌아보지 않고 힘들고 어려워도 청청하게 지켜주심에 우리 국민 모두는 너무 감당하기 힘든 감동과 감사의 마음이 가득합니다.

- 치 유 -

정말 많은 사람들을 보내시고 주님께서는 일하셔서 그 영혼들을 고치시고 살리셨습니다. 다 기억은 나지 않지만 몇몇 사람들은 생각이 납니다. 경기도에서 오신 양ㅇ순 집사님인데 나이가 70을 조금 넘으셨고 활달한 성격이었습니다. 따님은 미혼인데 40이 조금 안된 이ㅇ경 집사였습니다. 그 어머니 집사님이 암이라고 해서 예배드리고 기도를 해 드리는데 주님께서 그러시기를 암이 온 몸에 다 퍼져서 상당히 위중한 상태라는 거예요. 그런데 그것을 그 어머니 집사님에게 알리라고 하셨어요. 어머니집사님은 말하기를 자기는 전에 암 수술을 하였고 이제는 다 나아 여기 저기 조금씩 아픈 부분들을 치료하고 있다고 별 큰일은 아니라는 듯이 말하였습니다. 그래서 저는 그 분들을 향해 주님께서 가르쳐 주신대로 다 말씀드렸어요. 그러자 갑자기 그 딸 집사님이 흑흑 울더니 말하는 거예요. "엄마 사모님 얘기하신 것이 다 맞아요. 그게 사실 이예요. 의사가 이제 엄마는 더 이상 손 쓸 수 없는 상태라고 하였어요."하며 울었습니다. 가족들이 어머니의 상태를 숨기고 있어서 본인은 자신의 상태를 잘 모르고 있었던 것 같습니다.

때로 주님께서는 사람들이 상태나 상황을 잘 모르고 있는 경우에 그것이 그 사람에게 놀라는 일이 되더라도 정확하게 일러 주실 때가 많이 있었습니다. 이제 자신의 생명이 죽음 앞에 있다는 소식을 들은 그 어머니 집사님은 안타까운 마음으로 기도 해 달라고 하셨습니다. 주님께서는 이 어머니 집사님이 전도의 사명을 띠고 전도해야 됨을 말씀하시고 개척교회를 도와 성도들에게 음식을 해주고 교회 청소도하며 전도하고 주님의 교회에서 사모님을 도와 일을 해야 됨을 말씀하여 주셨습니다. 그 때는 코로나가 일어나기 전의 일이었습니다. 저는 일단 하나님께서 병을 고쳐주시면 간증하시면서 전도하시고 교회를 돌보시고 일하시기를 말씀드렸어요.

예배를 통하여 반복적으로 하나님 말씀을 먹이고 전하여야 됨을 가르쳐 주셔서 열심히 반복적으로 여러 번 말씀을 전하고 기도도 해 드렸습니다. 그들은 정말 열심히 정성을 다하여 예배드렸고 기도 하였습니다. 병원에서는 이미 손을 다 들고 마지막을 준비해야 되는 상태라니 그들은 마지막으로 하나님께 간절히 기도 하였습니다. 그 남편 되시는 분께서는 식혜도 해 오시고 따님은 비록 시장에서 산거지만 스카프도 사오고 꽃 그려진 양말도 사오시고 김치까지 담아 오셨어요. 너무 감사했습니다. 일은 주님께서 하시고 저는 다만 심부름꾼에 지나지 않는데도 이렇게 어린 나귀가 주님 때문에 대접 받음을 알기에 송구한 마음으로 온전히 주님께 감사드리면서 다시금 주님께서 전신에 다 퍼진 그 암 병을 고쳐 주실 때 어떻게 하여야 함을 말씀해 드렸습니다. 꼭 간증하면서 전도하라고 말씀드렸어요. 예배도 신실하게 드려야 함을 전해 드렸습니다.

하나님께서는 종종 한번 예배드리고 기도 할 때 단번에 고쳐주시기도 할 때도 많이 있었습니다. 그러나 먼저 사람들의 믿음을 세우기를 원하셔서인지 몇 번의 예배와 기도를 통해서 하나님께서 일하실 때도 많이 있습니다. 저에게 그 분의 암을 주님께서 다 치유해 주셨다는 것을 주님께서 알려 주셨어요. 그래서 말씀 드렸더니 기쁘게 돌아가더라고요. 그런데 주님께서는 뒤에 대고 무슨 말을 하게 했어요. 그래서 큰 소리로 말 하였습니다. "몸에 칼은 대시면 절대 안되요." 저도 잘 모르는데 주님께서 가르쳐 주시니 성령님 인도하시는 대로 말하였습니다.

그리고는 몇 달이 흘렀습니다.

그분들을 인도해 주신 인천의 목사님으로부터 전화가 왔습니다. 그 인천

목사님이 아는 친구 되는 집사님이 우리교회에 와서 기도 할 때 주님께서 그분의 암을 치유해 주셨거든요. 그래서 양 집사님의 암 소식을 듣자마자 우리교회에 그 분들을 보내 주셨어요. 인천의 목사님은 양 집사님과 가족들이 감사하다고 인사하러 왔었냐고 그러더군요. 그들이 강북성심병원에서 검사를 했는데 온 몸의 장기 안에 퍼진 종양이 다 없어지고 피 검사도 완전히 '0'으로 깨끗하게 되어서 그들이 너무 기뻐하며 가족 해외여행을 계획하고 있다고 전해 주셨어요. 그러면서 기도해 주셔서 감사하다고 인사하러 오지 않았냐고 해서 오지 않으시고 그런 이야기도 처음 듣는다고 말씀드렸어요. 그랬더니 몹시 마음이 거북하신지 알았다고 전화를 끊으시더라고요. 얼마 후 하나님께서 암 병을 고쳐주신 집사님의 아들과 딸이 왔습니다. 그리고 감사헌금을 하고 가더군요. 저는 그들에게 다시 말했습니다. 어머니 고쳐주신 하나님께 감사하시고 간증하고 전도하는 삶을 사셔야 된다고요. 우리교회와 저를 말하라는 것이 아니라 하나님께서 고쳐주심을 간증하고 예수님 전하라고요. 천국복음을 전하기를 전도하고 건강해진 몸으로 개척교회 섬기며 봉사하며 주님께 새 생명 주심에 감사하며 영광 돌리는 삶을 사시기를 간절히 권고해 드렸습니다.

몇 달의 시간이 흐른 뒤 그들을 인도해 주신 목사님을 만났는데 그 목사님이 그들의 소식을 전해 주시더군요. 그들이 어머니 암을 하나님께서 다 고쳐주신 것을 강북성심병원에서 검사하여 알게 되었답니다. 그 이후로 그들은 너무 기뻐하며 가족 해외여행을 하려고 하고 제가 권고해 드린 일들은 아주 약간만 하고 그랬나 봐요. 그러다 병으로 인하여 고생하고 있었던 집사님은 건강하여지자 여기 저기 다니며 맛있는 것 먹으러 다니고 세상일에 바빠서, 소망이 없던 자신을 고쳐주신 주님께 영광 돌리며 간증도 전도도 봉사도 하지 않고 자신이 몸을 드려 봉사하지 않아도 될 큰 교회에 가서 몸만 왔다 갔다 주일 예배만 드리고 나머지 시간들은 세상을 마음껏 누리는 생활을 하였다고 합니다. 암으로 고생하느라 밥도 못 먹고 죽만 먹던 사람이 여기 저기 다니며 맛있는 음식들을 마음껏 먹고 놀러 다니기에 힘썼던 것이지요.

그렇게 거의 반년을 지내고 나서 다시 어머니 집사님이 아프기 시작했답니다. 그래서 다시 가족들이 모여 수술을 해야 하나하다가 그들이 어머니 고침 받고 가던 날 제가 뒤에서 크게 외친 말이 생각이 나더래요. 칼은 대지 마세요 하던 말이요. 그래서 그들이 가족회의를 열고 이건 수술하는 것이 아니라 하나님께 회개해야 된다고 생각하고 가족이 모두 금식하며 회개 기도를 하였답니다. 그 이후 그 어머니의 삶이 바뀌었다고 합니다. 이전의 세상 것을 즐기고 세상으로 노는 것을 멈추고 주님의 일에 마음을 썼다는군요. 회개하고 나서 그 집사님은 다시 건강해 졌답니다.

사사기의 이스라엘 백성만 이스라엘 백성이 아니고 바로 지금 내가 그 이스라엘 백성이 아닌지를 조심스레 겸허히 돌아보아야 할 것 같습니다. 제가 뭘 알아서 칼은 대지마세요 했겠습니까? 안에 계신 성령님이 가르쳐주시고 시키시니까 저는 아무것도 모르면서 그냥 순종했을 따름이지요. 어떤 사람들은 기도하고 은사주시며 주님께서 감동 주셔도 놓치는 수가 있습니다. 때로 너무 신중해서지요.

저는 저를 신뢰할 수가 없었습니다. 제가 얼마나 어리석고 미숙하고 가변적이고 죄인인지를 알기 때문에 성령님의 음성에 귀 기울이고 가르쳐 주신대로 순종할 뿐이지요. 때로 그것이 저의 이성적인 생각, 합리적인 생각과 세상이치에 안 맞는다하더라도 성령님께서는 우리 안에 살고 계셔서 모든 것을 가르쳐주시고 하나님의 말씀을 생각나게 하시고 인도해 주심을 알기에 민감하게 반응하며 순종하려하고 있습니다. 때로 저도 불순종 할 때가 있는데 그때는 애통하며 회개하고 순종하려 애씁니다. (고전3:16, 요 14:16~17)

*보혜사 곧 아버지께서 내 이름으로 보내실 성령 그가 너희에게 모든 것을 가르치고
 내가 너희에게 말한 모든 것을 생각나게 하리라* 요14:26

서울의 대형 교회에서 학생들을 가르치는 이 집사님이 왔습니다.

그 집사님은 갑상선 암으로 인하여 몸이 많이 살이 빠졌고 몸과 마음이 몹시 피폐해져 있었습니다. 수요일 오전에 예배드릴 때 그분의 목 주변 언저리로 불이 나가서 계속 태워지는 것이 보이더군요. 저는 그 모습을 보면서 예배 드렸고 예배 끝나고 기도해 드리고 그것을 말씀드렸더니 곧바로 병원에 가서 확인을 하셨다고 하셨어요.

한 병원만 간 것이 아니라 세 병원을 가서 확인 했다고 하셨습니다. 그날 저녁수요예배를 거의 다 마쳤을 때 그 집사님이 교회로 들어오더니 말해 주었습니다. 손에 가득 빵, 케일, 그리고 제주도 귤을 한 상자 사가지고 오셨어요. 자기가 그 병원에서 검사하고 물어봤대요. 의사 선생님들이 갑상선암 없다고 하니까 다른 병원에 가서 알아보고 또 다른 병원에 가서 알아보았다는 거예요. 나중에는 자기가 정말 암이 다 퍼져서 죽을 상황인지 모른다고 다시 한 번 더 확인해 달라고 하니까 의사 선생님이 화를 내며 이렇게 정상인데 왜 이러냐고 하며 화를 냈다고 말해 주었어요. 어떻게 제 말을 믿지 않고 그런 말을 의사에게 했는지 미안해하지도 않고 그렇게 말을 하는 그 집사님이 신기 했어요. 나중에 생각하니 그럴 수도 있겠다 싶은 마음이 들었어요.

우리는 의심이 많은 사람들이잖아요. 저도 그 상황에서 그 사람 입장이면

그럴 수도 있겠다 싶은 마음이 들었어요. 그렇지만 성령님의 역사하심을 보고 전해드린 그 말씀을 전혀 못 믿고 있었다는 것을 생각하니 참 안타까웠어요.

주님은 우리의 연약함을 너무도 잘 아시지만 하나님의 자녀에게 긍휼의 은혜를 주시는 좋으신 하나님이십니다. 이 집사님은 이제 백석 신학대학원을 다니시고 전도사님이 되어 온 마음과 정성과 시간을 들여 열심히 복음을 전하여 영혼들을 살리는 일에 매진하며 살고 있습니다. 하늘나라에서의 상과 축복들이 너무 기대가 되는 분이세요.

- 간암 말기를 치유해 주심 -

우리 교회의 기도학교에 오시는 분 중에 박 목사님이 계셨어요.

그 목사님의 시댁 쪽 친척이 캐나다에서 왔는데 그 친척 집사님이 교회에 와서 기도학교에 참석하시고 은혜를 많이 받았어요. 자신의 동생이 암에 걸렸는데 병원에서는 거의 손을 놓고 이제 죽음을 준비해야 되는 상황이라고 하더라고요. 그래서 교회에서 만났습니다. 제가 교회에 갈 때 여러 사람들이 있었어요. 그런데 그중 한 분은 그냥 안 들어오고 밖으로 나갔어요. 알고 봤더니 두 형제가 포항에서 왔는데 병원에 갔다 오는 길이었어요. 아산 병원에 다녀오는 길이라고 하더군요. 형도 동생도 안타깝게도 다 암 환자였습니다. 형 되시는 분은 그냥 안 들어왔어요. 저는 같이 들어온 그 형의 아내 되시는 분에게도 물어봤더니 아무도 예수님을 믿으시지 않았어요. 그들을 데리고 온 캐나다 교민인 누나 집사님만 예수님 믿고 교회에 다니신다고 하였습니다.

그래서 예수님 믿지 않는 사람들에게는 예수님 이름으로 기도해 드릴 수 없다고 말하며 복음을 듣고 예수님을 영접한 사람에게만 기도해 드릴 수 있다고 말하였습니다. 그 동생 되는 사람은 너무 많이 빼빼 말랐고 얼굴이 완전 새까맣게 흑색이었어요. 병원에서는 간암 말기로 이제 죽음을 준비해야 되는 상황이라는 것이었어요. 저는 다급하여 복음을 전하였습니다. 천국과 지옥이 있음을 말하였어요. 모든 사람들이 죄를 지어 죄가 하나도 없이 깨끗하고 거룩한 하나님의 영광스런 천국에 갈 수 없습니다. 우리를 너무나 사랑하시는 우리를 지으신 하나님께서는 사람들이 죄의 삯으로 지옥에 갈 것을 안타깝게 여기셨어요. 나의 죄로 인한 지옥의 고통에서 건져 주시려고 하나님의 독생자 아들 예수님을 이 땅에 보내셔서 우리의 모든 허물과 죄와 죄악을 담당하시고 십자가에 하나님의 죄 없으신 창조주독생자 예수님이 나의 죄 값을 대신하여 나의 죄를 담당하여 죄를 뒤집어쓰시고 대신 죽어주셨습니다.

그리고 하나님께서는 죄가 없으신 아들 예수님을 3일 만에 죽음에서 다시 살리셨습니다. 그 예수님이 당신 죄를 위해 죽으셨다가 다시 살아나시어 당신의 모든 허물들을 용서하셨습니다. 그 예수님을 마음을 열고 영접하면 당신은 하나님의 자녀가 되어서 하나님의 돌보심과 축복하심을 받고 80년 후에 죽어도 지금 죽어도 하나님자녀니 지옥에 가지 않고 하나님이 계신 천국에 갈수 있습니다. 이 예수님을 믿겠느냐하고 물어보자 간암 말기에 이른 동생 되는 사람이 주님을 영접했습니다. 그 옆에 앉아 있던 형수 되는 사람에게도 하나님은 담대하게 말하게 하셨습니다. "오늘 이 분위해 예수님이름으로 기도하면 주님께서 고쳐주십니다. 주님께서 이 동생 분 고쳐 주시면 교회 다니시겠습니까?" 하고 물어보니 그 형수 되시는 분이 그러겠다고 하더라고요. 그래서 예수 이름으로 말씀전하고 기도해 드렸습니다. 예수 이름으로 선포하며 기도하고 명령했어요. 몇 번 기도하고 주님께서 담대함을 주셔서 이미 일하신 것을 믿고 선포 했습니다.

"오늘 최ㅇ일 성도님은 병이 완전히 고침 받았습니다. 하나님께서 예수 그리스도 이름으로 그 흘리신 보배피로 완전히 고쳐 주셨습니다. 이후로 꼭 교회에 다니시면서 주님을 잘 믿으셔야합니다 라고 선포했어요. 그리고 사람들에게 간증하며 자신을 살려주신 주 예수님을 전하라고 하였습니다.

2주가 지나서 그날도 저녁 8시가 되어 예배를 드리러 오는데 웬 사람이 교회 주변에서 교회에 들어가지 않고 서성이는 거예요. 어디서 본 것 같은 인상인데 잘 모르겠어요. 제가 목사님과 함께 교회에 들어오니 그 사람이 따라 들어왔어요. 인사하고 뒷자리에 앉았는데 보니까 최ㅇ일 성도였어요.

너무도 달라진 모습에 제가 못 알아 본거였지요. 얼굴이 새카맣고 얼굴의 광대뼈가 도드라져 보일 정도로 여위고 삐삐했던 모습은 간데없고 하얗고 살이 복스럽게 찐 모습의 성도로 바뀐 것이었어요. 너무 감사하고 보기 좋았어요. 그 성도는 병원에서 확인하고 오는 길이었어요. 암이 다 사라졌고 다 나았다고 했다고 했어요. 아마 아산병원에 의사 선생님들은 그 이유를 몰랐을 거예요. 바로 주 예수님의 보혈의 은혜와 그 살아계신 하나님의 창조의 능력의 기적의 역사인 것입니다. 이런 일들은 정말 많이 일어났습니다. 우리교회 성도들은 이러한 일들을 너무 자주 봐와서 별로 놀라지도 않습니다. 주님께서 이러한 일을 행하셨다하면 "그것 당연한 일 아닌가요?" 라고 말합니다.

최○일 성도를 이곳에 소개해 주신 목사님이 그러는데 기도 받고 나서 포항 집에 가서 밥이 먹고 싶어졌대요. 죽도 먹기 힘든 사람이 밥을 잘 먹더니 쉬고, 또 밥을 잘 먹고 자고, 며칠 그러더니 일을 나간다고 그러더래요. 집에서는 말도 안 된다 당신이 어떤 사람인데 일을 가냐 쉬어라 하는데도 밥 잘 먹고 힘도 나니 일을 간다고 일을 하고 오더래요. 그분이 포항의 부두에서 힘을 쓰는 일을 하신다고 들었어요. 그렇게 잘 먹고 일 잘하고 잘 자고 그러더니 얼굴색이 좋아지고 혈색이 돌고 살이 찌고 하더래요. 다 주님께서 행하신 놀라운 일이지요. 저희는 다만 예수님의 이름으로 기도해 드리고 말씀을 선포하고 믿음으로 선포할 때 주님의 나라가 이미 우리가운데 임하셔서 놀라운 일이 우리 가운데 나타나는 것입니다. 지금 그 성도는 교회를 열심히 다닌다고 합니다. 하나님께 감사요 영광이지요.

미얀마에서 활발하게 어린이 교육을 통해 하나님의 나라 건설을 위해 헌신하는 감리교 목사님이신 김 선교사님이 우리 교회에 왔습니다. 그 선교사님은 유방암이라고 하였어요. 아주 위중한 상태고 안 좋은 상태라고 들었어요. 그 때 다른 분도 같이 와서 기도해 달라고 하였습니다. 한분은 권사님이셨죠. 나이가 상당히 많았는데도 불구하고 아주 세련 되 보이시고 참 예쁘신 분이었어요. 사라의 나이가 그렇게 많았음에도 애굽에 갔을 때 그 아름다움으로 소문나 바로의 앞에 불려간 것이 이 권사님을 보자 이해가 되더군요.

주님께서는 대인 기피증과 공황장애로 예전의 사람들을 기피하고 두려워하여 얼굴도 마주치지 않으려 하였던 저를 붙잡으시고, 저에게 강하고 담대한 마음을 주시고, 성령님께서 저를 완전히 사로 잡으셔서 엄청 담대한 사람이 되고 믿음의 뱃장 있는 사람이 되게 하셨어요. 주님께서는 아무 것도 모르는 어린아이 같은 저에게 항상 먼저 예배를 드리게 하시고 그 다음에 기도하게 하셨습니다. 사업을 한다고 한 그 예쁘신 권사님은 미국에서 왔다고 하였습니다. 암이 조금 진전 된 상태라고 하였어요. 그 권사님을 먼저 기도해 드리는데 이 분은 기도해 드려도 천국에 가실 것이 느껴졌어요. 나는 아무것도 모르지만 내 안에 계신 성령님의 가르치심으로 알게 된 거예요. 그래서 기도해 드리고 천국소망에 대한 말씀만 전해드리고 다른 말을 하지 않았습니다.

그분은 몇 달 후에 천국에 가셨습니다.

그 다음 그 감리교 목사님이신 김 선교사님을 기도하니 성령님의 역사하심이 아주 강력하게 느껴졌어요. 예수님의 옷자락을 만진 12년 된 혈루병 환자 이야기를 성경에서 읽어보면 여인이 예수님의 옷자락을 만질 때 예수님에게서 능력이 나갔다고 쓰여 있는데 바로 그와 같이 성령님께서 그 선교사님에게 일 하셨습니다. 그 선교사님을 위해 기도드릴 때 성령님의 강한 역사가 느껴졌습니다. 그 선교사님 몸 전체를 감싸는 뜨거운 성령님의 불길이 느껴졌습니다. 그러면서 선교사님 암이 다 태워지는 것을 깨닫게 하셨습니다.

기도를 받는 그 선교사님도 그것을 깨달으신 것 같았어요. 그 선교사님은 더운 나라에 살다 오셔서 한국의 10월은 무척 춥게 느껴진다고 하셨어요. 그런데 그 밤에 온 몸에 뜨거운 불덩이가 돌아다녀 너무 더워 밤새 창문을 다 열고 있었고 잠을 잘 수가 없었다고 했습니다. 주님께 그 밤에 고쳐 주신 것이지요. 그 선교사님은 주님의 은혜로 고침을 받고 강건하여 졌습니다. 그리고 그 이후에 힘든 고난 가운데 있으신 여러 선교사님들과 사람들에게 우리교회를 알려주셔서 많은 사람들이 찾아와서 영 육간에 주님의 치유하심을 경험하게 되었습니다.

하나님께서는 암환자들이 올 때 모두 똑 같은 방식으로 기도를 시키시지 않습니다. 그것은 다른 병에 걸린 분들을 위해 기도해 줄 때도 마찬가지였습니다. 어떤 경우에는 말씀으로만 선포하고 어떤 경우에는 귀신을 내어 쫓게 하시기도 하며 어떤 경우에는 믿음의 은사를 사용하여 믿음으로 그냥 그 자리에서 선포하게도 하시고 어떤 경우에는 제가 처음 보는 남자 성도인데도 눈물을 뚝뚝 흘리며 제가 대신 회개 기도하게 끔도 하십니다. 또 어떤 경우에는 "손도 대지 말라 믿음으로 그 자리에서 선포하라" 고도 하십니다. 저는 우리교회에 오시는 사람들을 대 할 때 무슨 말씀과 무슨 찬송으로 예배를 드리며 어떻게 기도해 드릴지 모르지만 성령님께서 늘 그 때 그 때 그 시로 말씀과 찬송과 어찌 기도해야 될지를 알려주시니 사람들을 위해 기도해 드리는 것이 너무 쉽고 또 정말 행복합니다. 처음 제가 사람들을 위해서 예배하고 기도 인도할 때 신학교를 다녔지만 자신이 없어 어찌 해야 될지를 몰랐는데 그 때는 주님께서 벽에 글씨가 보이게 해 주셔서 심방을 가서도 그냥 그 글씨를 읽으면 사람들이 너무 은혜를 받고 기뻐하였습니다. 신학교를 다녀도 설교를 잘 할 수는 없기에 저는 너무 감사하고 좋았습니다. 그런데 한 달 조금 넘으니까 주님께서는 이제 벽에 글씨를 써 보여 주시지 않아서 준비해둔 설교노트를 보고 말씀을 전하였습니다.

예전에 성은 예배당의 목사님께서도 설교하실 때 벽에 쓰여 있는 말씀을 읽고 설교 하셨다는 이야기를 들었어요. 또 저희와 친분이 있으신 새 생명 교회 조ㅇ선 목사님께서도 처음 사역하실 때 얼마간 그렇게 벽에 쓰여 진 말씀을 보고 읽었다고 들었습니다. 저는 물론 주일학교 교사와 중고등부 교사도 다년간 했고 신학교 때 심방 전도사의 일을 담임 목사님을 도와서 하였지만 그래도 설교에 겁이 나서 다급하게 주님께 매달렸습니다. 저는 "주님 어떻게 해요? 어떻게 말씀을 전해야 하는 거예요. 저는 우리 목사님 처럼 말씀을 잘 전하지 못해요. 주님 도와주세요." 하고 주님께 기도로 매달렸습니다. 그러자 주님께서 알려 주셨어요. "너 체험 한 것 있지 그것을 전해라" 라고 말씀해 주셨습니다. "그건 할 수 있지요." 날마다 주님께서는 함께 하셔서 놀라운 창조의 기적의 능력의 일을 매일 매일 교회에 기적을 행하여 주셨거든요. 설교할 일화는 너무너무 무궁무진했습니다. 처음에 기적의 역사가 일어나자 그 다음은 기적이 상식이 되도록 주님께서 계속 열심히 일하셨습니다.(요21:25) 주님께서는 기적은 확대 재생산된다고 말씀 해 주셨습니다.

저는 저의 부족함, 저의 연약함, 또 저의 미련하고 어리석음, 저의 죄악 됨으로 인하여 기뻐합니다. 제가 아무것도 못하는 것은 남들도 알고, 저도 알고, 하나님께서도 아시거든요. 오직 하나님의 은혜와 하나님의 일하심 이 아니고서는 우리 교회에서 일어나는 일들을 해석할 도리가 없는 것입 니다. 그것은 같이 사는 자녀들도 압니다. 얼마나 엄마가 부족한지를 압니 다. 저는 아직도 수십 년을 가정주부 했음에도 아직도 간장 값도 기름 값도 잘 모릅니다. 웬일인지 그런 것들은 잘 외워지지가 않습니다. 아이들과 같이 장을 보러 가면 아이들은 제가 담아놓은 물건들을 다시 갖다 놓고 자기들이 그램도 보며 물건들을 지혜롭게 담습니다. 제가 어디가면 길을 헤맬 것이 염려되어 반복하여 길을 가르쳐 줍니다. 그리고는 착하기만하고 엄마는 맹해서 물가에 내놓은 어린아이처럼 걱정된다고 합니다. 때로는 악한 사람들이 속이려고 옵니다. 그들은 목사님을 사칭하기도 하고 옵니다. 명함에 뭘 잔뜩 써가지고 오구요. 그렇지만 도우시는 성령님으로 인하여 그들은 자신들의 정체가 다 드러나 주님께서 주시는 말씀을 듣고 보면 부끄러워하며 도망가게 하십니다.

하지만 제가 경험한 성령님은 너무도 인격적이십니다. 저는 너무 인격적인 하나님을 만났습니다. 하나님께서 은사를 주실 때에는 그 은사로 인하여 교회에 유익을 주시고 하나님의 사람들을 온전하게 하시려고 주시는 것입니다.

곤고한 사망의 그늘에 앉아있는 사람들을 세우고 돕고 살리시려는 것이 하나님의 뜻입니다. 우리가 결혼하여 자녀를 양육해 보니까 너무나 성경 말씀과 하나님의 마음이 아주 조금이라도 잘 이해가 되지 않습니까? 우리가 죄를 지은 가운데서도 힘을 얻고 그 하나님의 성실하신 그 크신 사랑을 믿고 예수님의 보혈을 덮고 담대하게 하나님 앞으로 또 나아가는 것이지요. 하나님은 너무나 인격적이시기 때문에 사람들이 은사를 받았다 하더라도 다른 사람들의 모든 죄를 알고 모든 것을 속속들이 알게 하시지는 않으십니다. 그러니 누가 예언의 은사를 받았다 하더라도 두려워하실 필요는 없습니다. 주님께서는 교회의 유익을 위하여 이 은사도 사용하시기 때문에 특별히 그 사람을 도와야 하는 부분에서만 말씀해주시고 회개 한 그 부분에 대해서는 아무 말씀도 하시지 않으시는 것을 반복적으로 체험하게 하셨습니다. 제가 경험한 하나님은 너무도 인격적인 하나님이십니다. 단지 특별히 기도해 주어야 한다든가 그를 어떠한 방법으로 도와주어야 할 때에는 가르쳐 주시기도 하시지요.

저는 우리 교회 성도들 중에 하나님의 일꾼으로 훈련시키기를 원하시는 한사람을 통해 이것을 경험 한 적이 있었습니다. 주님께서 먼저 그 사람의 행동이 바뀌어 지기를 원하셔서 앞으로 그 사람 마음과 생각을 다 드러내시겠다고 하셨는데 정말 그 사람의 행동과 마음을 다 드러내게 하셨어요. 그러나 저는 그 사람의 마음을 다 보기를 원치 않았어요. 저도 역시 죄를 짓는 연약한 인간으로서 혹 그 사람을 제가 너무 비판하고 판단할 것이 두려워서 보지를 않았습니다. 그것은 정말 무서웠어요. 그 사람이 교회에 문을 열고 들어오는데 유리통처럼 맑게 그 사람의 마음과 생각과 그 사람이 만나 얘기한 장소의 벽면과 환경도 거기 있는 화초도 보이고 색깔도 보이고 시간대로 사람과 대화를 보게 하시는데 너무 무서워서 예배 시간 내내 아예 고개를 돌리고 다른 사람만 보고 말씀을 전하였습니다.

저는 그것을 보고 알고 싶지 않았어요. 저는 제가 어떠한 사람인 것을 알기 때문이지요. 저는 하나님의 뜻 가운데서 갇혀서 훈련의 시간들을 지나왔을 때 저는 그 훈련 가운데서 철저히 저의 죄성을 보았습니다. 만물보다 심히 부패한 것이 바로 저의 마음이었어요. 제가 얼마나 죄인인지를 체험하였어요. 다른 사람들이 죄인인 줄 알았는데 내안에 사랑이 없고 내안에 죄성이 가득하였어요. 주님께서는 철저히 나의 나됨을 바라보게 하시고 좌절하고 애통하고 자복하고 떨며 회개하게 하셨습니다. 남에게 칭찬 받던 제가 간음 죄인이요 살인 죄인임을 알게 하셨습니다. 저에게는 소망이 없었습니다! 완전히 내가 무너진 그 자리에서 주님께서는 나를 찾아와 주셨고, 소생시켜주시고, 소망의 새 길을 열어 주셨습니다. 그렇기에 저는 어떠한 사람이 찾아와도 그 강도만난 사람을 함부로 판단하거나 정죄 할 수 없습니다.

그는 나보다 나은 사람인 것입니다.

그도 나처럼 살아나야하기 때문에 주 예수님의 보혈로 구원받은 그 하나님의 백성을 살리기를 위해 날마다 순간순간 주님을 의지하여 그분께서 주시는 은혜와 힘으로 일합니다. 저에게 주어진 상황가운데서 오직 주님의 통로로 하나님의 생명수를 흘러 보내기에 힘씁니다.(슥9:12, 겔22:30, 시23:3, 막2:17) 저는 다른 사람들보다 아주 작은 능력의 사람임을 압니다. 나는 나의 나 됨을 인하여 기뻐합니다. 나는 다른 사람들의 큰 능력과 위치를 부러워하지 않습니다. 주님께서 어떤 자리에 저를 세우셨든지 저는 부르신 그 자리에서 충성을 다하면 됩니다. 그것이 저를 불러 그 자리에 세우신 주님을 기쁘시게 해드리는 것이지요.

- 내가 너를 왜 고쳐 줘야 하는데? -

나의 우선순위는 무엇인가?

　일산의 어린이집 원장님이신 김ㅇ옥 집사님이 2019년 6월 18일 자신의 원아 중의 한 할머니에 대해서 기도 부탁을 하셨습니다. 그 할머니는 나이는 50대 초반이었다. 그 분은 김ㅇ숙 집사님이었는데 무려 4가지 암으로 투병하고 계신 분이었습니다. 김ㅇ숙 집사님은 아는 목사님 교회를 다니고 있었고 삼성병원, 아산병원, 세브란스병원, 성모병원을 다 다녀서 진단을 받았는데 갑상선암과 췌장암은 이전부터 관리해 오던 질병이고 이번에 피부암과 골수암 4기라는 진단을 받았다고 하였습니다. 이 병들이 희귀병이라 치료약도 없고 모두 난감해 한다는 이야기를 전하여주었습니다. 의사들은 4기라 얼마 안 남은 것 같다고 하였답니다. 갑상선암 수술을 하려고 하는데 의사선생님들이 해야 되는지 말아야 되는지를 서로 아무 말도 못하고 있는 상황이라고 하였습니다.

　그렇지만 김ㅇ숙 집사님은 치료의지가 있어서 갑상선 수술을 원하고 있다고 전해 왔습니다. 기도요청이 와서 그들을 만나 기도하게 되었습니다. 어머니집사님과 우리 교회를 소개시켜주신 어린이집에 다니는 원아의 어머니인 딸이 같이 왔습니다. 그들을 만났을 때 주님께서 하신 첫 말씀에 저는 상당히 놀랐습니다. 그리고 하나님의 마음을 생각하니 사람의 속을 아시는 아버지 하나님의 아픔이 전해져 왔습니다. " 내가 너를 왜 고쳐줘야 하는데?" 라고 하셨습니다. 성령님께서 하신 말씀을 전해 주는 제 마음도 약간 어려웠지만 저는 순종하여 그대로 전해 주었습니다. 그러자 그 사람은 아무 말도 하지 못했습니다. 우리교회에서 암 환자들을 많이 하나님께서 고쳐주셨다고 하니까 기도 하고 하나님 은혜로 기적을 체험하려고만 했지 고쳐주시면 어떻게 살겠다는 마음과 생각은 전혀 하지 못했던 것이겠고 또 고쳐주시면 어떻게 살아야 하는지를 모를 수도 있는 아직 어린 믿음 같아 보였습니다. 저는 예배와 기도드리기 전에 이 하나님의 말씀에 대해서 하나님께서 고쳐주시면 어떻게 살아야 되는 지에 대해서 자세히 말씀드렸습니다. 죽을 목숨 살려 주시는 건데 날마다 감사하며 하나님께 영광 돌리는 삶을 살아야 된다.

집사님의 병은 의사가 고칠 수가 없다. 집사님의 병이 고쳐지면 그것은 하나님께서 고쳐주시는 거니까 의사선생님들과 다른 사람들에게 하나님께서 예수이름으로 기도할 때 고쳐 주셨는지를 날마다 삶 가운데서 간증하고 하나님께 영광 돌리고 예수님을 전하라고 말해 주었습니다. 간절히 심각하게 전하는 말을 가만히 듣고 있더니 알았다고 고개를 끄덕였습니다. 그리고 그 사람을 위해 기도하였습니다. 하나님께서 고쳐 주시면 꼭 하나님께 영광을 돌려야 됨을 다시금 말씀드리고 기도하였습니다. 믿음이 연약한 것 같아 서너 번 더 오게 하고 예배드리고 기도해 주었습니다. 그 가운데 같이 왔던 딸도 같이 기도해 주는데 주님께서 이 딸을 아주 긍휼히 여기시어 이 딸의 가정을 크게 축복하여 주셨습니다. 가정의 부부가 갈라질 이혼 위기상태에서와 아이가 심각한 정서장애인 상태를 회복시켜 주셨습니다. 그것은 아이에게 문제가 있어서가 아니라 지난 어린 시절의 아버지의 학대로 말미암아 좋은 남편 만나 가정을 이뤘음에도 불구하고, 지난날의 학대의 고통가운데 모든 것을 부정적으로 보며, 한탄하며 절망하며 또 가정 문제로 삶의 의지를 포기하고 있던 어머니로 인하여 아이에게 충분한 정서적 감정적인 돌봄을 하지 못한 어머니의 아픔 때문에 생긴 일이었습니다. 아이에게는 어머니의 양육태도로 인한 절대적인 돌봄이 필요한 시기에 아이는 엄청난 손실을 당한 것이어서 생긴 일이었습니다.

하지만 하나님의 사랑이 개입되자 그 아이는 그 아이를 알고 있던 많은 사람들이 크게 놀라고 기뻐하며 감사하도록 변화되었습니다. 주님께서 그 암에 걸린 아이의 할머니로 인해서 아이의 어머니가 와서 하나님의 만져 주시는 은혜로 그 아픈 마음의 상처를 주님께서 품어 녹여주셨습니다. 또한 말씀과 사랑으로 앞날에 대한 소망으로 남편에 대한 은혜와 선하신 다스림으로 그 아이의 어머니가 남편에 대해서 자녀에 대해서 그 가정에 대해서 어떠한 자세로 살고 어떻게 행동해야 되는지에 대해 성령님께서 자세히 사랑으로 다스리시고 권면하셨습니다. 그러자 그 아이의 어머니의 깊은 상처가 주님 안에서 치유함을 받고 오랜 사단의 묶임에서 벗어나고 정신이 깨어나게 되었습니다. 하나님의 크신 은혜였어요. 한 영혼 영혼을 사랑하시는 하나님의 은혜가 이 가정에 임하여서 이제 그 아이의 어머니는 자신에게 주신 소망의 말씀을 붙잡고 그대로 순종하여 남편과 아이에게 대하니 남편도 이혼하려는 마음을 돌리고 아내의 달라진 모습에 크게 기뻐하며 소망을 안고 살게 되었습니다. 아이도 어머니의 정서적이고 사랑하는 마음을 마음과 몸으로 터치하며 표현하고 아이를 돌보니 아이도 금방 그 회복이 빨라서 모든 사람들이 놀라울 정도로 아이가 바뀌게 되었다고 원장 집사님이 전하여 주었습니다.

　남들 눈에 도저히 회복 불가능하게 보이던 그 아이는 정상적인 아이가 되었고　한두 달의 짧은 시간 안에 이와 같은 놀라운 회복을 보인 것은 주님을 꼭 붙잡고 승리할 수 있도록 주님께서 그 아이의 어머니에게 크신 은혜를 베푸심이었습니다. 주님께서 저를 사용하셔서 지식의 은사를 사용하여 그 남편과의 관계를 회복시키시고 그 어린 자녀에게 어떤 태도로 양육해야 함을 가르쳐 주시는데 그 따님이 전적으로 순종하였던 것입니다. 어린이집 원장 집사님도 그 절망스럽던 어린 원아가 얼마나 놀랍게 빠른 시간 안에 달라졌나를 말씀해 주시는데 어린아이에게는 엄마의 관심과 사랑보다 더 좋은 약은 없는 것입니다. 그 어린 원아는 그 후로 사람들을 정상으로 대하며 대답도 하고 친구들과의 관계도 정상으로 회복되고 인사도 어찌나 잘하고 어른들과도 잘 대화도하고 관계가 정상으로 회복되어진다니 너무나 기뻤습니다. 하나님께서는 그 절망적인 상태에 있던 아이를 이렇게 온전하게 치유하심에 돌보시는 크시고 놀라우신 사랑과 은혜에 저도 놀라고 이들을 우리교회에 소개했던 원장님이셨던 집사님도 너무 놀라고 하나님을 찬양하는 것이었습니다. 이 아이의 어머니 집사님이 가르쳐 드리는 것마다 전적으로 순종 순종하더니 그 남편과도 관계가 개선되어 이혼도 하지 않고 이해하며 서로 돌보고 사랑하는 관계로 바뀌어 갔습니다. 원아의 어머니가 바뀌니 아이도 정상인 아이들과 같이 되고 오히려 인사도 더 잘하고 똑똑한 것이 나타나니 사업이 경제적으로 조금 어려워도 그 어느 때 보다도 행복한 가정이 되었다고 그 어린 원아의 어머니가 말하며 감사하는 것이었습니다.

그 후 얼마의 시간이 지난 뒤에 그 원아의 할머니 곧 딸 집사님의 어머니 집사님이 완전히 건강하여서 의사선생님들이 놀라고 있다는 이야기를 전해 들었습니다. 전해 듣기는 의사선생님들이 피 수치가 '0'이라며 자신들의 피보다 그 김ㅇ숙집사의 피가 더 맑고 깨끗하다는 이야기를 한다는 소리를 들었습니다. 그리고 우리나라의 유명한 여러 대형 병원의 의사선생님들이 너무 특이한 경우이기 때문에 그 사람을 아주 조금의 돈만 받고 임상실험하기를 원한다는 이야기도 들었습니다. 그런데 저는 너무나 불안하고 답답하고 마음이 힘들고 아팠습니다. 주님께서 처음 하신 말씀이 제 마음에 큰 울림으로 물음표를 던져 주셨기 때문이었습니다. 그 집사님은 의사선생님들에게 주 예수님 이름으로 기도 하였기 때문에 나았다는 이야기를 전혀 하지 않고 하나님께 영광을 돌리지 않으며 감사하지도 않음을 깨닫게 하신 때문입니다.

저는 마음이 너무나 무거워져서 기도하며 어린이집 원장님에게 연락을 하여서 그 김ㅇ숙 집사님이 교회에 다녀가기를 말하였습니다. 저는 그동안 많은 사람들을 위해 기도했습니다. 그리고 그들의 말과 행동을 볼 때 나중 결과를 미루어 알 수 있었습니다. 주님께서 병을 고쳐 주시고 복된 일들을 주셨음에도 그들의 언행을 통해서 그들의 믿음을 알 수 있고 또 주님께서는 결코 만홀히 여김을 받지 않으시며, 우리가 하나님의 크신 은혜를 너무 가볍게 여기면 안 된다는 것을 여러 사람들의 결과를 보고 알았기에 너무 가슴이 아프고 답답하였습니다.

연락을 하고 며칠이 지난 후 그 집사님으로부터 연락이 왔습니다. 자기가 그동안 너무 바빠서 우리 교회로 갈 수 없었고 2주 정도 후에 오겠다고 했습니다. 저는 너무나 무거운 마음으로 그 사람을 만났습니다. 그런데 그 사람은 전혀 다른 마음으로 온 것을 알았습니다. 그 사람은 마치 제가 감사헌금을 요구하기 위해 오라고 한 것으로 생각한 것 같았습니다. 말하는 것이 그랬고 행동도 얼마나 거만하게 걷고 거만하게 말하며 도도하게 나오는지 제 머리 속이 새하여졌습니다. 처음 기도 받으러 왔을 때의 그 겸손함은 찾아 볼 수가 없었습니다. 자신의 딸의 남편이 이혼을 철회하게 되었고 어린 손녀가 정상으로 돌아오게 하신 하나님의 은혜를 깨닫지도, 생각하지도 못하는 것이 이상하였습니다. 보통의 사람들이라면 딸의 가정을 살려주신 하나님의 은혜에 감사하고 감사할 터인데 그에 대한 이야기는 전혀 하지 않았습니다.

턱을 꼿꼿이 쳐들고 팔짱을 끼고 교회 안을 왔다 갔다 하며 걸어 다니면서 자기가 지금 얼마나 대단한 큰 병원의 훌륭하고 대한민국에서 이름난 최고의 의사선생님들이 자기에게 돈을 아주 조금만 받고 임상 실험을 하고 있는지에 대하여 장황하게 자랑을 하였습니다. 한참을 쟁쟁거리며 자랑을 하더니 고개가 뒤로 재껴질 정도로 턱을 내밀고 헌금봉투를 착 내밀더니 목사님이 말씀 전하는 곳 강대상 밑으로 가서 밑에서 휙 하고 던졌습니다. 시끄럽게 하지 말고 이것 받고 입 다물라 라는 태도인 것을 알 수 있었습니다. 그가 그 유명한 의사선생님들마저 도무지 알 수 없어 의아해한 죽음을 앞둔 말기 암이 낫는 기적을 주신 하나님께 감사와 영광 돌리는 모습은 조금도 없어 보였습니다.

저는 앞날이 보여 가슴이 아팠습니다. 저는 그 사람에 대해서 기도가 잘 나오지 않고 자꾸 마음이 닫혔습니다.

그 사람은 하나님을 시인하지 않은 것은 아닌가 하는 마음도 들었습니다. 제가 너무 깊이 생각한 것이겠지요. 그 사람이 나중에라도 회개하고 천국에 가기를 바랍니다. 이런 일을 겪으면 저도 한동안 힘이 듭니다. 그 사람의 혈액이 검사한 의사보다도 더 깨끗하다고 하였는데 저는 나중에 그 사람의 부고 소식을 듣게 되었습니다.

한동안 저는 너무나 마음이 아팠습니다. 걸을 때도 가슴이 많이 아파왔습니다. 그렇지만 주님께서는 날마다 고통의 수렁에 있는 하나님의 자녀들을 살리시는 일을 하시니 또 저는 바쁘게 심부름을 열심히 하고 있습니다.

- 선교사님과 주의 종들을 돕게 하시는 하나님 -

U국에서 선교사로 사역하시다 코로나로 인하여 한국에 오신 선교사님이 계십니다. 남편분도 위중하였는데 우리나라의 의료진들이 너무나 헌신적으로 애써서 치료해 주셔서 나아서 다시 돌아가 열심히 코로나의 위기 가운데서도 사역을 하고 있습니다. 그 아내 되시는 선교사님은 무릎의 뼈가 상태가 너무 안 좋았습니다. 물론 코로나 후유증이라고 하겠지만 선교사님의 형편이 안 좋으니 차일피일 미루다 치료시기를 놓친 것 이었습니다. 기도 하러 오셨는데 이것은 수술을 받아야 된다는 생각을 주셨습니다. 많은 수술비가 필요했는데 그중 많은 부분을 감당할 수 있도록 주님께서 기도 동역자인 하나님의 사람을 통해 재정을 보내 주셨습니다. 선교사님은 수술을 잘 마치고 지금 사역지로 돌아가서 열심히 복음을 전하고 있습니다.

주님께서는 저를 도와 주의 사역에 동참하시는 하나님이 기뻐하시는 충성스러운 권사님과 선교사님들과 주의 종들을 위해 선교후원으로 동역하시는 권사님들 그리고 여러 집사님들을 통하여 선한 사마리아인 같은 복되고 귀한 일들을 감당하게 해 주십니다. 때로는 선교사님들의 항공비나 사역헌금을 드릴 수 있게 하시고 그분들의 자녀들을 돌볼 수 있도록 하시고 개척교회 목사님들이나 사모님들의 필요를 도울 수 있도록 헌신된 분들을 통해서 샘물처럼 지속적으로 부어주셔서 일하게 하시니 그 은혜에 기뻐하며 감사드릴 뿐입니다.

정말 시작은 작지만 이 작은 샘물 같은 일들은 시냇물 주위의 논밭을 적셔서 푸르게 생명을 소성하게 만들듯 지속적으로 일선 선교사님들과 개척교회의 주님의 종들을 도와 정말 꼭 필요한 하나님의 일들을 할 수 있도록 기도하며 여름추수 때의 시원한 샘물처럼 물질을 흘려보내는 일들을 하게 해 주십니다. 저는 그분들이 받을 상을 생각하면 기쁨이 넘쳐서 그들을 축복하며 기도하게 됩니다. 지금은 작지만 지속적으로 돕는 이 들을 보내셔서 같이 기도하게 하시고 그들의 필요를 채우도록 하나님께서는 꼭 필요한 물자들도 보내 주시니 얼마나 기쁘고 감사한지 오직 일을 행하시는 주님을 찬양합니다. 사람들은 하나님의 사역을 위해 그들 자신이 얼마나 도움이 되는지도 모르고 보내오는 것으로 우리는 참 많은 선교사님들을 돕게 하시는 주님께 감사와 찬양을 올려 드립니다.

우리교회 성도님 중에 사랑을 받는 성도 부부가 있습니다. 코로나로 인하여 직장이 폐쇄되게 되었습니다. 그런데 그 성도의 사장님이 청주로 가서 마스크 공장을 하게 되었고 이 성도도 거기에 동참하여 일하게 되었습니다. 그 사장님이 우리 성도님을 통하여 여러 번 조정석 탈렌트가 선전하는 숨쉬기 편하고 착용감이 너무 좋은 새부리 형 에어 데이즈 KF94 마스크를 많이 기증하여주셨습니다. 우리는 이것으로 성도들에게와 전도 물자로 쓰기도 했지만 먼저선교사님들에게 많이 보내 드렸습니다. 인도와 미얀마 우즈베키스탄과 베트남 필리핀, 라오스등 그리고 농촌교회와 개척교회 전도 물자로도 드릴 수 있게 되었습니다. 코로나시기에 정말 꼭 필요한 선물이었습니다.

주님께서 그 가정에 은혜를 풍성히 더하여 주실 것을 기대하며 하나님께 감사와 영광을 올려드립니다.

- 뇌에까지 전이된 암을 고쳐주신 하나님 -

예전에 하나님께서 목사님의 자녀인 여 집사님의 뇌 암을 고쳐주신 적이 있었습니다. 그 친구 되는 목사님이 그 여 집사님을 교회로 데리고 오셨고 하나님께서 그 여 집사님의 뇌 암을 고쳐 주셨다고 그 친구를 데리고 오신 목사님이 전해 주셨습니다. 하나님께서 수년전 유방암을 고쳐주신 감리교 목사님이 미얀마에서 선교사님들의 모임 때 소개해 주셔서 우리 교회를 알게 되신 선교사님이 있었습니다. 그 선교사님도 목사님이시고 사모선교사님과 2018년 3월에 우리 교회를 찾아오셨어요. 사모 선교사님이 암에 걸리셨는데 뇌까지 전이되어서 많이 퍼진 상태이고 병원에서는 이제 가망이 없는 상태라고 했다는 것입니다. 사모님이 오셨는데 정말 많이 불편해보이고 많이 안 좋아 보였습니다. 사모님은 가슴을 암으로 절제 수술하셨고 뇌에까지 전이되어 뇌 암 제거 수술하셨고 이제 치료에 들어간다면 기한은 없고 치료하다가도 뇌에 다시 암이 한번만 나타나면 곧바로 죽는다고 하였다는 말은 들었다고 했습니다. 그래서 사모님은 하나님의 능력으로 치유함 받기를 위하여 기도하였는데 하나님께로부터 우리 교회에서 유방암 고침 받은 김ㅇ명 선교사님을 만나서 우리 교회 소개를 받았다고 했습니다.

예배를 드리는데 하나님의 말씀이 권세 있게 임하셨고 기도하는데 권세 있고도 사랑이 풍성하신 하나님의 은혜를 체험하게 하셨습니다.

눈이 평소에 흑백으로 보였고 어깨와 등이 너무 무겁고 아팠는데 기도가 끝난 후 눈에 색깔이 구별이 되어 다 보였고, 무겁고 아팠던 어깨와 등이 너무 가벼워지고 아픔이 다 떠나갔다고 하며 무척 기뻐하였습니다.

믿음은 바라는 것들의 실상이요 보이지 않는 것들의 증거니 선진들이 이로써 증거를 얻었느니라 히11:1~2

*찬송하리로다 곧 우리 주 예수 그리스도의 아버지께서 그리스도 안에서 하늘에 속한
 모든 신령한 복을 우리에게 주시되* 엡1:3

*너희 중에 누구든지 지혜가 부족하거든 모든 사람에게 후히 주시고 꾸짖지 아니하시는
 하나님께 구하라 그리하면 주시리라* 약1:5

C의 선교사님들은 대체로 소화기 계통의 위장 질병과 심한 두통 등 신경성 질병이 많고 이슬람지역이나 공산지역에서 사역하시는 분들도 받으시는 스트레스나 위협감이 상당히 많아서인지 콩팥이나 내장기관과 관절 등에 문제가 많은 경우를 보았습니다.

미얀마의 경우는 과거 전쟁으로 폭탄이나 총알의 탄피가 땅에 많이 묻혀 있는데 그것들이 지하수에 녹아 계속적으로 흘러나오니 그 물을 먹고 사용할 때 이런 암들이 생겨나는 것은 아닐는지 생각해 볼 수 있었습니다.

선교사님들이 선교사 대회나 고국에 돌아올 기회가 되면 작은 우리교회는 아주 바빠집니다.

그분들이 작은 우리 교회에 오셔서 주님께서 주시는 위로와 새 힘과 소망으로 안고, 때로 주님께서 주시는 병 고침도 얻고 가십니다.

얼마나 감사하고 기쁘고 황송한 일인지요!

미얀마에서 오신 이성호 목사님선교사님은 동역자인 미얀마 성도님과 함께 과거 우리 50년대 60년대와 같이 영사기를 가지고 시골 오지에 찾아가서 마을 사람들을 모아 예수님 영화를 상영하며 복음을 전한다고 합니다. 정말 한 마을이 예수님 영화를 보고 주님께로 돌아오는 일도 있다고 말씀하셨어요.

이현제 사모님은 유치원과 학교 사역을 통해서 어린이들과 직원들과 예

배드리면서 수많은 사람들을 주님께로 인도하고 있고 수많은 영혼의 추수를 주님께서 친히 하고 계심을 그들의 사역에서 날마다 목도하고 있다고 하셨습니다.

얼마나 귀하고 감사하고 복된 사역인지요.

3월에 뇌 암과 온 몸에 암이 전이된 사모님과 함께 오셔서 하나님께서 그 사모님의 암을 모두 고쳐 주신이후에 2달이 지나서 이성호 선교사님이 자신의 이모인 김ㅇ선 권사님을 모시고 왔습니다.

김ㅇ선 권사님은 3차 통증으로 머리가 15년째 너무 아프고 입과 입속과 눈이 너무 아파 성경도 보기 힘들고 일상적인 생활을 할 수 없어서 통증 약만 계속 먹고 요양원에서 버틴다고 하였습니다.

예배드리고 기도할 때 예수님이 김ㅇ선 권사 옆에 계신 것이 보였는데 너무도 흰 옷을 입으시고 검은 머리의 예수님이 서 계셨습니다.

예배드리고 남편 장로님을 위해서도 기도해 드렸습니다.

이성호 선교사 목사님도 위해기도 하였습니다.

주님께서 큰 위로와 소망을 부어주시고 치유의 손길로 축복해 주셨습니다.

믿기만 하면 다시 기도하러 오실 필요도 없는 것입니다.

막5:25~29, 막5:34, 요11:40 말씀을 주셨습니다.

그래서 저는 담대히 선포하였습니다.

이는 힘으로 능으로 되지 아니함을 압니다. 오직 주 예수그리스도의 이름을 의지하여 기도하고 말씀을 선포할 때 기적이 하나님의 능력이 나타납니다.

이는 오직 주 하나님의 능력으로만 됩니다. 하늘 하나님의 영광이 크게 나타나서 그 병을 치유하셨습니다.

저는 주님께서 이 일에 일절 영광을 받으실 줄 알고 감사드렸습니다.

주님께서는 다시 올 필요 없다고 하셨습니다. 주님께서 고치신것이지요.

그 후에 그분은 다시 아프다는 말씀이 없었습니다.

하나님께서 환자들을 치유하실 때 꼭 병 고치는 은사만을 사용하시는 것이 아니라는 것을 저는 여러 위중한 환자들을 기도해 주면서 체험 하였습니다.

믿음의 은사를 사용하셔서도 일하시는 것을 많이 체험하였기에 저는 담대함으로 말 할 수 있었어요.

어떤 경우에는 주님께서는 손도 대지 말라 하셔요.

믿음으로만 말로만 선포하라고 하셔요. 그러면 저는 그렇게 합니다.

나중에 병원에 가면 그 위중한 병들이 다 고쳐진 것들을 그들의 눈으로 확인하게 되는 거예요.

우리 하나님은 못 하시는 것이 없으셔요.

그 후에 교회와 성도들을 위해서 기도하는데 주님께서 말씀하셨습니다.

"내 딸"

"내 딸"

"내 딸"

"내가 너를 원 한다 너는 나를 인같이 마음에 품고 도장같이 팔에 두라" 라고 하셨습니다.

"내가 너를 사용할 것이다. 너는 더욱 깨어 의를 행하라.

판단 받는 자의 자리에 서지 않도록 내가 너에게 이미 신용장 써주었다.

성령이 증거한다

너를 위한 삶을 버려라 포기하라 내가 사용할 때는 네가 머물고 싶을 때도 나를 따르라"

저는 너무도 송구하고 감사하여서 주님께 기도드렸습니다.

너무나 어리석은 저를 나귀처럼 사용해 주시는 그 하나님의 크신 은혜에 너무 감사하였습니다. 저는 주님께 말씀드렸어요.

"아멘! 저는 주님을 저의 마음에 새기고 날마다 주님을 더욱 더욱 사랑하기를 간절히 원합니다. 주님 저를 날마다 더욱 더욱 주님을 사랑하게 하시고 절대 우리 주 예수님을 배반하지 않게 하소서!"

대저 하나님의 모든 말씀은 능하지 못하심이 없느니라 눅1:37

저는 제가 아무것도 할 수 없는 사람인 것을 기뻐합니다.
저에게는 아무 능력이 없어요. 그래서 저 같이 연약하고 부족한 질그릇을 사용하시는 전능하신 하나님을 저는 날마다 의지하고 찬양합니다.

*어두운 데에 빛이 비치라 말씀하셨던 그 하나님께서 예수 그리스도의 얼굴에 있는
하나님의 영광을 아는 빛을 우리 마음에 비추셨느니라
우리가 이 보배를 질그릇에 가졌으니 이는 심히 큰 능력은 하나님께 있고 우리에게
있지 아니함을 알게 하려 함이라* 고후4:6~7

몇 년 전에 교회에서 선교회 예배를 드릴 때 목사님 한분이 찾아오셨어요.
저는 잘 모르는데 아시는 목사님들 간에 저의 이야기가 많이 회자 되었나봐요. 그래서 그분은 마침 오셔서 저를 보셨어요. 중년의 목사님이셨어요.
저를 보더니 "아유 뭐 소문이 짜르르하더니 보니까 별것 없네." 그러시는 거예요. 그렇죠. 제가 아주 평범하고 편해 보이셨나 봐요.

저는 은사를 행하신다는 다른 분들보다 엄청 카리스마가 없어요. 그럴 수밖에요. 주님께서 제 안에서 저를 다스리시고 만드셨어요. 온유하고 겸손하게 만드셨어요. 저는 아이들에게도 말을 함부로 못해요. 오랫동안 교회 아이들에게도 존댓말을 했는데 이제는 애들이 불편해 하니 그냥 애들 편하게 말을 놓았어요. 저는 외모도 흰머리가 있고 얼굴에는 주름도 많이 있고

세련되거나 화려하지 않고 깊은 산골 아주머니처럼 수수하거든요. 그분이 알려진 소문에 비해 실물보고 실망하신 것 같았어요. 저는 저를 의지 할 수가 없어요. 제가 얼마나 연약하고 부족하고 죄성이 많은 사람인지 알아요. 그래서 매 순간을 주님을 붙잡고 주님만 의지 할 수밖에 없어요.

저는 정말 주님 없이는 아무것도 아닙니다. 제가 제일 무서워하는 것은 주님의 성령님이 저를 떠나시는 것을 가장 무서워합니다. 주님이 떠나시면 저는 빈껍데기 이고 아무것도 아니어요. 세상의 어떤 화려한 것도 주님이 거기 안계시면 그곳은 아무것도 아니지요. 아주 가난하고 거친 곳이라도 거기 주님이 계시면 그곳은 온 세상을 다 가진 천국이 되는 거지요.

그 주님께서는 죽은 자도 살리시는 놀라우신 하나님이셔요.

실제로 의정부에 사시는 김ㅇ은 목사님이 2021년 4월27일 심정지오고 상계백병원에서 죽으셨을 때 예수님 이름으로 선포하며 사망을 호되게 꾸짖게 하시고 생명은 돌아오라고 명령하고 선포하며 담대하게 선포기도하게 하시고 20분이 안되어서 하나님께서 목사님을 살리셨어요. 만약에 사망을 꾸짖고 생명이 돌아오기를 선포기도 하지 않았다면 지금쯤 천국에 가계실 거예요. 주님께서 하신 것입니다. 예수이름의 권세와 예수보혈 능력 크도다! 아멘.

그래서 저에게 소문은 짜르르 하지만 보니까 별것 없다고 말씀하신 그 목사님께 말씀드렸어요. "네 주님께서 저를 죽여 주셨어요."라고 공손히 말씀드리게 하셨습니다. 그랬더니 목사님이 아무 말씀도 하시지 않으셨어요. 저는 그 목사님께서도 주님 안에 죽어지는 경험을 예전에 하게 하셔서 주님께서 죽여주신다는 것이 무엇인지 아신다는 생각이 들더라고요.

코로나 이전에 부흥회 강사로 초청되어 2박3일씩 부흥집회에 가면 정말 많은 목사님들이 와계셔요. 왜 그런지 몰라도 그만큼 주의 종들은 서로 연락망이 있으신 것 같았어요. 하나님의 은혜를 사모하시는 마음이 크신 것 같아요. 때로는 많은 목사님들을 뵐 때 제가 마음이 좀 어려워져요.

그럴 때는 예수님 때문에 예수님을 태우고 가는 어린 나귀 된 이 종을 주님께서 강한 은혜와 힘을 주셔서 담대하게 주님의 말씀을 선포하며 주님을 영화롭게 하는 일들을 하셔요. 주님께서는 집회에 오신 많은 성도님들을 축복하시고 병도 고쳐주시고 믿음을 새롭게 하시고 큰 은혜를 받게 하셨습니다.

그리고 주의 종들을 위해 기도해 드릴 때 주님께서 주신 지식의 은사와 예언의 은사로 그분들을 실질적으로 돕는 은혜를 주셨습니다. 주의 종들을 크게 은혜주시고 만나주시고 축복해 주시는 주님으로 말미암아 감사와 기쁨이 넘치고 하나님께 영광을 돌리게 하십니다.

- 하나님을 영화롭게 사람을 복되게 -

저희 교회 처음 세우실 때, 하나님께서는 아이들을 돌보며 집에서 기도하는 저에게 말씀하셨어요. 장차 우리교회가 어떤 방향으로 나아가고 그런 교회가 될지를 표어로 지시해 주셨어요.

'하나님을 영화롭게! 사람을 복되게!'

주님께서 표어를 주신대로 주님께서 부지런히 일하셨어요. 교회에서는 거의 매일 하나님을 영화롭게 하는 하나님의 창조의 능력의 기적의 일들이 매일 일어나게 해 주시고 하나님께서 영광을 받으셔요. 그리고 사람들을 복되게 하시는 너무도 고맙고 감사하신 축복의 하나님이셔요. 살아계셔서 지금도 일하시는 능력의 하나님 참 좋으신 고마우신 우리 하나님을 찬양합니다. 그 하나님을 날마다 감사드리며 영광 돌려 드리고 있습니다. 세상을 창조하신 그 하나님께서 빛이 있으라 하시기 전에는 온 세상이 혼돈하고 공허하며 흑암이 가득 했지요. 사람들에게도 말씀으로 오신 예수님의 빛이 비추어지면 사람들이 소망 가운데 살아나고 병도 주님의 은혜로 고쳐주시고 주님 만나면 행복한 일들이 가득 일어난답니다. 그래서 어둠 가운데 있던 사람들도 예수님 만나면 온갖 마음의 병도 육신의 병도 고침을 받고 소망도 생기고 행복한 사람으로 변화 되어 간답니다.

저는 주님께 받은 은혜가 너무 큰사람 이예요. 예수님 믿고 너무 복을 많이 받았구요. 안 받은 복이 없을 정도예요. 숨 쉬는 것마저 너무도 힘들었던 공황장애 대인기피증의 우울증의 사람이 너무 행복한 사람이 되었지요. 소망이 없이 빠짝 빠짝 말라가던 사람이 소망가운데 기뻐하며 하늘 능력의 삶을 살게 되어 나만 사는 것이 아니라 나를 만나는 수많은 사람들을 살리는 능력의 하늘 권세를 누리고 사는 사람으로 바꾸어 주셨어요.

오직 예수그리스도의 보혈의 능력으로 그 이름을 믿고 구원받고 이제 다시는 없어질 보이는 이 세상을 위해 사는 삶이 아니라 영원히 쇠하여지지 않고 사라지지 않을 영원한 하나님의 나라를 바라보며 기쁨으로 그 나라를 기대하며 살게 하시니 감사드릴 뿐이지요.

나이가 들어 갈수록 그 나라가 가까워 옴을 소망가운데 기뻐하며 기대하며 모든 것에 만족하며 행복하며 살게 하시는 큰 복을 받게 하심에 감사드려요.

저는 죽을 목숨 참 여러 번 살리심을 받았잖아요. 결혼 전에도 폐결핵으로 한 달도 안 남았다는 선고를 받았음에도 데니스 굿델 목사님이 안수 해주실 때 가슴과 등에 주님의 보혈 흘려주시는 은혜를 입고 살아났어요. 임파선 암이 거의 말기에 가까웠을 때도 질서의 하나님께서 저희 목사님 안수기도를 통해서 저를 치유해 주셨어요. 바다에 빠져서 다 죽을 상황에서도 주님께서 저를 강대화 목사님과 조정선 목사님을 보내 주셔서 건져주셨어요. 저는 그 크신 은혜 갚으며 살기도 제 인생이 너무 짧은 것 같습니다.

미얀마에서 오신 이현제 사모님을 기도해 드린 후 성령님께서 믿음을 주셔서 저는 담대하게 뇌까지 전이 되어 너무 온 몸과 장기에 퍼져서 치료가 힘든다는 그 암을 주님께서 완전히 암세포를 궤사 시키셨다는 사실이 믿어졌어요. 그래서 믿음으로 선포 하였습니다.

"선교사님 암 다 나았습니다! 하나님께서 고쳐주셨으니 하나님께 영광 돌리고 감사 많이 하시고 간증 많이 하시고 복음을 담대히 전파하세요" 하고 말씀 드렸어요. 그 후 몇 번 더 기도 받으시러 오시고 미얀마로 돌아가셔서 사역을 계속 하셨어요. 21년 겨울에 한국에 오셨다기에 소식을 듣고 여권 갱신하러 서울 오실 때 마스크를 많이 드리려고 큰 가방에 넣어놓고 교회로 오시라고 말씀드렸어요. 목사님이 카스테라와 롤케익을 사오셨더라고요. 그 위에 이현제 선교사님의 얌전한 글씨로 쪽지가 있었어요.

"최길숙 사모님 2018년 3월에 사모님께 기도 받고, 하나님 은혜 안에서 지금까지 건강하게 잘 지내고 있습니다. 늘 감사하고 사랑하고 축복합니다. 주님 안에서 건강하세요. 미얀마 이현제 선교사드림"

주님께서 하셨어요. 주님께서 다 하셨습니다. 홀로 영광 받으시기에 합당하신 좋으신 우리 하나님 아버지께 감사와 영광을 올려 드립니다.

- 신앙의 꽃은 순종 -

하나님께 기도로 여쭤 볼 때 어리석은 저를 주님께서는 친절하게 잘 가르쳐 주십니다. 하나님께서 지으시고 부르시고 세우시고, 기도하면 가르쳐 주시는 좋으신 하나님을 찬양드립니다. 저는 어리석은 나귀와 같아서 주님께서 가르쳐 주시지 않는다면 저는 아무것도 알 수도 없고 할 수도 없는 부족한 사람인 것을 저는 기뻐합니다. 온전히 주님을 의지 할 수밖에 없기 때문이지요. 사람들에게 전화가 와서 이러이러한 사람이 있는데 기도 받으러 가도 되나요? 하고 전화가 올 때 미리 기도하면 때로는 낫지 않고 죽는다고 알려 주시는 사람들도 있습니다.

참으로 순종이 복입니다!

믿음 생활한지 벌써 40여년이 지나면서 신앙생활에서 가장 귀한 교훈을 알게 되었어요. 그것은 바로 순종입니다. 하나님을 경외하게 되면 그 사람은 반드시 순종을 통해서 그의 믿음을 삶에서 증거 하게 됩니다. 우리는 그 열매를 보아 나무를 알 수 있습니다. 그래서 저는 아들들에게 반복하여 교훈을 전하고 있습니다. "신앙의 꽃은 순종이야! 우리는 그 순종을 통해서 가장 아름다운 극상품 포도열매를 맺게 된단다." 들으면 사는 하나님의 말씀에 귀 기울이고 순종할 때 우리의 인생이 그리스도 안에서 복되게 되는 것입니다. 레위기 26장과 신명기 28장과 여호수아 23장을 보셔요

> * 내가 오늘 네게 명령한 이 명령은 네게 어려운 것도 아니요 먼 것도 아니라 하늘에 있는 것이 아니니 네가 이르기를 누가우리를 위하여 하늘에 올라가 그의 명령을 우리에게로 가지고 와서 우리에게 들려 행하게 하랴 할 것이 아니요 이것이 바다 밖에 있는 것이 아니니 네가 이르기를 누가 우리를 위하여 바다를 건너가서 그의 명령을 우리에게로 가지고 와서 우리에게 들려 행하게 하랴 할 것도 아니라
> 오직 그 말씀이 네게 매우 가까워서 네 입에 있으며 네 마음에 있은즉 네가 이를 해

할 수 있느니라

보라 내가 오늘 생명과 복과 사망과 화를 네 앞에 두었나니 곧 내가 오늘 에게 명령하여 네 하나님 여호와를 사랑하고 그 모든 길로 행하며 그의 명령과 규례와 법도를 지키라하는 것이라

그리하면 네가 생존하며 번성할 것이요 또 네 하나님 여호와께서 네가 가서 차지할 땅에서 네게 복을 주실 것임이니라.* 신30:11~16

* 내가 오늘 하늘과 땅을 불러 너희에게 증거를 삼노라 내가 생명과 사망과 복과 저주를 네 앞에 두었은즉 너와 네 자손이 살기위하여 생명을 택하고 네 하나님 여호와를 사랑하고 그의 말씀을 청종하며 또 그를 의지하라 그는 네 생명이시요 네 장수이시니 여호와께서 네 조상 아브라함과 이삭과 야곱에게 주리라고 맹세하신 땅에 네가 거주하리라* 신30:19~20

- 손도 댈 필요도 없다. 입으로 선포만 하여라 -

　기도학교 시간에 배가 산처럼 부풀어 오른 50대 후반의 부동산 중개사이던 집사님이 왔습니다. 예배를 마치고 기도하는 시간에 맨 앞에 있던 그 집사님을 위해서 기도하는데 주님께서는 "손도 댈 필요 없다. 입으로만 선포하여라." 하셨습니다. 주님께서는 하나님과 사람과 화평하라고 그 집사님에게 말씀하셨습니다. 그리고 죽을병이 아니고 하나님의 영광을 나타낼 병이라고 하셨습니다. 그래서 믿음으로 예수님 이름으로 치유를 선포했습니다. 그 다음날 그 집사님은 다시 왔습니다. 그런데 참 이상했습니다.

　기도학교 때 기도하면 보통 주 예수님께서 어리고 연약한 저와 함께 계셔서 힘을 주시고 사람들에게 손을 얹으시거나 축복해 주시는 모습으로 교회 안에 같이 계시는데, 예수님께서 웬일인지 그 집사님과 교회 바깥 쪽 신발장 앞에 계신 모습이 보이는 것이었습니다.

　그래서 기도로 주님께 여쭤보았습니다. "주님 왜 주님께서는 이 사람과 바깥에 계시나요?"하고 말씀드렸더니 그 집사님에 대해서 말씀해 주셨습니다. " 이 집사는 자기가 다니던 교회를 떠나 너희 교회로 옮기려고 생각하고 있다. 그러나 그것은 내 뜻이 아니다. 이 집사는 자신이 다니던 교회 목사에게 화내고 다투며 잘못 했는데 회개하고 그 교회 목사님께 잘못했다고 하고 거기서 나를 섬겨야 한다"고 주님께서는 상세히 말씀해 주셨다. 그래서 그분에게 주님의 뜻을 전하며 " 그 목사님께 잘못했다고 하고 그 교회에 다니시며 충성하라고 말씀하십니다. 우리 교회로 옮길 생각 버리라고 하며 이 병은 아무것도 아니고 다 낫습니다."라고 하였습니다. 그 사람은 자기가 한 말도 하지 않았는데도 전하는 나의 말을 듣고 너무나 놀라더니 마음속까지도 꿰뚫어 보시는 하나님 앞에 감출 것이 없다는 것을 알고 "제가 목사님과 다퉜고 이 교회로 옮길 생각을 하였습니다."라고 말 하였어요.

그리고 이제 말씀대로 그렇게 하겠다고 하였습니다.

얼마 후 연락이 왔습니다, 한 번 꼭 찾아뵙겠다고 하였습니다. 자기가 우리교회를 찾아오기 전에 자궁암에 의사들이 수술도 할 필요가 없고 죽음을 준비하라고 했다고 하였습니다. 그런데 와서 손대고 기도해 주지도 않고 말씀으로만 선포하는데 아무 소망도 없던 자신에게 그 말씀이 능력이 되어 "나는 죽지 않는다. 나는 하나님이 살려 주신다." 하는 믿음이 생기며 수술을 하고 싶은 마음이 들어 의사에게 수술해 달라고 하였다 합니다. 그리고 주님께서 목사님께 잘못을 고백하고 용서를 구하라고 하신 말씀에 순종하였더니 목사님이 용서해 주시고 관계가 회복되었다고 하였다합니다.

그리고 목사님과 교회가 힘써 주셔서 마침 수술하기에는 턱 없이 부족했던 수술비를 다 지불해 주시고 수술도 의사 선생님들이 놀랄 만큼 잘 되어 퇴원하게 되었다며 감사하다고 했습니다. 암 들이 다 죽어있어서 그것을 전부 거둬들이고 꺼내었다는 것입니다.

저는 주님께서 교회와 주의 종을 귀히 여기시는 것을 깊이 깨달았습니다. 혹 주의 종과 안 좋은 관계를 가지고 있습니까? 당신을 위하여 바로 소중한 당신을 위하여 하나님 앞에 복된 관계를 가지시기를 축복합니다. 목회자들은 주님의 양들을 사랑으로 돌보며 아비의 심령으로 성도 한 사람 한사람이 잘 되기를 위하여 간절히 기도하며 하나님 앞에 그들을 축복하는 하나님의 종들입니다. 주의 종들의 잘못이 있다면 하나님께서 직접 치리하십니다. 그러니 은혜 받고 복 받을 하나님의 백성은 주의 종을 위해서 하나님의 말씀에 순종하고 기도로 동역함으로 하나님의 백성인 당신이 심은 대로 거두게 하시는 하나님께 받을 복을 쌓으시기를 간절히 소원합니다.

너희를 인도하는 자들에게 순종하고 복종하라 그들은 너희 영혼을 위하여 경성하기를 자신들이 청산할 자인 것 같이 하느니라 그들로 하여금 즐거움으로 이것을 하게 하고 근심으로 하게 하지 말라 그렇지 않으면 너희에게 유익이 없느니라 히13:17

- 그들의 말이 아무것도 아닌 것 같이 되게 하여 주겠다. -

하나님의 은혜로 우리 교회는 새벽과 오후와 저녁에 매일 매일 예배와 기도가 있었습니다. 날마다 주님께 안타까이 외치며 선교사님들과 목회자와 교회를 위해서 나라와 민족을 위해서 기도하는 성도들의 기도가 날마다 횃불처럼 주님 앞에 올려 졌습니다. 그때는 코로나가 없는 상황이었습니다. 직장이 끝난 뒤 저녁에 기도학교에 와서 기도하시는 분들이 여러분이 있었습니다. 그중 영양사로서 아이들을 돌보는 시설에서 근무하는 고ㅇ인 성도님이 있었습니다. 항상 조용하고 말이 없고 부지런히 기도하시는 분이었어요.

한 쪽 눈이 항상 부어 있었습니다. 안과 병원에 가니 큰 병원에 가라고 해서 고대 안암 병원으로 옮겨서 진료를 받았는데 보통은 눈에 잘 생기지 않는 임파선 암 종양을 발견하였습니다. 담당교수님은 여러 가지 검사를 통해 상황의 심각성을 알렸고, 수술 후에도 정상적인 삶이 안 될 것과 앞으로 되어 질 수술의 심각성에 대해 말했는데 그 엄청난 재난의 소식에 어머니와 동생이 같이 모여 엉엉 밤새 울었다고 들었습니다. 이 성도님은 엄청난 소식에 근심하였으나 그 다음날 곧바로 기도학교에 왔고, 이 사실을 말하였습니다. 다음 날 수술하기로 되어 있다고 했습니다. 우리는 이 소식을 듣고 예배 후 기도하기 시작했습니다. 항상 모든 인생의 문제에 답을 주님이 가지고 계심을 알기에 우리는 담대할 수 있었습니다.

일을 행하시는 여호와 그것을 만들며 성취하시는 여호와 그의 이름을 여호와라 하는 이가 이와 같이 이르시도다 너는 내게 부르짖으라 내가 네게 응답하겠고 네가 알지 못하는 크고 은밀한 일을 네게 보이리라 렘33:2~3

다른 날과 똑 같이 예배가 끝난 뒤 기도시간에 큰 소리로 기도하는데 그 성도 차례가 되어서 기도 하였습니다. 주님께서는 " 사람들이 말하는 그 어마 어마한 말들 때문에 놀라지 말라. 아무것도 아닌 것 같이 되게 하여 주겠다."고 말씀해 주셨습니다. 가르쳐 주신 말씀으로 그 암에 걸린 성도님을 권면하였습니다. 그래서 나는 담대히 기쁘게 명령하고 선포하였습니다. 주님께서 주신 믿음으로 선포하였습니다.

"나사렛 예수이름으로 명한다. 암세포는 궤사 될 지어다! 암세포는 나사렛 예수 이름으로 명하노니 궤사 될 지어다!" 믿음으로 담대히 꾸짖으며 명하는데 제 눈에는 그 암세포가 보이는 것이었습니다. 어떻게 말로 설명하기는 어렵지만 이것은 사람의 능력 밖의 것이고, 오직 하나님께서 주 예수 그리스도의 이름으로 명할 때 역사하신 것입니다 예수님의 이름으로 명하자 놀라운 일이 일어났습니다. 제 눈에 그 암세포가 크게 보이는 것이었습니다. 투명하고 옆에 있는 다른 정상 세포들 보다 훨씬 크고 활동도 더 활발한 모습이었습니다. 다른 정상 세포들은 잘 정렬된 군인처럼 보였습니다. 그 암세포는 예수님이름으로 자신에게 명하는 소리를 듣자마자 그 왕성한 활동을 딱 멈추었습니다.

그리고 나서 예수 이름으로 암세포에게 명령하고 궤사 될 것을 선포하자 그 자리에서 점점 생명력을 잃고 굳어, 마치 회벽같이 굳어지는데 동그란 모양으로 끝 가장자리 표면이 오글오글 꽃 모양처럼 되어서 굳어져 죽은 모습이 보이는 것이었습니다. 하나님께서 보여 주신대로, 마침 교회의 최 집사님이 가지고 온 노트에 그려서 그 성도님에게 보여 주며 말했습니다. "검사 할 때 의사선생님들이 본 것이 사실이지만 주님께서 이처럼 일하셨습니다. 성도님은 이 시간 다 나았습니다. 암 세포는 예수이름으로 그 보혈의 능력으로 전부 다 궤사 되었습니다! 오직 예수 이름으로 명 할 때 이와 같이 암세포는 말라 비틀어져 그 생명력을 다 잃고 죽어서 의사들은 하얀 회벽같이 아미 죽은 세포만 떼어내게 될 것입니다."라고 선포하였습니다.

제 심령은 주님께서 주시는 믿음으로 충만하였습니다. 주님께서 다 일하신 것이었습니다. 주님께서 이미 일 하셔서 수술 전에 그 암세포들을 다 궤사 시키신 것을 선포하고 영광 돌렸습니다. 할렐루야! 예수 그 이름의 승리!

과연 수술은 원래 시간 보다 훨씬 빨리 끝났고 수술 후 의사선생님이 떼어낸 것을 보여 주는데 기도하고 수술 하루 전 제가 그려준 모습과 똑 같았다고 간증하였습니다. 다음 날 직장에 가도 되냐고 했더니 의사 선생님들은 이렇게 상태가 좋은데 당연히 가라고 하여 다음 날 직장에 갔습니다.

아멘! 승리는 주님의 것입니다! 의사 선생님은 이미 예수님의 권능으로 궤사된 죽은 세포들만 떼어냈던 것입니다. 수술 전의 그 여러 검사는 확실히 엄청난 재난이요 슬픔의 사건이었으나, 주님께서는 하루 만에 아니 예수님께 예배드리고 기도드리는 그 시간을 통해서 경배 받기에 합당하신 놀라운 일들을 그분을 앙망하는 자녀에게 행하셨습니다. 이 하나님의 자녀는 지금 열심히 간증하며 복음을 전하는 충성된 사람이 되었습니다. 주님께서 행하신 일 때문에 기도하는 우리에게는 기쁨과 감사가 충만 했습니다. 주님께서는 전부터 기도 할 때 "기적을 창조하는 믿음을 가져라"라고 말씀하셨습니다.

"네 입을 넓게 열라 내가 채우리라"고 말씀하셨고 하나님으로부터 놀라운 축복의 기적들을 보며 놀라는 내게 창조의 능력의 기적의 하나님이심을 계속 알려 주셨습니다.

- 입의 열매 -

월요 오전 기도학교에서 큰 은혜를 체험한 권사님이 있었습니다. 자신의 동생과 다른 사람들을 권면하여 불러서 은혜를 받게 하였습니다. 굉장히 점잖고 말수가 적으신 중학교 교장선생님으로 은퇴하신 분이셨어요. 그 권사님은 성령님의 강한 임재 가운데 은혜를 받아서 지속적으로 기도하였습니다. 하나님의 성령님께서 역사하시는 것을 목격하고 또 우리교회에서 일어나는 놀라운 기적들을 보신 후 얼마 뒤 전직 교사였던 한 가톨릭 신자를 데리고 오셨습니다. 연세대 세브란스 병원에서 이미 치료를 포기한 말기 암환자였습니다.

처음 기도학교에 왔을 때 그 사람은 정말 불쌍하기 그지없었습니다. 제대로 앉기도 힘든 분이었어요. 그 사람을 볼 때 하나님의 사랑이 부은바 되어 꼭 끌어안고 환영하게 하셨습니다. 주님께서는 그 사람의 경우에는 곧바로 기도해 주지 말고 말씀을 먹이라고 하셨습니다. 그 사람에게 말씀이 들어가자 놀라운 일이 일어났습니다. 하루하루 지탱해 나가던 그 사람의 삶 가운데 주님께서는 놀라운 일을 행하시어 점점 강건해지게 해 주셨습니다. 말씀 듣고 예배드리고 기도하고 좀 지나자 제대로 의자에 앉기도 걷기도 힘들어하고 밥도 잘 못 먹던 사람이 점점 혈색이 돌고 건강해져서 밥도 아주 잘 먹고 소화도 잘 시키며 힘이 생겨서 잘 걸으시는 것이었습니다. 약을 먹거나 치료하는 것이 전혀 없는데도 건강해지고 현대 의학으로는 손을 놓은 본인의 상태가 달라지고 좋아지자 너무 좋아하며 다른 젊은 암환자를 데리고 왔습니다.

젊은 아기 엄마는 아기가 태어 난지 1년이 되었다고 하였습니다. 남편이 복음적인 개신교신앙을 가졌고 본인은 결혼으로 인해 남편을 통해서 예수님을 믿게 되었다고 하였습니다. 거의 초신자였습니다. 그런데도 주님께 대한 믿음이 있었고 하나님을 의지하여 믿고 기도하였습니다. 그 아기엄마 성도는 원자력병원에서 위암으로 판정 났다고 들었습니다. 아마 초기였던 것 같습니다. 예배드리고 치유기도를 했는데 이 성도를 주님께서 고쳐 주심을 알게 하셨습니다. 그래서 믿음으로 선포하였습니다.

저는 병원에서 꼭 확인해 보라고 하였습니다. 주님께서는 그 아기 엄마를 고쳐주셨고 그 가정은 기쁨과 감사로 하나님께 영광 돌리고 감사헌금을 하였습니다. 또 교회에 뭔가 해 드릴 일이 있으면 주님께 드리고 싶다고 하여서 성경찬송 합본 성경책을 교회에 비치해 놓고 있으면 좋겠다고 했더니 그 가정의 믿음의 남편과 감사함으로 많이 사서 하나님께 드렸습니다. 사람이 할 수 없는 그 일을 하나님은 능력으로 행하시었고 우리는 나타나는 하나님의 기적으로 말미암아 감사하고 영광 돌리는 기쁨의 삶을 살게 하셨습니다. 우리는 하나님의 깊으신 그 사랑에 푹 빠져 하루하루 축제의 삶을 사는 것 같았습니다.

그때는 추운 2월이었습니다.

그날도 성령님의 인도 따라 감사함으로 예배드리고 나서 기도하는 시간인데 주의 성령님께서 말씀하시는 것이었습니다. 봄이 되면 모두 다 나을 것인데 그때 다 낫고 김밥 싸가지고 현충원으로 소풍가라고 하시는 것이었습니다. 현충원의 후문은 우리 교회에서 5분도 안 걸리는 아주 가까운 곳에 있었어요. 그래서 그대로 사람들에게 말하였습니다. 사실 기도하는 시간에 소풍갈 생각 자체를 할 수도 없고, 김밥 싸오라는 말을 할 만큼 주변머리가 있는 사람도 아닌데 오직 주의 성령님께서 말씀하시니 나는 전 할 수밖에 없었습니다. 여교사였던 그 사람에게 말씀드렸습니다. "성도님 위해 기도하는데 하나님께서 말씀하시네요. 봄이 되면 다 낫게 해 주신다고하시고 그 때 김밥 싸서 오전 기도학교 분들 모두 현충원에 소풍가라고 하시네요. 저는 김밥 잘 못 싸요. 다 나으시면 소풍 갑시다." 이렇게 말했습니다. 그러자 그 사람은 너무 기뻐하면서 자기는 김밥을 아주 잘 싼다면서 자기가 20줄 정도 싸올 테니 같이 가자며 정말 기뻐하였습니다. 교회 뒤편 국립현충원의 수양벚꽃은 정말 아름답거든요.

저는 이 아픈 사람들을 위하여 기도하며 섬기는 것이 너무나 기쁘고 감사하였습니다. 그들이 지속적으로 예배드리며 믿음이 주안에서 자라나게 하시니 그 은혜를 주시는 주님으로 인하여 너무 감사하였어요.

주님께서 이렇게도 우리들을 관심 가지고 돌보아 주시니 너무 행복했고 하나님께 감사드렸습니다, 예수님의 보혈로 구원 받은 하나님의 자녀인 의인의 간구는 역사하는 힘이 크다는 약5:15~16말씀이 생각났습니다. 능력의 지극히 큰 것이 사람에게 있지 아니하고 하나님께 있다는 말씀 때문에 더욱 행복 했습니다. 곧 이 모든 역사는 하나님 자신이 하신 것이기 때문이지요. 우리는 다만 도구로 이 거룩하고 복된 사역에 쓰임 받으며 하나님의 자녀사랑하시는 마음의 한 자락을 조금이나마 그 영광된 일을 체험할 수 있다는 것이 감사할 뿐이었습니다.

저는 저 자신을 압니다. 말씀 안에서 성령으로 기도하며 주님 뜻대로 날마다 살기를 원하지만 때때로 연약하여 죄 짓는 저 자신을 알기에, 하나님의 그 능력의 말씀이 그렇게도 더욱 주님만을 신뢰하고 의지하며 나아갈 수 있도록 방향을 인도하고 계시니, 정말 순간순간 주님 안에 사는 것이 얼마나 행복한 일인지 주님으로 말미암아 늘 기쁘기만 하였습니다.

믿음으로 계속 예배드리고 말씀 먹이고 기도하니 날로 주께 대한 믿음이 굳세어져 감을 볼 수가 있었습니다. 기도하러 모인 한 사람 한 사람에게 하나님은 좋은 것으로 그 소원들을 만족케 해 주시는 아버지의 사랑을 응답으로 체험하게 하셨습니다. 우리도 주님께 감사와 영광 돌리며 하나님의 행하시는 놀라운 일들에 대해 감사드리고 기뻐하였습니다. 우리는 우리 안에 행하시는 주님 때문에 너무나 기뻤고 사기가 충천했습니다. 전직 교사였던 그 사람도 나날이 몸이 좋아져 갔습니다. 밥도 사주며 맛있게 먹고 소화도 잘 시키고 건강해져서 잘 움직이고 이제 다 나아가고 있었습니다.

그날도 그렇게 감사함으로 예배드리고 기도를 시작하였습니다. 맨 앞에 계신 분부터 기도를 시작했으므로 전직 교사였던 그 암 환자를 위해서 손을 뻗어 기도하고 있는데 그때 나는 성령님의 음성을 들었습니다. " 기도해 주지 마라!" 순간 나는 너무나 놀랍고 당황했습니다. " 아버지 왜 그러시죠?" 이제껏 기도 해 주고 있는 동안에 주님께서는 한 번도 기도하지 말라고 하신 적이 없는데 하나님께서 왜 그러실까? 분명 이유가 있으실 텐데 염려되어 기도했더니 성령님이 말씀해 주셨습니다.

"민간요법으로 나았다고 말하고 다닌다. 나아도 나에게 영광 돌릴 사람이 아니다 기도해 주지마라."

그렇게 말씀해 주셨습니다. 모든 것을 아시는 그 주님 앞에 나는 하나님도 두렵고 그 사람도 너무 안타까웠습니다. 거의 다 좋아지고 건강해져 가는데 조금만 있으면 주님께서 다 낫게 해 주실 텐데 너무나 안타까웠지만 아무 말도 안하고 다른 사람들 기도를 해 주었습니다. 그리고 나서 한참 동안 그 사람이 보이지 않았습니다. 얼마 후 집으로 전화가 왔습니다, 바로 그 사람이었어요. 목소리가 거의 꺼져갈 듯하고 연약한 소리로 기도해 달라고 하였습니다. 자기는 지금 세브란스병원 응급실이고 죽도 못 먹고 많이 힘드니 사모님 기도해 주세요하고 말을 했습니다. 저는 " 아니요 기도해 드릴 수 없어요." 그랬더니 아니 왜 사모님이 기도를 해 주지 않느냐고 말 하였어요. 그래서 주의 성령님께서 가르쳐 주신대로 말씀드렸습니다.

" 하나님이 기도해 주지 말래요. 주님의 은혜로 이렇게 건강해 지셨는데 주님께서 건강 주신 것인데, 사람들이 어떻게 이렇게 건강해지게 됐냐고 물어보면 민간요법으로 건강해지게 됐다고 하니 기도해 주지 마시래요" 그렇게 대답하였습니다. 그렇게 말했더니 수화기 너머로 갑자기 목소리도 거의 들리지 않게 말하던 그분이 놀라서 소리치고 있었어요. " 네 뭐라고요? 내가 그러고 다녔어요 ! 효소로 나았다고 하고 다녔어요!" 하며 큰 소리로 외쳤습니다. 아마 자신도 모르게 놀라서 소리친 것 같았습니다. 그 후 그 사람의 소식은 들을 수가 없었습니다. 하지만 그 분을 생각할 때마다 마음이 무척 아팠습니다. 특히 봄이 되어 벚꽃이 피어나면 평소에 그렇게 좋아하던 그 연못 속의 개구리 알처럼 무수하게 피어나는 꽃송이들을 보기가 너무나 아팠어요.

지금도 봄이 되어 벚꽃이 피면 나는 가슴이 아파 고개를 숙이고 걷습니다. 걸으면서 내 발 아래 밟히는 꽃잎들이 또 다시 나를 교훈합니다.

나는 하나님을 너무 사랑하는데 이 일로 정말 우리 하나님은 만홀히 여김을 받지 않으시는 하나님이시구나! 절절히 느끼고 체험하며, 하나님은 너무나 좋으신 하나님이시지만 두려운 하나님이시라는 것도 다시 한 번 각인하게 되었습니다.

하나님께서는 마음이 아픈 자 , 상한 자, 병든 자, 고통가운데 있는 사람, 경제가 피폐해 진 자등 수많은 사람들을 교회로 보내 주셨습니다. 인생의 강도만난 하나님의 자녀들을 보내실 때는 해결 방법이 있으시기 때문에 보내시고 친히 하나님께서 만져 주시고, 응답 주시고, 고쳐주시고, 도와주십니다. 하나님께서는 부르시고 그들의 인생의 위기 가운데서 말씀을 보내셔서 살리십니다. 소망을 주시므로 상황은 여전하지만 스러지지 않고 담대히 맞서서 감당하고 살 수 있게 서게 하십니다. 부르심의 소망 가운데 기도하게 하십니다. 인생의 강도만나 숨 막혀 죽을 수밖에 없던 사람들에게 말씀의 생수로 소망을 주시고 일으켜 주시고 기도하게 하셔서 살리십니다. 저는 그런 사람들을 너무도 많이 봐 왔습니다. 사람들은 돈이 없어서 죽어가는 것이 아니라 몸이 아파서 죽어가는 것이 아니라 소망이 없어서 스러져가는 것이라는 것을 알게 되었습니다.

하나님의 아들이 있는 자에게는 생명이 있습니다.

그렇다면 육신의 죽음도 하나님의 자녀에게는 절망이 아니라 최고의 복된 것, 영광의 소망인 것입니다. 지금 상황의 어려움도 기도로 주님을 의지하고 의뢰하는 자에게는 장차 주님께서 손잡아 세워주실 은혜와 축복의 디딤 돌 인 것입니다. 기도 하십니까?

그렇다면 당신은 회생할 축복의 마당에 있는 것입니다!

- 백김치를 담가줘라 -

신학대학원에 다니시는 강도사님에게서 전화가 왔습니다. 신학교의 교수님의 사모님이 암에 걸려서 투병하고 있다는 소식을 듣고 우리 교회를 말씀 드렸더니 오신다는 거예요. 전화를 받고나서 기도 하니 그 사모님은 돌아가신다는 것을 알려 주셨어요. 그래서 기도해 드리지 않겠다고 전화로 말하였더니 이미 말씀드려서 안 된다는 거예요. 난감하였습니다. 그런데 전화를 끊자 성령님께서 백김치를 담아서 그분께 내일 드리라는 겁니다.

저는 처음에 제가 성령님의 음성을 잘못 들은 줄 알았습니다. 그렇지만 순종하여 그 사모님이 드실 때 좋아하시도록 노란색과 빨간색 파프리카와 녹색 쪽파를 준비하여 간을 약하게 하여 생수로 백김치를 한통 가득 담아서 다음 날 가지고 교회에 갔습니다. 소개시켜주신 강도사님이 신학교수 목사님과 암 투병중인 사모님을 모시고 왔습니다. 인사를 하고나서 제가 잘 잊어버리니까 미리 말씀해 드렸어요. "어제 전화 받고 나서 하나님께서 백김치담가 드리라고 하셔서 가져왔으니 가실 때 맨 뒷줄 의자에 있는 백김치 가지고 가셔요" 라고 전하였습니다. 그랬더니 이분들이 앉아서 기도하면서 정말 흑흑 거리면서 부부가 다 우시는 거예요. 저는 당최 잘 몰라서 가만히 바라만 보고 있었어요. 두 분이 한참을 우시고 눈물을 닦으시면서 그러시는 거예요. 사모님이 너무 아프셔서 병원의 치료를 받으시는데 속이 다 헐어서 밥을 3주간 못 먹다가 집에 와서 김치를 너무 먹고 싶어서 먹었다가 헐어버린 속 때문에 밤새 너무 아프고 고통을 받았다는 거예요. 사모님이 백김치를 너무 먹고 싶어서 주변에서 살려고 했는데 아무데도 없었대요. 그래서 나중에 인터넷으로라도 꼭 사주겠다고 약속하고 오셨대요.

주밀하신 하나님의 그 다정하신 사랑에 마음이 녹아 내리셨나 봐요. 예배 드리고 기도하는데 주님께서는 그 사모님의 사명이 남아 있음을 말씀하셨어요.

시댁에 대한 것인데 많은 무덤들이 보였어요. 그런데 아직 죽지 않은 사람들의 것이라는 거예요. 아직 죽지 않은 사람들의 무덤인데 안개 같은 얇은 것에 덮여 있었고, 살아있지만 죽은 것 같은 사람들이 시댁 식구들 대부분이었어요. 그 사명을 감당하고 나면 영광의 나라에 상을 받으러 가게 됨을 말씀하시며 그 사모님이 잘 하신 일들을 말씀해 주시며 하늘나라에 상급이 있음을 말씀해 주셨어요. 특별히 아들 둘을 보여주시며 자녀들을 잘 기른 것을 칭찬하시고 충성되게 주님 앞에 헌신한 것에 대하여 하늘에 큰 상이 있음을 말씀해 주셨습니다. 잘 듣고 나서 목사님이 아들 둘이 있는데 아주 훌륭하게 자랐다고 하였습니다. 하나님의 은혜 가운데 사모님이 자녀들을 아주 양육을 잘 하였다고 하였습니다. 그리고 암 치유를 위한 기도는 하지 않았습니다. 기도해 드리는 동안 사모님은 아멘 아멘하며 화답하셨어요. 기도가 끝나고 나서 그 사모님이 자신이 기도 할 때도 주님께서 똑같이 말씀해 주셨다고 하셨어요. 시댁 식구들이 예수님을 믿는 사람이 극히 적어서 그들을 주님께로 인도해야 되는 것이 자신의 마지막 사명이라고 하였습니다. 목사님 말씀을 들으니 그 사모님께서 남편 되시는 신학교 교수목사님을 얼마나 잘 섬기고 잘 동역하셨는지, 자녀들을 얼마나 말씀과 믿음으로 훌륭하게 키우셨는지 말씀해 주시는데 참으로 훌륭하신 사모님이라고 생각되었고 참 복된 가정 이었습니다.

주님께서 그 사모님에게 말씀으로 은혜를 더하시고 사명을 주시는 시간은 은혜가운데 감격하여 아멘하고 순종하려는 사모님과 듣는 거기 모인 모든 사람들 가운데 우리 하나님의 크신 자비와 인애를, 깊으신 사랑을 우리 마음에 새겨지는 시간이 되었습니다. 또한 사랑의 주님을 더욱 깊이 체험하는 시간이 되게 하셨고 그 주님을 사랑하며 경외하게 만드시는 귀한 시간 이었습니다. 천국의 상과 소망가운데 말씀을 주시고 사랑으로 새 힘을 주시며, 그 사모님에게 평안과 기쁨과 담대함을 주시며, 능히 기쁨으로 그 사명을 감당할 힘을 주시며, 그 백성을 주밀하게 돌보시는 놀라우신 사랑의 하나님을 찬양합니다. 주님 안에 있는 우리 하나님의 자녀들에게는 고난은 주님 주실 축복을 만나는 관문임을 경험하게 합니다. 믿지 않는 자들에게 고난과 시련은 고통과 참담함으로만 남지만 예수 그리스도를 구세주로 믿는 성령님 안에 있는 하나님의 자녀들에게 고난과 시련은 각양 좋은 은사와 선물을 받을 수 있는 수도 파이프와 같습니다. 하나님의 자녀에게는 고난이 고난 그 자체로 끝나는 것만이 아닙니다. 아버지의 손에 우리의 문제가 기도로 드려질 때, 그분께서는 각양 좋은 은사와 온전한 선물로 우리의 삶에 기적과 축복으로 놀라우신 능력의 선물을 안겨 주시기를 기뻐하십니다.

진정 그분께서는 좋은 것으로 우리의 소원을 만족하게 하사 우리의 청춘으로 그분의 자녀인 우리를 새롭게 하시고, 독수리처럼 그분이 부어 주신 믿음의 날개로 비상하게 하시는 것입니다. 능히 세상이 감당치 못하는 믿음의 사람으로 세워지기를 원하시는 아버지의 마음을 알아드리고 그분의 뜻에 부응하는 삶을 살 때, 우리에게도 끊이지 않는 기쁨과 충만함이 늘 함께하는 것입니다. 아버지의 나라는 풍성합니다!

믿지 않는 자들에게 고난은 고난 그 자체와 더한 어려움으로 끝을 맺는 경우가 허다하지만, 하나님의 자녀들 앞에 있는 고난은 베일 뒤에 있는 축복의 이름표와 같습니다.

야생동물에게서 흔히 보는 일이 있습니다. 어미들은 어느 정도 자란 어린 새끼들의 생존력을 높이기 위해서 살아가는데 꼭 필요한 먹이 잡는 훈련을 시킵니다. 그 어미들의 사랑이 새끼들의 앞날을 위해 열심과 성실로 인내로 그 일들을 기쁨으로 감당하게 만들고, 이 수업을 잘 마친 새끼들의 생존 능력을 극대화 시키게 되는 것입니다.

하나님의 자녀 된 우리에게도 하나님은 비교할 수 없는 은혜가운데 그 쓰임과 사명에 따라 강도가 다른 훈련들을 그 인생 앞에 놓고 인도하시는 것을 체험하게 됩니다. 진실로 하나님의 자녀 된 우리에게 닥친 수많은 고난과 어려움은 절대 고난과 어려움으로 끝나서도 안 되고 그렇게 끝나지도 않습니다. 우리가 여러 가지 시험을 만날 때 기쁘게 여겨야 할 것은 성경에 기록 된 수많은 인물들과 그들의 삶의 과정과 결말을 통해서 우리에게 교훈을 주고 있고, 지금까지 우리 주변의 믿음의 선진들의 신앙 여정을 통해서도 그 말씀이 참 진리이고 올바른 교훈임을 우리에게 지표가 되어 알려주고 있기 때문입니다.

이는 우리의 믿음의 시련이 인내를 만들어내며, 또한 인내를 온전히 이룰 때 주님께서는 우리로 온전하고 구비하여 조금도 부족함이 없게 영광 가운데 우리를 만드신다는 것을 말씀을 통해 확신하며, 우리의 일상의 삶 가운데서 이미 체험했기 때문입니다. 우리가 하나님의 자녀이고 믿음 안에 있다면 이 말씀은 우리에게 참으로 적실합니다. 정말이어서 틀림이 없고 확실하다, 진실하다, 참되다는 뜻이지요. 개역한글의 다니엘서 6장 12절에도 나옵니다.

- 내 덕 볼 줄 생각도 마시라 -

기도 학교에 교회은퇴를 눈앞에 둔 목사님의 사모님이 오셨습니다. 성도들과 같이 예배를 드리고 기도를 하는 시간에 먼저 공통제목의 기도 먼저 하고 나서 한 사람 한 사람 기도를 통성으로 했습니다. 그 사모님을 위해서 통성으로 합심하여 기도 할 때였습니다.

주님께서 말씀하시기를 그 사모님에게 인생에서 3번을 치유사역자로 쓰시기 위해서 부르셨다고 하셨습니다. 결혼 전에 부르셨고, 결혼 후 젊었을 때 부르셨고 목사님의 사역 중간에 중년의 때에도 부르셨다고 하셨습니다. 그런데 그때 마다 사모님은 사정을 말하며 미루셨다고 하시며 주님께서 지금 다시 부르시겠다고 하셨습니다. 주님께서 기름 부음을 주시고 성령의 충만함을 주시고 은사와 능력을 주시어 불쌍한 많은 영혼들을 위해 사용하시겠다고 기도로 준비 하라고 하셨습니다. 늦은 나이에도 주님께서는 부르시어 주님을 위해 일 할 기회를 주시니 얼마나 감사한 일인지요!

기도학교가 끝난 후 그 사모님은 저에게 말씀하였습니다. 그 자신도 주님께서 그렇게 3번을 자신의 인생 가운데 부르셨고 자신이 그 때마다 이유를 말하며 나중에 일하겠다고 하였다고 말씀하셨습니다. 결혼 전에도, 결혼 후 아이들 키울 때에도 그리고 중년의 시간에 주님께서 분명히 부르시어 치유 사역자로 쓰시기를 원하시는 것을 그 사모님은 확실히 기억하고 있었습니다. 본인이 하나님께서 본인에게 원하시는 것을 잘 아셨어요. 주님께서는 그 사모님이 좀 더 열심을 내어 주님께 구하고 찾고 두드리기를 원하셨어요.

하늘의 신령한 복된 것들을 준비해 놓으시고 죽어가는 불쌍한 수많은 영혼들을 살리시기를 원하셨습니다. 기도하기만 하면 각양 좋은 은사와 온전한 선물들을 부어주시고 그 사모님을 축복해 주시어 쓰시기를 원하셨습니다. 사모님의 기도 제목에는 늘상 보이는 자녀들과 가정의 부분들이 많이 있었습니다. 그럼에도 하나님께서는 기도시간에 엄청난 성령의 기름 부으심의 은혜의 역사가 있었습니다. 사모님도 큰 은혜를 받고 놀라워하였습니다. 저는 사모님 개인적으로 기도하실 때 주님께서 말씀하여 주신 것을 마음에 품고 기도하시려니 하였습니다. 하지만 저는 자꾸 염려가 되어서 사모님에게 주님께서 말씀하신 치유사역을 위해기도 많이 하시고 준비하셔야 된다고 자꾸 뵐 때마다 한 번도 빼놓지 않고 귀찮을 정도로 말씀으로 권고해 드렸습니다. 그럴 때마다 사모님은 자꾸 관심 없어하는 듯, 웃음으로 회피하는 듯한 모습이 보여서 염려가 되었습니다.

그 후 몇 주 동안 사모님이 안 나오셨습니다. 몇 주의 시간이 흐른 뒤에 그 사모님이 오셨어요. 그런데 얼굴의 한 부분이 퉁퉁 부어서 오셨어요. 왜 그러시냐고 여쭤봤더니 얼굴에 암이 생겼다는 거예요. 기도시간에 한 사람 한 사람 기도 했습니다. 그 사모님의 차례가 되어서 기도 하려고 했더니 성령님이 막으시는 거예요. 그러면서 저의 평소 성격이나 성품과 전혀 다른 말을 하게 하시는 거예요 "제 덕 볼 생각 꿈에도 하지 마세요." 저는 저의 의지와는 상관없이 나오는 저의 말에 제가 놀랐습니다.다른 사람들도 평소 같지 않은 저의 말에 다들 놀란 눈치였어요. 하지만 성령님께서 저의 주인이 되셔서 저를 주관하시니 저는 순종 할 수밖에 없었습니다. 기도학교가 끝난 뒤 저는 그 사모님에게 말씀드렸어요. 사모님이 관심 없어도 이제 아프시니까 주님께 회개하시고 간절히 주님 붙잡고 기도하시면 주님께서 사모님 고쳐주시고 병치유의 은사도 주실 것이니 사모님 주님 꼭 붙잡고 기도하시라고 말씀 드렸어요. 저도 예배 가운데 나타나시는 주님께서 이 사모님을 치유해 주실 것을 원하며 사모님 기도할 때 주님 만나서 치유 받으시고 치유사역을 감당하시기를 위해기도 했습니다.

그 사모님은 자신은 보훈 병원에서 거의 돈을 내지 않고 아주 적은 돈으로 치료 받을 수 있다고 하셨습니다. 저는 사모님께 하나님께서 다시 치유사역자로 부르시는데도 순종 안하시니 이번 기회를 통해서 하나님 앞에 간절히 기도하시면 하나님이 고쳐주시고 치유의 은사도 주실 것 이니 주님 앞에 간절히 기도하여 치유함을 받아야 할 것 같다고 말씀드렸어요. 저는 평소에는 기도 하러 오시는 분들이 병원에서 치료 받겠다고 말하면 그분들의 의견을 존중해 드리는 편입니다. 그러나 이 사모님의 경우는 4번이나 치유사역자로 세우시기를 원하시는 주님 앞에 기도로 하나님을 만나야 될 것이 알아졌어요. 다른 방법은 없다는 생각이 들었습니다. 저는 안타까이 주님의 얼굴을 구했습니다.

때로 기도학교의 예배 중이나 기도하는 중에 주님께서 옆에 계신 것과 성도들을 위해 의자 사이를 막 통과하며 지나다니시며 기도해 주시고 축복해 주시는 것을 보게 은혜 베푸십니다. 세상에서는 어리석고 미련한 저에게 주님께서 긍휼을 베푸시고 영안을 열어주시어 주님의 하시는 일의 아주 작은 일부분을 볼 수 있는 영광을 허락하여 주시니 감사드릴 뿐입니다. 무슨 연유로 제게 이러한 은혜를 주시는지 알지 못하고 그저 감사 감복하지만, 부족한 저에게 이러한 은혜를 허락하심은 바로 예수님의 피로 값 주고 사신 그분의 백성들을 사랑하심이라는 것을 알게 하십니다.

또한 고통의 문제 가운데 신음하며 간절히 부르짖어 간구하는 주님의 백성들을 조금이라도 더 깨닫게 하여주시고, 하나님의 백성에게 베푸시는 사랑의 선물임을 알기 원하시고, 그 사랑과 주님의 마음을 그분의 백성에게 전하기를 원하시기 때문이라고 감히 생각이 됩니다. 주리고 목이 말라 인생의 고통 가운데 간절히 주님의 도우심과 인도하심을 구할 때, 주님께서는 차마 외면치 못하시고 은혜의 자락을 내미시며 그 백성을 위로하시고 은혜를 주시고 축복을 부어 주심을 깨닫게 됩니다.

주님이 없이는 아무것도 아니기에
오직 주님으로서만 살 수 있기에
그 백성의 타는 목마름으로 드리는 기도를 들으사
그 백성 만나 주시고
그들의 고통에서 건지시고 살 길을 열어 주신다
아멘! 할렐루야!

주님은 생수 부어 주사 살리신다
목마른 백성이 거할 성을 찾아 방황하나
눈먼 백성이 되어 찾지 못하고 기갈에 허덕일 때
친히 손 붙잡아 주시고 말씀의 생수를 먹여 주사
영원히 목마르지 않게 품어주신다
인생에게 행하시는 주님의 은혜 크시도다
아멘! 할렐루야!

- 성도들의 마음을 살피시는 예수님 -

기도학교 중 예배드릴 때 주님께서 곁에 계신 것을 봅니다. 주님의 눈을 어떻게 말로 표현할 수 있을까요? 이 세상 그 어떤 눈도 그와 같이 아름다울 수 있으리라고는 감히 생각 조차 할 수 없습니다. 너무 너무 아름답고 완벽한, 고요 평안함! 그리고 너무나 맑고 빛나고 따스한 눈빛으로 성도들을 바라보십니다. 그 어떤 순정 만화에서 표현하려 했던 눈도, 화가들이 그린 그 어떤 그림에서도 볼 수 없고 표현해 낼 수 없는 절대적이고 최고로 아름다운 사랑이 가득 차 있는 아름다운 눈! 어찌 저 같은 죄인 중에 괴수된 저에게 이와 같으신 존귀하신 주님을 뵈옵게 하시는지 너무 감사하고 감격할 뿐입니다.

사랑의 주님께서는 고통과 곤고 가운데 있는 주님의 백성인 성도들을 돕기 원하셔서 그들의 애타는 간구를 들으시고 그들을 고통의 수렁에서 건져주시고 도우시고 격려하시기 위해 은혜를 베풀어 주시는 것 같습니다.

내가 짓는 죄 때문에 우리는 고통 가운데 있지만 하나님의 특별하신 계획 가운데 하나님의 보석들이 연마되어지는 과정과 시간들이 필요할 때도 많습니다. 지금 보석을 보석되게 하시기 위한 하나님의 시간표 가운데 당신이 머물고 있는 중이라면 기억하시기 바랍니다.

하나님께서는 하나님의 귀한 백성을 사용하시기 위해서 단련시키십니다. 용광로에 집어넣어 불순물을 제거하고 사용하시기 위해서 모세도 40년의 시간이 필요했고 요셉도 13년의 시간의 필요했고 아브라함에게도 하나님 안에서 연단되어지는 시간들이 필요 했습니다.

*내 형제들아 너희가 여러 가지 시험을 당하거든 온전히 기쁘게 여기라 이는 너희
믿음의 시련이 인내를 만들어 내는 줄 앎이라 인내를 온전히 이루라
이는 너희로 온전하고 구비하여 조금도 부족함이 없게 하려 함이라* 약1:2~4

*그들이 광야 사막 길에서 방황하며 거주할 성읍을 찾지 못하고 주리고 목이 말라 그
들의 영혼이 그들 안에서 피곤하였도다. 이에 그들이 근심 중에 여호와께 부르짖으매
그들의 고통에서 건지시고 또 바른 길로 인도하사 거주할 성읍에 이르게 하셨도다.
여호와의 인자하심과 인생에게 행하신 기적으로 말미암아 그를 찬송할지로다 그가
사모하는 영혼에게 만족을 주시며 주린 영혼에게 좋은 것으로 채워주심이로다 사람
이 흑암과 사망의 그늘에 앉으며 곤고와 쇠사슬에 매임은 하나님의 말씀을 거역하며
지존자의 뜻을 멸시함이라 그러므로 그가 고통을 주어 그들의 마음을 겸손하게 하셨
으니 그들이 엎드러져도 돕는 자가 없었도다
이에 그들이 그 환난 중에 여호와께 부르짖으매 그들의 고통에서 구원하시되 흑암
과 사망의 그늘에서 인도하여 내시고 그들의 얽어맨 줄을 끊으셨도다 여호와의 인자
하심과 인생에게 행하신 기적으로 말미암아 그를 찬송할지로다.* 시107:4~15

*이에 그들이 그들의 고통 때문에 여호와께 부르짖으매 그가 그들의 고통에서 그들을
인도하여 내시고 광풍을 고요하게 하사 물결도 잔잔하게 하시는 도다 그들이 평온함
으로 말미암아 기뻐하는 중에 여호와께서 그들이 바라는 항구로 인도하시는도다
여호와의 인자하심과 인생에게 행하신 기적으로 말미암아 그를 찬송할지로다 백성의
모임에서 그를 높이며 장로들의 자리에서 그를 찬송할지로다* 시107:28~32

예배 중에 찾아오시는 주님께서는 기도하고 예배드리는 성도들을 집중
하여 바라보십니다. 저는 예수님께서 사람들의 마음을 집중하여 관심 갖고
보시는 것을 깨닫게 되었습니다.

주님께는 다른 그 어떤 것도 중요하지 않습니다. 그들의 외모, 재산, 학
력, 재능, 그 어떤 것도 중요하지 않습니다. 주님께서는 오직 사람들의 마
음, 주님께 향한 그들의 마음을 관심 갖고 지켜보십니다.

*나의 사랑하는 자가 내게 말하여 이르기를 나의 사랑, 내 어여쁜자야 일어나서 함께
가자 겨울도 지나고 꽃이 피고 새가 노래할 때가 이르렀는데 비둘기의 소리가 우리
땅에 들리는구나 무화과나무에는 푸른 열매가 익었고 포도나무는 꽃을 피워 향기를
토하는구나 나의 사랑, 나의 어여쁜자야 일어나서 함께 가자* 아2:10~13
*너는 나를 도장같이 마음에 품고 도장같이 팔에 두라 사랑은 죽음같이 강하고 질투는
스올 같이 잔인하며 불길같이 일어나니 그 기세가 여호와의 불과 같으니라* 아8:6

기도학교에 오셨던 한 목사님에게 해주신 말씀이 기억에 남았습니다. 그 목사님은 교회를 개척하시기 전에 은사와 능력을 주님께로부터 받기를 원하셔서 기도학교에 나와서 기도하셨습니다, 그 목사님에게 해 주신 주님의 말씀은 저에게 큰 은혜가 되었습니다.

주님께서는 그 목사님에게 "은사와 기적, 능력은 낮은 차원의 것이다 너는 더 높은 차원의 것을 찾으라! 나를 사랑하는 것이 하나님 보시기에 가장 귀한 것이다!" 라고 말씀해 주셨습니다. 저는 사람들을 위해서 기도할 때 주님께서 주시는 말씀이 저에게 크나큰 은혜와 축복이 되었습니다.

세상 그 무엇보다도 귀하신 주님을 사랑하는 것이 주님 보시기에 가장 지혜롭고 복된 것임을 더욱 깨달았습니다. 주님의 마음은 주님께서 주신 말씀을 통해서 알 수 있습니다.

온 우주가 있지만 그 중에 오직 주님께서 주목하시는 것은 바로 당신과 나입니다. 왜 창조주 주님께서 당신과 나에게 이토록 마음을 빼앗기셨는가요? 하나님의 형상을 따라 지으신 피조물 된 당신을 어쩔 수 없이 따르는 노예나 로봇이 아니라, 하나님과 사랑의 관계로 만드시고 하나님의 아들의 목숨주고 사실 만큼 당신을 존중하시고 아끼시고 사랑하시기 때문입니다.

세상 그 어디서 우리가 이와 같은 사랑을 당신이 얻을 수 있고 만날 수 있단 말입니까?

오직 사랑의 주님만이 창조주의 목숨까지 던지셔서 죄악의 결과로 인한 영원한 지옥의 형벌 받을 당신의 죄악을 속량하시고 지옥에서, 천국으로 이끄시고 자신의 목숨으로 당신과 나를 맞바꾸신 것입니다. 주 예수님께서는 사람의 몸을 입고 오신 하나님이십니다.

그 주님께서는 피조물 된 당신을 섬기러 오셨고, 자기 목숨을 당신의 죄 값을 위한 대속물로 친히 값없이 주러 오셨습니다. 주 예수님이 흘리신 핏 값으로, 우리의 죄악으로 인하여 영원히 지옥에 갈 우리가 구원을 얻고, 길이요 진리요 생명 되신 주님을 믿어 죄가 하나도 없는 사람만이 갈 수 있는 영원한 천국에 갈 수 있게 된 것입니다.

예수님이 십자가에서 그 몸이 찢어지고 고통 받고 죽으시자 이에 성소 휘장이 위에서 아래로 찢어졌습니다.

왜 하나님께서는 아들이 죽으시니 성소 휘장을 찢으셨나요? 죄 때문에 하나님께 감히 가까이 갈 수 없었던 우리를 위해, 말씀이신 하나님이 친히 대속물이 되어 주셔서 우리의 모든 허물과 죄와 죄악을 그 핏 값으로 속량하여 주셨기 때문입니다.

과거에는 죄악을 품고서는 대 제사장이라도 거룩하신 하나님 앞에서 죽을 수밖에 없었는데, 예수님께서 십자가에서 그 몸이 찢어지시고 죽어주심으로 우리의 죄로 인해 막혀서 갈 수 없었던 하나님께로 가는 새로운 살 길이 열린 것입니다. 휘장은 아주 질기고 견고하고 통으로 되어 있어서 암수두 겨리의 소로 찢으려 해도 절대 찢어지지 않는 아주 공교하고 두껍게 짠 것입니다. 두껍고 질기고 견고해서 절대로 그냥 찢어질 수 없는 것입니다.

그런데 예수님이 십자가에서 그 육체가 죽으심으로 하나님께서 인류의 죄의 삯을 받으시고 친히 휘장을 찢으시고 길을 열어 놓으셨습니다. 우리는 이제 배짱 있게 담대히 그 피를 밟고 하나님께로 나아가 은혜를 구할 수 있고, 기도할 수 있고, 주님을 만날 수 있는 길이 열린 것입니다. 하나님께서는 아들의 목숨으로 열어 놓으신 피의 제사를 흠향하시고, 그 길을 따라 하나님의 자녀들이 예수님의 이름으로 그 피를 힘입어 회개 기도하면, 모든 죄를 용서해 주시고 그분의 자녀들을 만나 주시고 은혜 베풀어 주시고 사랑으로 복되게 인도해 주십니다. 주님과의 사랑의 길에 있을 때 주님께서는 온 세상의 주님이시기 때문에 하늘의 신령한 것으로, 또 당신의 삶 가운데 필요한 것들로 날마다 채워주시는 신선한 기름 부으심의 은혜를 맛보아 알게 하십니다.

인자가 온 것은 섬김을 받으려 함이 아니라 도리어 섬기려 하고 자기 목숨을 많은 사람의 대속물로 주려함이니라 막10:45

예수께서 다시 크게 소리 지르시고 영혼이 떠나시니라 이에 성소 휘장이 위로부터 아래까지 찢어져 둘이 되고 땅이 진동하며 바위가 터지고 마27:50~51
그러므로 형제들아 우리가 예수의 피를 힘입어 성소에 들어 갈 담력을 얻었나니 그 길은 우리를 위하여 휘장 가운데로 열어 놓으신 새로운 살길이요 휘장은 곧 그의 육체니라 히10:19~20

과거에는 율법을 따라 거의 모든 물건이 피로써 정결케 되었고 피흘림이 없은즉 사함이 없었습니다. 예수님은 한 마리 짐승이 죽은 것처럼 죽어 주신 것이 아닙니다. 자비롭고 흠 없으신 주님께서 거룩하시고 보배로운 보혈을 흘려주심으로 과거 내가 지은 죄와, 현재 거룩하게 살고 죄 짓기 싫지만 연약하여 다시 죄를 짓는 지금 현재 짓는 죄와, 미래에도 하나님의 자녀로서 죄를 짓기 싫지만 어쩔 수 없이 다시 죄를 짓는 우리의 모든 큰 죄, 작은 죄, 누구에게도 말할 수 없는 양심의 숨은 그 부끄러운 죄에 대하여서 까지 영원한 속죄를 이루어 놓으신 것입니다.

- 예수그리스도 보배로운 능력의 피 -

저는 결혼 전 폐결핵에 걸렸습니다. 처음에는 감기 인 줄 알았습니다. 제가 가르치던 학원 앞에 있는 약국에 가서 감기약을 사 먹었습니다. 그런데도 낫지를 않자 기관지약을 줘서 한참을 먹었습니다. 어느 날 퇴근 하는 버스에서 기침이 나와 손수건으로 막았더니 피가 나오더군요. 그때서야 기관지염이 아니라 폐결핵에 걸린 것을 알게 되었습니다. 어린 믿음에도 회개할 죄를 깨닫게 하시고 회개하게 되었습니다. 그리고 학생들이 전염 되지 않았기를 위해 기도했습니다. 지금 생각해도 너무 감사한 일이었습니다. 학생들에게 한 사람도 전염되지 않게 해 주신 은혜가 너무 큽니다. 그때는 제가 교회에 다닌 지 얼마 되지 않았을 때입니다. 아주 초신자 였습니다. 폐결핵 약을 1년을 먹어야 한다고 했습니다. 그런데 한 보름 정도 먹고 나자 피도 안 나오고 기침도 하지 않는 거였어요. 지식이 짧고 경솔하여 저는 제가 젊고 튼튼하여 그 정도로 약을 먹어도 다 나은 것이라고 생각하여 약을 더 이상 먹지 않았어요. 그 겨울이 지나고 다시 봄이 되어 버드나무 잎이 푸르게 막 돋아 날 때였어요. 저는 다시 심한 기침과 함께 각혈을 시작한 거예요.

아이나, 리팜피신, 에탐부톨을 먹었는데 그때에는 이미 약에 대한 내성이 생겨서 약을 먹으면 계속 토하고 아무 약효를 볼 수가 없었어요. 점점 더 나빠져서 양쪽폐가 다 많이 상했습니다.

세란 병원 이전에 있었던 병원이었는데 의사선생님은 너무 상태가 안 좋다고 했습니다. 상당히 심각한 상태 인 것 같았습니다. 숨쉬기도 힘들었거든요. 각혈은 계속했습니다.

잠시 직장도 쉬었어요. 약을 먹으면 토하고 다 버려지니 몸은 점점 더 안 좋아지기만 했어요. 나중에는 움직이기도 힘들고 가슴에 무거운 바위를 올려놓은 것처럼 숨쉬기도 힘들었어요. 양쪽 폐가 다 나빠서 어느 한 쪽을 떼어낼 수술도 못하겠다는 것이었어요. 나중에는 계속 피도 토하였습니다.

그 병원의 원장선생님은 보호자를 불렀어요. 언니가 한참을 원장실 안으로 들어가서 이야기하고 나오더니 활짝 웃으며 말하는 것이었어요. "길숙아 너 공기 좋고 소나무 있는 섬에 가서 보고 싶은 친구들도 보고 한 달만 있으면 다 낫는대" 말을 마치기도 전에 고개를 돌리는 언니의 눈에서 커다란 눈물방울이 뚝뚝 떨어졌습니다.

병원2층의 창문 밑으로 노란색과 분홍색의 옷을 입고 젊은 아가씨들이 사뿐히 걸어 다니는 모습을 보며 저는 하나님께 기도 하였습니다. "하나님 이렇게 일찍 죽는 것이 억울해요! 저 살려 주세요 살려주시면 주님 복음전하며 주님위해 살겠습니다."라고 처음으로 간절히 기도했어요.

제가 다녔던 교회의 목사님께서 저를 부르시더니 신문에 치유집회가 있으니 가보라고 하시더군요. 사실 목사님은 시장에서 나물을 파는 과부집사님의 죽은 아이를 안고기도 할 때 아이가 살아나는 역사도 있었고 이대 졸업반학생이 귀신들려 미쳤을 때도 기도하여 귀신이 떠나가고 그 학생의 정신이 온전하여져서 간증한 일도, 그리고 목사님이 기도해 주시면 하나님께서 많은 사람들의 병을 고쳐 주셨는데 저에게 신천에 있는 그 치유집회 하는 곳으로 가라고 하셨어요.

저는 5월 끝자락에 내복을 입고 그곳에 갔어요. 너무 추워서 잠을 잘 때도 두터운 캐시미어 이불을 덮고 잘 정도로 몸도 극도로 허약해지고 춥고 숨쉬기가 그렇게 힘들어서 한꺼번에 겨우 힘들게 몰아서 쉬었어요.

얼굴이 좀 검은 기독교 방송 아나운서가 통역을 하고 비디오카메라로 찍고 드라마 찍는 것 같은 주황색 조명이 환했습니다. 한국도자기 사장님이

후원해서 잠실 신천에 그때는 자갈밭에 잡초가 우거진 곳에 (지금은 그쯤에 롯데월드가 들어선 엄청 번화한 도시가 되었습니다) 당시로 아주 큰돈을 들여서 아주 튼튼한 건물 같은 천막을 쳤습니다. 아나운서가 통역해 주고 저는 결핵말기라고 하였습니다. 데니스 굿델 목사님은 월남전 참전했는데 폭발물이 터져서 다리 한쪽이 의족 고무다리라고 하였습니다. 그 목사님이 기도해 주시는데 저는 믿음이 와서 하나님께 저를 살려 달라고 기도를 하였어요. 저를 고쳐주시라고요.

　제가 옆쪽 기도 해 주실 때 보았거든요. 시골에서 올라온 한복 입으신 할머니와 어머니와 함께 온 9살 된 남자 아이를요. 그 아이는 눈동자는 있었지만 한 쪽으로 몰아서보고 있었고 눈이 안 보인다고 했어요. 그런데 그 아이가 목사님이 기도해 주실 때 눈이 보인다고 했어요. 처음에는 뭐가 왔다 갔다 하게 보인다고 하더니 목사님이 다시 기도해주니까 아이가 눈을 둥그렇게 뜨며 놀라워하며 주변을 둘러보았어요. 저는 세상에서 웨딩드레스 입은 신부가 가장 예쁘다고 생각했는데 아니었어요. 그 아이가 비록 낡은 옷을 입고 모습은 가엾어 보여도 그 아이의 휘둥그레 눈을 뜨며 세상을 신기한 듯 바라보는 그 모습이 제일 너무너무 예뻤어요. 그 모습을 본 후라 저는 하나님께 간절히 기도하며 목사님의 안수 기도를 받게 되었습니다. 사실 그때까지 제 믿음은 어리고 어린 믿음이었어요. 예수님께서 시각장애자를 고쳐 주시고, 지금의 목사님을 통해서 눈이 안 보이는 그 어린 아이가 보게 되었다면 저도 고쳐 주실 수 있으리라는 믿음이 생겼습니다. 목사님이 기도해 주실 때 얼굴이 약간 검은 기독교 방송 아나운서가 통역을 해 주셨어요. 저는 폐결핵 말기라고 했어요. 목사님은 단지 "예수의 이름으로"라고만 하시고 머리를 잠깐 짚어 안수해 주셨어요. 30초도 안 되었을 거예요.

　목사님의 기도가 끝나고 조금 후에 어깨로부터 배 부분까지 천천히 뜨겁진 않지만 물보다는 질감이 무겁게 느껴지는 것이 부드럽게 몇 줄기가 흘러내렸어요. 아주 천천히요 그러더니 온 가슴에 다 퍼져나가더군요 마치 물감이 천천히 퍼지는 것같이 흘렀어요.

저는 내복 속으로 손을 넣어 만져 보았어요. 그 질감이 너무 현실적으로 느껴졌어요. 그런데 아무것도 만져지지 않는 거예요. 계속 퍼져나가 흐르고 있음을 내가 느끼는데도 아무것도 내 손에 만져 지는 것은 없었어요. 조금 있으니까 등 뒤에서 똑같이 몇 줄기의 물 보다는 우유처럼 약간 묵직한 질감의 조금의 온기가 느껴지는 액체가 천천히 흘러 내렸어요. 그리고는 온 등을 허리까지 가득 퍼져나가 감싸고 있었어요.

제가 잘 모르니까 그땐 예수님의 보혈을 생각하지 못했어요. 집사님이라는 직분이 있는 것도 잘 모를 때였으니 옆에 있는 분에게 말했어요. "아주머니 아까 목사님이 기도해주시니까 이런 일이 일어났어요." 하고 이야기하니까 그분이 그러셨어요. 하나님의 은혜가 임했다고 했습니다. 병을 고쳐 주실 것이라고 했어요. 너무도 따뜻하게 감싸주는 그 느낌이 너무 좋았습니다.

시골에서는 당시 어머니들이 바쁘셔서 요즈음의 어머니들처럼 꼭 안아주고 사랑한다고 그런 말은 안하셨거든요. 어릴 때 엄마 품에 안긴 것보다도 더 좋은, 걱정이 다 사라지고 평안한 마음만 가득했어요. 저는 하나님께 너무너무 감사하다고 말씀드렸어요. 주님을 위해 살고 싶다고 말씀드리고요. 그때 제게 있는 약간의 돈도 다 헌금하였어요. 저는 그전에는 하나님의 은혜를 잘 모르니 헌금에 대해서 인색한 사람이었어요.

그때부터였어요. 제가 숨을 쉬는 것이 너무도 편안한 거예요. 평소 숨을 쉬기가 너무 많이 힘들었었거든요. 그 이후로 각혈도 안하고 가슴도 너무 편안해 져서 목사님께 말씀드렸더니 간증을 하라고 했어요.

　간증을 어떻게 하는 건지 잘 몰라서 그냥 목사님 말씀에 순종하여 가르쳐 주신대로 그곳에 가서 목사님 안수 받았더니 무슨 물 같은 것이 쭉 쭉 흐르더니 나았습니다. 라고 하였어요. 그동안 먹었던 약도 쓰레기통에 다 버리고요. 그렇게 괜찮았는데 얼마가 지나자 다시 기침이 나오고 피가 나오는 거예요. 숨쉬기는 괜찮았습니다. 저는 상태가 다시 안 좋아 지자 일 할 수가 없었어요. 쉬는 시간에 저는 교회에 가서 기도만 했어요. 예배를 틈 날 때마다 많이 드렸고 교회에 대해서도 알아가기 시작하였습니다. 그러면서도 날마다 하나님께 따지는 기도를 하였습니다. "하나님 저번에 목사님이 기도해 주실 때 고쳐주셨는데 저 왜 다시 아픈거예요?" 어느 날은 "하나님 저 빨리 다시 낫게 해주세요. 하나님이 한번 고쳐주셨으면 그냥 고쳐주시는 거지 사람도 안 그래요. 하나님이 왜 고쳐 주셔놓고 다시 아프게 하신 거예요 저를 고쳐주세요" 하며 어리석은 저는 하나님께 투정을 부리기만 하였습니다. 그런데 어느 날 기도하러 교회에 가는데 하나님이 좋으신 분이신데 왜 이러실까하며 생각하였습니다. 가파른 언덕길을 힘들게 올라갔습니다. 다른 사람들은 5분이면 갈 길을 저는 쉬다가 걷다가 쉬다가 걸어서 20분가량 시간이 걸렸어요. 안타까운 마음으로 지나온 인생을 돌아보며 죄를 회개하는 마음으로 겸손하게 여쭤보았습니다. "하나님 그럼 제 가슴과 등에 쭉쭉 흐른 그 물은 뭐예요? 저 그것 흐르고 나서 나았잖아요!" 하고 말씀드렸어요. 그러자 즉시로 제가 힘들어 기대어 쉬고 있던 전신주 위에서 소리가 들려 왔습니다.

" 나의 피니라 "
" 나의 피니라 "

아무도 없는 그 공중에서 두 번의 온후한 음성이 들려오는 것이었습니다. 저는 그때 깜짝 놀랐어요. 하나님의 음성을 들었다는 것보다는 2천년전에 하나님의 독생자 아들 예수님께서 십자가에서 내 죄를 다 뒤집어쓰시고 죽으셨다는 이야기를 들었는데 그것이 사실이네! 하고 놀랐습니다. 그럼 그때 예수님의 흘린 피가 지금도 흐른다면 예수님은 진짜 살아계시고 전능하신 하나님이고 나는 다 나았다! 하는 생각이 들어서 예수님을 믿고 약을 다 버렸습니다. 그 이후로 지금까지 저는 폐결핵에 걸리지 않고 건강합니다.

너무 작은 자까지도 돌아보시는 오직 크신 사랑의 하나님의 은혜이시지요. 그전에 제가 죽었다면 저는 교회에는 다니고, 헌금을 하고, 봉사도하고 예배에는 참석했지만, 예수님을 믿는 믿음이 없었기에 주님과는 상관없는 사람이 되어서 생명책에 제 이름이 기록되지 못했고 지옥에 갔을 것입니다.

* 너희가 알거니와 너희 조상이 물려 준 헛된 행실에서 대속함을 받은 것은 은이나 금 같이 없어 질 것으로 된 것이 아니요 오직 흠 없고 점 없는 어린 양 같은 그리스도의 보배로운 피로 된 것이니라* 벧전1:18~19

그는 우리 죄를 위한 화목제물이니 우리만 위할 뿐아니요 온 세상의 죄를 위하심이라
요일2:2

영접하는 자 곧 그 이름을 믿는 자들에게는 하나님의 자녀가 되는 권세를 주셨으니 이는 혈통으로나 육정으로나 사람의 뜻으로 나지 아니하고 오직 하나님께로부터 난 자들이니라 요1:12~13

*하나님의 아들을 믿는 자는 자기 안에 증거가 있고 하나님을 믿지 아니하는자는 하나님을 거짓말하는 자로 만드나니 이는 하나님께서 그 아들에 대하여 증언하신 증거를 믿지 아니하였음이라 또 증거는 이것이니 하나님이 우리에게 영생을 주신 것과 이 생명이 그의 아들 안에 있는 그것이니라
아들이 있는 자에게는 생명이 있고 하나님의 아들이 없는 자에게는 생명이 없느니라*
요일5:10~12

예수님께서 병자를 고쳐주시면서 간절하게 원하시는 것이 있으십니다.

주님의 3대 사역은 성경에 많이 기록되어 있지만 가르치는 사역을 하셨습니다. 병 고치는 사역을 하심을 볼 수 있습니다. 복음전파의 사역을 볼 수 있습니다. 주님께서는 병을 고쳐줌으로써 그들을 통해서 믿지 않는 영혼들을 구원하시기 위한 선하신 목적이 있음을 생각해 봅니다. 그래서 저는 사람들을 위해기도하기 전에 주님께서 병을 고쳐 주셨을 때 어떻게 해야 하는 지를 반복하여 말씀드립니다. 그들이 듣든지 아니 듣든지 그들을 치유해 주신 주님의 뜻을 좇아 하나님께서 자신들에게 행하신 놀라우신 기적들을 간증하며 복음을 전하기를 반복하여 전합니다.

인생가운데 3번이나 핑계하며 이유를 대어 신유사역을 나중에 순종하겠다고 주님께 말씀드린 이 사모님은 남편의 은퇴 후에도 부르셨으나 다시 신유사역자로 부르신 주님의 뜻을 행하기를 원하지 않았던 것 같습니다.

그분의 기도 제목은 오직 자녀들의 행복과 이 땅에서의 잘됨이었습니다. 얼굴에 암이 커져 갈 때도 주님의 뜻에 굴복하지 않고 회개하고 순종으로 돌아서면 고쳐주시고 신유은사 주셔서 수많은 영혼들을 살리실 하나님의 뜻을 알면서도 저에게서 기도 받고 쉽게 고침 받을 생각만 하니 나귀를 사용하셔서도 말씀하시는 주님께서 어리석고 무능한 저에게 그렇게 평소 제 성품과는 다른 말을 하게 하신 것이지요.

그 분은 돌아와 회개하며 순종하셨더라면 복 주셔서 은사와 능력 주시어 귀하게 쓰시고 그로 인하여 수많은 영혼들을 살리고 주님께로 인도 하였을 텐데 하나님께서 그분에게 원하시지 않는 사람의 방법으로만 나가다가 그후 참 어려운 고통을 많이 겪으시게 되셨습니다. 저도 너무도 마음이 아프고 힘들었습니다. 결국 임종 앞에서 회개하시고 소천 하시게 되었습니다.

우리는 주님께서 값으로 사셨습니다.

우리는 그의 만드신 바라 그리스도 예수 안에서 선한 일을 위하여 지으심을 받은 자니 이 일은 하나님이 전에 예비하사 우리로 그 가운데서 행하게 하려 하심이니라 엡2:10

그러므로 우리가 그의 죽으심과 합하여 세례를 받음으로 그와 함께 장사되었나니 이는 아버지의 영광으로 말미암아 그리스도를 죽은 자 가운데서 살리심과 같이 우리로 새 생명 가운데서 행하게 하려 함이니라 롬6:4

우리가 이 세상의 즐거움과 가족과 행복과 돈과 명예와 권세와 그 모든 세상 것을 가졌다 하더라도 우리가 우리의 생명의 근원 되시는, 생명이신 주님을 놓치게 된다면 우리의 인생을 마치고 영원한 몸을 입을 때 이와 같이 우매한 사람이 없을 것입니다. 영원한 안식을 누리지 못 할 것입니다. 그것은 마치 빵을 만드는 제빵사가 밀가루를 가지지 않고 빵을 만들려고 반죽기 앞에 서 있는 것과 같은 것입니다. 주님 없이 인생의 목표를 이뤘다 해도 그것은 휴지조각에 불과합니다. 주님이 없으면 우리는 그분 없이는 아무것도 아님을 깨닫고, 이 세상 그 무엇보다도 오직 주님만을 구하는 사랑과 지혜를 가져야 하지 않을까 생각합니다. 주님께서는 오직 신부된 당신의 마음을 원하고 계십니다!

주님께서는 우리의 행복을 위하여 우리에게 말씀을 주십니다. 들으면 사는 그 말씀에 순종하는 자는 예비 된 축복 가운데 평강을 누리며 감사의 찬송을 올리는 삶을 살게 됩니다. 인생가운데 많은 어려운 일이 생기더라도 능히 헤쳐 나가고 넉넉히 이길 수 있도록 성령님께서 지혜와 힘과 담대함과 돕는 사람들을 붙여 주십니다. 그러나 많은 사람들은 순종의 삶을 살지 못 합니다. 왜 그럴까요? 들으면 사는 그 자녀의 축복을 위해 말씀하신 그 길을 우리는 왜 갈 수 없는 것일까요? 당신은 당신의 삶에 나타나는 불순종에 대해 말씀을 하실 수 이유는 단 하나입니다!

그것은 제에게도 나타나는데 불시로 내 삶을 터트리고 나오는 자기 사랑인 것입니다. 저는 이미 죽었다고 생각한 자기 사랑, 그럼에도 저는 삶에서 내가 최우선이 되는 순간 순간을 목도합니다. 그렇습니다. 십자가에서 옛 사람을 이미 못 박았다고 생각했는데 어느 한 순간 내 자아가 살아나고 내 안에 부활하신 예수님으로 살지 못하는 저를 목도하며 저는 몹시도 안타깝고 때로는 망연자실할 때가 있었습니다. 많은 사람들의 칭찬에도 불구하고 저는 저의 실체를 압니다. 주님께서 알게 하신 내 실체는 참으로 참담함 그 자체입니다. 나는 죄인 중에 더욱 악질 죄인이라는 것을 느낍니다. 나는 나를 변명할 수가 없습니다. 저는 누구를 나무라고 누구를 정죄할 수 없게 나 자신이 최고의 죄인 됨을 보게 해 주신 주님께 오늘도 기뻐하며 감사와 찬양과 영광을 올려 드립니다. 나로서는 안 됩니다!

나로서는 도저히 아무것도 할 수 없음을 압니다.

그래서 주님께서 이 땅에 오실 수밖에 없으셨던 것입니다. 나는 그 주님을 의지하여 날마다 주님께로 나아갑니다. 수! 시! 로!

날마다 저는 달려갑니다. 아버지의 품으로 나의 죄를 사단이 고자질하기 전에 내가 먼저 은혜의 아버지 품으로 달려가서 나의 연약함, 죄, 숨은 부끄러운 그 죄를 고백합니다. 죄악을 내안에 품고 사는 것은 나에게 견딜 수 없는 아픔과 고통이 됩니다. 저는 저를 견딜 수 없습니다.

어린 아이들은 다른 사람 앞에서는 얌전하다가도 엄마가 오면 자신의 감정을 다 드러내며 울고 칭얼대고 때로 때도 씁니다. 왜 그럴까요? 그들은 그들이 어린 아이임에도 본능적으로 알고 있습니다. 엄마의 따스하고 그들을 받아주는 절대적인 사랑을 느끼고 신뢰할 수 있는 거지요.

어느 날 아들이 대단한 것 봤다고 보여 주더군요.

거기에는 어린 사자가 아빠사자와 놀면서 아빠사자의 뺨을 때리는 모습이 나와 있었습니다. 또 엄마 호랑이와 새끼 호랑이가 같이 물을 먹는데 새끼 호랑이가 자기가 먼저 물을 먹겠다고 엄마 호랑이의 **뺨**을 때리는 장면이 나와 있었습니다. 동물들의 왕이라고 하는 사자와 호랑이의 **뺨**을 감히 때릴 수 있는, 그리고도 아무 해도 당하지 않는 것은 그들이 낳은 그들이 끔찍이도 사랑하는 새끼들이기 때문에 가능한 것이었어요!

저는 또한 온 세상의 가장 위대하신 왕의 약점을 잘 아는 그분의 자녀입니다. 저는 만물을 창조하시고 다스리시는 우리의 왕 되신 온 세계의 주 하나님의 단 한 가지 치명적인 약점을 잘 알고 있습니다.

그분의 약점은 바로 당신과 나인 것입니다!

창조주의 가슴 저리는 단 한 가지 아킬레스건은 바로 당신인 것입니다!

당신을 향한 그 사랑이, 당신을 사랑하는 그 넘치는 사랑이 그분에게는 엄청난 약점인 것이죠. 그래서 하나님은 독생자 아들 예수님을 이 땅에 보내셨고, 예수님은 당신에 대한 그 사랑 때문에 십자가에서 처절하게 찢기시고 죽어 주시기를 자원하신 것입니다.

창조주의 거룩하신 보배피로 구원받은 귀한 자녀이기에 성령하나님은 지금도 당신 안에서 탄식하며 당신을 위해 친히 간구해 주시는 것입니다!

당신을 사랑하기로 작정하신 하나님께서는 바로 마귀를 위하여 예비해 놓은 그 지옥에 갈 당신의 죄 때문에, 그 참혹한 지옥에 갈 당신 때문에 아파하시고 대신 온갖 수치와 능욕을 받으시고, 저주받고 고난 받고 죽으시고 당신의 모든 죄를 십자가에서 담당하셨던 것입니다.

바로 당신을 최고의 축복의 나라인 하나님 아버지께로 데려가시기 위해 오신 것입니다.

- 골고다 언덕의 예수님과 그 보혈 -

저녁 기도학교 시간이었습니다. 예배 전에 찬송가를 4곡정도 부르고 사도신경하고 통성기도하고 말씀을 전하는데 그 날은 찬송가중 보혈 찬송가를 부르고 있었을 때였습니다. 갑자기 주님께서 저의 눈을 열어 주셨습니다.

예수님이 십자가에 달리신 모습을 보여 주시는데 너무 충격적인 모습이 보였습니다. 강대상 왼쪽으로 보이는 모습은 큰 그림책에 나오는 모습처럼 실질적인 모습보다 작게 보였는데 십자가에 달리신 예수님의 몸은 완전히 핏기가 전부 다 사라진 창백한 모습이었어요.

그리고 그 십자가 나무 맨 밑으로 흘려지신 피가 보이는데 우리가 평소 주일학교 어린이 예배 때 사용되어지는 그림과는 너무나도 다른, 페인트 통을 쏟아 놓은 듯, 피가 그곳에 가득히 쏟아져 흘러 고여 있었어요.

저는 너무도 충격을 받아 그 모습을 보며 찬송을 할 수가 없었어요. 아주 큰 충격을 받아 말을 할 수가 없었고 눈물만 계속 흘러나왔습니다. 그날 저는 찬송시간 내내 찬송을 하지 못하고 울고만 있었어요. 가슴이 찢어지는 듯 아픔이 밀려 왔어요. 얼마나 큰 고통이 있음을 아시고도 주님의 순종하심이 마음에 박혀 와서 서 있기도 힘들었어요. 열두 영도 더 되는 천사들을 부르셔서 십자가상에서 내려오시고 로마 군인들과 대적들을 다 없애버리실 수도 있으셨습니다. 하지만 그렇게 하면 하나님의 말씀을 이루어서 당신과 나를 온 인류를 저희의 죄에서 구원하실 수 없으심을 아시기에 죄가 하나도 없으신 하나님의 아들 예수그리스도께서 온 인류의 죄를 친히 담당하시고 다 덮어쓰시고 죽어주셨습니다.

죄 없으신 주 예수님께서 우리의 모든 죄를 다 뒤집어쓰시고 대신 죽어

주시지 않는다면 모든 인류에게는 소망이 없고 자신들의 죄 때문에 그 죄 값으로 인하여 영원한 지옥의 형벌이 기다리고 있다는 것을 아시기에 자신을 대적하는 사람들을 구원하시기 위해서 주님께서는 아버지하나님이 주시는 쓴 죽음의 고통의 잔을 다 마신 것입니다.

그 큰 고통을 다 담당하신 인류의 그 큰 죄들을 다 담당하신 주님의 그 크신 은혜를 어떻게 다 감사할 수 있는지요!

날마다 그 은혜를 감사하며 주님을 기쁘시게 할 것이 무엇인지 찾아 그 은혜를 감히 날마다 갚으며 사는 우리가 되어야 할 것을 깨닫습니다. 어릴 때 저는 이 하나님의 사랑을 잘 알지 못해 자궁했습니다. 세상 모든 것을 가진 것 같았습니다. 그런데 그것이 감사로 찬양으로 하나님께 대한 헌신과 영광 돌리는 것으로 열매 맺지 못하고 어떤 특권의식으로 이스라엘 백성의 선민사상 같은 나를 위한 하나님으로 잘못 생각하고 하나님을 이용하는 얼치기 신앙인으로 살았습니다. 남보다 잘 믿는 줄 알았는데 얼마나 하나님의 마음을 아프게 하며 살았는지요! 하나님의 바다보다 하늘보다 온 우주보다도 더 넓으신 그 사랑의 품으로 인해, 저는 그 긍휼하신 넓으신 하나님의 자비 때문에 제가 죽지 않고 살았습니다. 예수님의 마음은 사랑이십니다.

우리는 자녀를 양육하면서 아버지 하나님의 교훈을 더욱 더 잘 이해하게 됩니다. 이것을 믿어 알게 된 사람은 예수님의 그 사랑에 가슴벅차하며 감격하여 우리의 전 삶을 주님께 드리는 것입니다. 주님의 그 사랑을 믿고 구원 받아 천국 백성 된 당신과 나에게 이제 주님은 요구하십니다. 그 천국백성 된 삶을 살기를요.

"거룩 하라"
"내가 거룩하니 너희도 거룩하라"

구원받은 하나님의 자녀 된 하나님의 백성은 자신의 위치와 그 존귀한 신분을 자각하고 살아야만 합니다.

비록 아이라도 그 동작으로 자기의 품행의 청결하며 정직한 여부를 나타내느니라
잠 20:11

우리 그리스도인들의 삶이 그리스도의 향기를 풍기는 넉넉한 관용의 사람 되기를 소원합니다. 풍랑의 위경 중에도 주를 의지함으로 자신도 서고 남들에게도 생명의 빛을 비춰주는 축복의 사람, 생명의 통로로 부름 받고 세움을 받은 하나님의 자녀가 바로 당신과 나인 것입니다.

예수그리스도를 믿음으로 하늘나라 시민 된 우리는, 세상 가운데 살면서도 온 세상을 창조하시고 다스리시는 하나님의 자녀 된 신분의 존귀함과 그 권세를 잊지 말고 하나님의 왕자로서 의연한 삶의 자세를 견지해야 될 줄 압니다. 우리가 성령 안에서 말씀을 붙잡을 때 우리는 승리할 수 있습니다. 말씀이 우리가 나아갈 빛이 되시고 길이 되어주시고 바른 길로 인도해 주십니다. 성령님께서는 그때그때 하나님의 백성에게 필요한 말씀을 생각나게 하시고 우리의 갈 길을 지도하십니다. 주님을 의지함으로 우리는 능히 세상을 이기고, 죄악을 이기고, 마귀를 이기고, 자기 자신을 이기고, 하나님의 자녀로 그 존귀함을 나타내며 의연히 설 수 있는 것입니다.

- 앗 뜨거워라! 군산 청년 -

전주에 있는 중년의 심방 전도사님이 우리 교회에 와서 큰 은혜를 받고 마음의 고통의 문제를 하나님께서 치료해 주셨음으로 큰 평강과 은혜를 경험하게 되었습니다. 그 전도사님은 군산의 아는 권사님과 그 아들과 함께 2주 뒤쯤 다시 찾아 왔습니다. 그 어머니권사님을 보니 사람 꼴이 말이 아니었습니다. 너무 마르고 삶에 아무 희망도 없는 사람처럼 걷는 것조차 너무 한발 한발이 힘들어 보였어요. 마음에 깊은 상심이 있음이 보였어요. 아들은 20대 후반 같이 보였습니다. 같이 예배드리고 나서 기도하는데 그 아들에게 심각한 문제가 있음을 말해 주셨습니다. 그 하나밖에 없는 그 아들은 교회도 다니고 예수님도 믿고 있는데 아버지가 사업체를 해서 같이 일하고 있다고 하였습니다. 문제는 이 아들이 착하고 순진하였는데 어떤 경로로 인지 도박을 배워서 날마다 그렇게 말려도 도박장으로 향한다는 것이었습니다. 아무리 혼내고 말려도 안 된다고 하였어요. 예수님도 믿는다는 이 청년을 위해서 기도 해 줄 때 주님께서는 너무도 간단하게 말씀하셨습니다.

"앞으로 다시 한 번만이라도 도박장에 간다면 발을 썩게 만들고, 패혈증으로 죽게 하겠다."고 하셨어요. 평소에 이렇게 말씀하시는 경우를 못 보았는데 간단하고 명료하게 무섭게 단호하게 말씀해 주셨어요. 그 아들은 착하게 보였어요. 주님께서 제 입을 통해 말씀을 전하실 때 엄청 하나님의 위엄이 느껴졌어요. 그 청년이 말씀을 듣고 눈은 놀라고 손은 벌벌 떨고 있었어요. 그 아들은 가면서 몸을 조신하게 움직이며 감사헌금을 하고 돌아갔어요. 그 어머니 권사님에게 주님께서는 크신 은혜로 말씀해 주시고 평강과 힘을 더하셨어요. 평소 아들 때문에 마음에 기쁨이 없고 고통과 긴장 가운데 소망이 없이 살던 이 권사님은 마음에 큰 평강을 느끼고 기뻐하며 저에게 가지고온 고추장을 선물로 주시고 교회에 오실 때와 완전히 다르게 발걸음도 가볍게 가셨습니다. 제가 "주님! 파는 시판 고추장말고요. 고추장 주님 직접 담은 고추장 먹고 싶어요." 했거든요. 주님께서는 자녀의 말 하나 하나도 소원 하나 하나도 흘려듣지를 않으시는 너무도 고마우신 아버지 하나님이셔요.

그 이후로 그 아들은 완전히 도박장 근처에도 가지 않는다고 들었습니다. 그 고통가운데 힘드시던 권사님은 살도 많이 오르고 기쁘게 신앙 생활하신다는 것을 들었습니다. 할렐루야! 모든 것이 다 하나님께서 하신 것이지요. 연약하고 죄가 많고 부족하기가 한량없는 저를 주님께서 사용하시고 나귀처럼 써주시니 오직 감사할 뿐입니다. 주님께서 주신 은사를 통해 고통 가운데 있는 많은 하나님의 자녀들을 도울 수 있게 하시니 너무너무 감사합니다. 그래서 저에게는 늘 기쁨과 행복이 넘쳐서 사람들이 저를 만나면 행복해져서 돌아가도록 주님께서 은혜를 많이 베푸셨습니다. 그렇다고 주님께서는 저에게 모든 것을 맡기시지는 않습니다. 아마 제가 어리고 연약하고 믿음도 좀 부족해서 인 것 같습니다. 때로는 그 문제를 가지고 오신 성도님을 제가 아니라 그 교회의 하나님의 종 되신 목사님께서 직접 기도해 주실 때 주님께서는 문제를 해결해 주시기를 원하시는 것을 이 작은 머리로 깨닫게 하십니다. 저는 주님께서 그것을 알게 하실 때 우리 교회로 오시지 말고 본 교회 목사님에게 가서 상담하시고, 기도 받고 지도하심에 따르시라고 말씀드립니다. 그 성도를 가장 사랑하시고 기도해 주시고 아시는 분은 당연히 담임 목사님과 목회자분들이심이 자명한 사실입니다.

저는 특별한 일이 없는 한 우리 교회를 떠나지 않고 예배와 기도를 드립니다. 저희 목사님의 방침이 그렇습니다. 다른 교회 성도들을 찾아가서 기도해 드리지 않습니다. 저는 주님께서 세우신 질서에 순종하기를 기뻐합니다. 먼저 목사님을 세우셨으니 목사님께 지도 받고 가서 한 성도 한 성도를 돕는 사역을 합니다. 저는 목사님의 지도를 받습니다. 주님께서 세우신 주의 종은 하나님께서 특별한 통찰력을 주신 것을 압니다. 또한 주님께서 늘 주님을 의지하고 말씀연구와 기도로 주님의 뜻을 구하는 목사님에게 지혜와 성령 충만함을 주셔서 어리석고 무능한 저를 잘 가르치시고 잘 인도해 주시니 저는 너무 기쁩니다. 늘 든든하게 저의 사역을 지지해 주시고 말씀으로 기도로 잘 인도해 주시니 얼마나 제가 힘이 나는지 몰라요. 학교 교장선생님이 모든 반에 들어가서 수업하시며 가르치시는 것이 아니잖아요. 교장선생님은 지시하시고 저는 작은 담임이 되어 사람들을 돕기를 기뻐합니다. 생각만 해도 너무 감사드립니다. 어찌 저 같이 미련하고 어리석고 연약한 죄인을 사용하시는지 생각만 해도 콧날이 시큰하고 늘 감사로 목이 멥니다.

저는 아침마다 외칩니다.

"주님 오늘도 주의 성령님을 통하여 저를 사용하소서! 성령의 기름 부음심을 충만하게 주시어 가난한 자에게 아름다운 소식을 전하게 하여주시고 나를 보내셔서 마음이 상한 자를 고치며 포로 된 자에게 자유를, 갇힌 자에게 놓임을 선포하게 하소서! 사단에게 묶인 자들을 도와 예수이름의 권세 아래 자유를 회복하게 하소서!" 많은 사람들이 들어올 때는 슬픔의 재를 가득 뒤집어쓰고 오는데 돌아갈 때는 주 예수 그리스도 생명 되신 주님으로 인하여 기뻐하며 주님께 영광 돌리며 주님을 찬송하며 돌아갑니다. 오늘도 하나님의 영광이 강하게 나타나는 날이 되어서 주님 영광 받으시고 사람들을 살리시니 너무 감사 합니다.

저는 그들에게 꼭꼭 당부합니다. 부디 본 교회에 돌아가서서 이전보다도 더욱 더 목사님을 도와 그 지시하심을 잘 듣고 주 안에서 순종하며 남들이 싫어하는 그 일들을 하며 헌신하고 충성하시라고요.

성경말씀과 기도를 되도록 같은 분량으로 하시라고요. 주님께서는 우리가 무엇으로 이 땅에서 심든지 다 그대로 이 땅에서 백배 그 나라에서 주시는 상급이 있으니 무엇으로 심었는지 그대로 넘치게 후히 갚아 주시니까 오직 주님 기쁘시게 해 드리기를 힘쓰시는 것이 최고로 지혜로운 것이라고 말씀드립니다.

세상 사람들이 얻기 위해서 속이고, 도적질하고 살인하는 그 모든 것들은 눈에 보이는 육에 속한 것들이 대부분입니다. 그러나 하나님의 백성들이 사도 바울이 화장실의 배설물처럼 버려졌던 것들로 싸우고, 시기하고, 미워하며, 고통당하는 것은 사단에게 속아 영원한 나라를 생각하지도 바라지도 못하기 때문에 생기는 일이고 행하는 일인 것입니다. 때로는 자신이 어떠한 존귀한 예수그리스도 하나님의 자녀 된 권능의 예수이름을 사용할 수 있는 권능의 사람, 능력의 사람인지를 모르고 사단에게 속아 매어서 고통당하는 하나님의 사람들도 많이 있습니다.

예수님 이름의 권세는 어마 어마합니다.

온 세상을 창조하시고 다스리시고 섭리하시는 창조의 능력의 기적을 행하시는 그 이름을 하나님의 자녀들이 많이 자주 늘 사용하여 우리의 삶에 기생하여 축이 나게 하고 고통과 곤고와 시름을 안겨 주는 사단 마귀 귀신을 물리치고 승리해야 합니다. 주님께 사랑받으시는 당신도 예수님의 십자가 지심으로 승리하시고 우리에게 주어진 예수이름의 하늘 권세를 부지런히 사용하시기 바랍니다. 주님께서는 우리가 대적에게 탈취 당한 것들을 예수님 이름으로 다시 빼앗아 회복하며 늘 승리하는 복의 사람, 능력의 사람들이 되기를 간절히 원하십니다.

당신도 나와 함께 날마다 성령 안에서 기도함으로 주님의 능력과 그 은혜를 힘입어 그 존귀하신 이름에 합당하신 영광을 날마다 주님께 올려 드립시다.

- 드디어 현관문을 나섰다! -

살리시는 하나님께서는 매일 매일 날마다 축복된 일들을 행하십니다.

공황 장애를 깊이 앓고 있던 한 집사님을 그의 어머니와 전도사님이 데리고 왔습니다. 얼굴을 숙이고 있는 남자집사님은 가장으로서 한참 자녀들을 양육해야 할 젊은 나이에 공황장애를 앓고 있다고 하셨습니다. 7년 동안 아파트 현관문을 나선 적이 없었다고 하셨어요.

그런데 그 어머니가 신뢰 하는 충성된 전도사님이 우리 교회에서 큰 은혜를 받고 그 가정의 고통을 잘 알고 있어서 우리 교회로 인도해 오셨다고 하셨어요. 공황장애를 앓고 있던 그 남자 집사님으로서는 주님을 의지하여 엄청난 용기를 낸 것입니다.

그 집사님은 어릴 때부터 특별히 공부를 아주 잘 하였다고 하였습니다. 미국에서 MBA를 하고 한국에 돌아와서 모두들 알아주는 대기업에서 근무하던 중 공황장애를 앓게 되었다고 하였습니다. 당장 아이들이 자라서 학교에 가는데 생활을 하여야 됨으로 아내가 직장에 다녀서 가정을 꾸려가고 있다고 했습니다. 아내도 박사라고 하였어요. 예배드리고 나서 기도를 하였습니다.

성령 하나님께서 뜨거운 은혜를 부어 주셨어요. 예언을 하게 하시는데 전하는 저에게도 큰 은혜가 되었습니다. 사람들을 살리시는 일에 저를 사용하시니 저도 그분들 기도해 줄 때마다 날마다 큰 은혜를 받습니다. 어리석고 무능한 저를 주님의 통로로 수도파이프로 사용하셔서 주님의 보혈로 구원하신 귀하고 복된 주님의 자녀들을 돕게 하시니 생각할수록 감당치 못할 큰 은혜를 입었음을 깨닫게 하십니다.

그 집사님을 위하여 기도 할 때 주님께서는 저의 손을 그 집사님의 머리위 공중에 펴게 하시고 기도시키셨습니다.

저는 목사님이 아니기에 절대 머리에 손을 얹는다거나 하지는 않습니다. 성령하나님께서 감동 주시는 대로 그때그때 신중하고 예민하게 따르며 순종합니다. 저는 하나님께서 사람들을 보내심을 압니다.

또한 성도 한분 한분이 예수그리스도의 보배피로 사신 귀한 하나님의 자녀임을 알기에 조심에 조심을 합니다. 저에게는 아무 능력이 없습니다. 저에게는 아무 지혜도 없습니다. 저는 연약하고 무능하고 어리석습니다. 작고 깨지기 쉬운 질그릇임을 알기에, 저의 무능과 연약함과 죄악을 알기에, 오직 주님께로만 눈을 돌리고 시선을 고정하여 주님께서 일하심만 앙망합니다. 그 집사님을 위해기도 드릴 때 손에서 뜨거운 불이 나가는 것을 느꼈습니다. 하얗고 생기 없던 그 집사님의 얼굴이 빨갛게 혈색이 돌고 뜨거워지는 것을 볼 수가 있었습니다. 그렇게 두 번 그 집사님은 우리 교회에 왔고 세 번째 왔을 때 저는 그분이 다 나은 것을 보았습니다.

예수그리스도 보혈의 능력은 너무 크신 것입니다.

그 집사님의 어머니가 말했습니다. "나는 처음에 아들이 기도 받을 때부터 살 줄 알았어요. 아들이 기도 받을 때 얼굴이 빨게지더라구요 평소에 하얗고 혈색이 없었는데 기도 받는 모습보고 이제 우리 아들은 살았다 싶더라구요. 하나님 감사합니다."

주님께서는 그 아들이 두 번째 왔을 때 다 고치신 것이 틀림없는 것 같았습니다. 그 아들에게 들으면 사는 믿음의 말씀을 전해 주시려고 더 와서 은혜 받게 하신 것입니다. 그 아들은 자신은 너무 좋고 이젠 무섭지 않다고 하였습니다. 그리고 이제 직장도 찾아 일을 하겠다고 했습니다.

얼마 후 그 집사님은 누이동생을 위하여 기도 부탁하려고 왔는데 살이 많이 쩌 있었어요. 처음에는 몹시 여위고 파리했었는데요. 그래서 제가 웃으며 말했습니다. "집사님 살이 많이 찌셨네요 어떻게 이렇게 됐어요?" 하며 기쁘게 물었습니다. 그랬더니 이 집사님이 말하기를 기도 받고 난 뒤 너무나 기쁘고 밥맛이 좋아서 밥을 많이 먹었다고 했어요. 그리고 직장도 구해서 새로 나가게 되었다고 하였습니다.

주님 안에서 한 형제 자매된 그 집사님을 주님께서 건강하게 해 주시고 사단의 올무에서 자유하게 해 주시니 너무 기뻐 주님을 찬양하며 막 크게 웃었습니다. 저는 이 집사님이 사단의 올무에서 자유하게 해 주신 주님의 은혜를 한 평생 잊지 않으며 하나님을 기쁘시게 해드리는 주님을 간증하며 영광 돌리며 감사하며 사는 인생 되시기를 축복하고 또 축복하며 기도했습니다.

- 일으켜 세워 주시는 하나님 -

미국에서 고등학교를 다니다가 온 남학생이 있었습니다. 그의 부모는 한국의 큰 기업의 임직원이었는데 이 아들의 일로 말미암아 인생이 너무 큰 고통과 아픔이 있었습니다. 이 아들이 미국에서 학교 다니면서 어떤 아픔이 있었는지 한국에 돌아와 학원에 다니면서 영어 공부도 더하고 채워야 할 부분들이 많이 있는데 도통 밖에 나가지를 못하는 거였어요. 용산의 높은 아파트였는데 도무지 아들이 밖을 나가지를 못하는 거예요. 할 것은 많은데 아들은 그냥 한낮에도 침대에만 누워 있었어요. 아무리 무슨 말을 한다고 해도 듣지를 않고 잠만 잔다고 하며 누워만 있었습니다. 우리교회에서 놀라운 일들이 일어나고 있는 하나님의 기적을 체험하고 보신 분들이 그 아버지에게 말하여 우리 교회로 아버지가 왔습니다. 사정상 가서 기도해야 될 것 같아서 목사님께 말씀드리고 허락을 얻고 그곳에 갔습니다. 아버지와 어머니가 아무리 말해도 아들은 자기 방을 나서지 않았습니다. 그래서 제가 들어가서 보고 조심스레 말을 하고 예배드리고 기도하겠다고 했습니다.

예배를 드리고 기도를 할 때 주님께서 그 아들의 이불로 덮여져 있는 발 부분을 잡고기도 하게 하셔서 성령님께서 이끄시는 대로 기도하고 주님께서 주시는 아들의 바로 앞의 일과 후의 일에 대해서 선포하였습니다. 그리고 집을 나왔습니다. 아들은 그때까지도 이불 밖으로 나오지 않았어요. 그렇지만 그 아들이 전하여 준 주님의 말씀을 붙잡고 소망을 가지고 일어나기를 기도했습니다.

다음날 연락이 왔습니다. 그 아들이 밖을 나가고 학원에도 다녀왔다는 것이었습니다. 이제는 밖으로 나와 거실에서도 밥을 먹고 집안도 다니고 밖에 현관문을 나서서 할 일도 한다는 거예요.

할렐루야! 주님께서 아들의 묶인 것을 풀어 주신 거예요. 정말 감사만 나왔습니다. 저도 아들을 키우다 보니 그 아픈 부모님의 마음이 전하여져서 주님께 기도하였거든요. 주님주신 말씀을 굳게 붙잡아 소망 가운데 그 아들이 든든히 서기를 축복하고 또 축복하였습니다. 주님은 참 좋으신 하나님 이십니다. 너무나 좋으신 아버지이십니다.

- 예수님의 피의 권세 -

　많은 사람들이 읽는 책을 내신 목사님 교회의 성도분이 문제 가운데 기도
학교의 예배시간에 왔습니다. 아는 분의 친척이 우리 교회에 와서 암이 나
은 것을 계기로 우리교회를 알게 되어 왔습니다. 장로님과 권사님이 결혼
한 딸을 데리고 오셨습니다. 그 딸은 몹시 가냘픈 모습 이었어요 창백해 보
였고 몹시 아파 보였어요. 예배 마치고 기도시간에 기도하려는데 생리통
으로 엄청난 고통을 당하고 있었어요. 그래서 "병원에 가시지 그러셨어요?
때로는 의사선생님들의 도움도 받으셔야 되요" 라고 말해 드렸더니 사실
은 그 딸이 미국에서 의사공부를 하고 있는 중이라고 하였어요. 의대 대학
원과정 마지막 인데 생리통으로 병원에 가고 약을 먹어도 그 고통이 해결
이 되지 않아 너무 너무 고통가운데 있다고 하였습니다. 아주 극심한 생리
통으로 도저히 공부는커녕 일상생활을 하기 에도 너무 힘들게 통증이 심해
서 아무것도 할 수 없는 상황이었습니다. 아직 학업이 약간 남았는데 물론
코로나로 원격수업 받지만 공부 자체가 집중하기가 너무 힘들다고 했습니
다. 저는 그 딸을 향하여 예수 이름으로 선포하고 명하고 기도 했습니다.

　누가복음 10장 19절 말씀을 선포하고 엄히 꾸짖고 아픔은 그 딸에게서
떠나기를 명령했습니다. 그들이 가기 전 다시 생리통의 증상이 나타나면
예수 이름으로 즉시 명하고 쫓아내라고 하였습니다. 그러면 곧 나을 것이
다고 말해 주었습니다. 예수님의 보혈 선포하며 이미 나았음을 믿고 대적
하라고 하였습니다. 아픔을 받아들이지 말고 예수보혈을 선포하라고 하였
더니 나중에 다시 아픔의 증상이 왔을 때 예수님의 보혈을 선포하며 대적
했더니 그 아픔이 다 떠났다고 하였습니다. 그 다음 월요일 기도학교시간
에 그들은 다시 왔습니다. 딸이 기도 받고 나서 완전히 다 나아서 건강하게

열심히 공부하고 있다고요.

그리고 몇 달 후 연락이 왔습니다. 미국에서 의대 대학원에서 수석으로 졸업하게 되었답니다. 참 기쁜 일 이었어요. 주님께 정말 감사 드렸습니다. 그 이후로 더 이상 생리통으로 고생하지 않게 하신 주님께 찬양 올려 드렸습니다. 그 이후 얼마가 지나 다시 연락이 왔습니다. 자신은 크리스천으로서 가정 의학을 전공하여 전공의가 되었고, 수석으로 졸업 하였습니다. 산부인과 의사로서 미국 행정 절차상 거의 모든 병원에서 낙태 수술을 임신 9개월 때도 행하는 것을 알아서 분만부분을 공부하거나 수련하지 않았다고 했습니다. 한참을 기도하며 기다린 후에 정부에서 하는 병원이지만 기독교식으로 하는 병원에서 일하게 되었고, 진찰 상담하며 낙태하려는 사람들을 아기를 키울 수 있도록 연결하며 돕고 아기의 생명을 살리는 일을 하게 하셨다하니 주님의 크신 은혜에 감사드립니다. 하나님께 참으로 감사와 영광 돌릴 선하신 하나님의 역사와 돌보심에 정말 감사드릴 수밖에 없었습니다. 너무도 좋으신 하나님 그 하나님께 대한 감사가 이 딸에게 충만 하였습니다.

미국에서 코로나가 한참일 즈음 다시 연락이 왔습니다.

그 딸의 남편도 한국 사람인데 미국병원의 의사로 일한다고 하였습니다. 그런데 병원에서 일하다가 코로나에 감염되어서 집에서 격리하고 있어야 된다고 했습니다. 그리 넓지 않은 집에서 같이 한 공간에서 생활하려니 걱정이 되었겠지요. 남편은 숨이 차서 자꾸 마스크를 벗고 있다고 하였어요. 그리고 공간이 넓지 않아 같은 침대를 사용하니 몸도 약한데 심히 걱정이 되었나봅니다. 그래서 그 딸에게 말해 주었습니다. 예수보혈의 능력을 체험하지 않으셨냐? 이사야서 53장 5절의 능력의 보혈을 믿음으로 선포하고 남편을 위해서도 예수의 보혈 선포하고 치유를 선포하라! 그리고 당신에게도 예수보혈을 믿음으로 뿌리고 바르고 덧입고 믿음으로 마시고 보호받고 승리하시라고 선포했습니다. 그리고 저도 그 딸을 위해서 기도하였습니다. 얼마 후 연락이 왔는데 그 남편은 다 나았고, 자기는 남편이 마스크를 거의 벗다 시피하며 살았고 같은 침대를 쓰고 같이 밥을 먹었는데도 주님의 은혜로 자신은 코로나에 걸리지 않게 하셨다고 하나님 은혜 너무 감사하다고 하였습니다. 그 연약한 딸을 돌보아 주심을 감사드립니다.

예수보혈의 능력 크도다!

기도학교에 참석하여 예배드리고 기도하시던 목사님에게서 연락이 왔습니다.

사모님이 밖에서 코로나에 걸려 와서 온 가족이 지금 시설에 들어가 있다고 하였습니다. 기도해 주시기를 요청하셨습니다. 저는 미국에 있는 장로님의 딸에게 말한 것과 똑같이 말씀드렸어요. 그리고 선포기도 시간 되는 대로 날마다 하시고 보혈찬송을 시간 되는대로 계속하실 것을 말씀드렸습니다. 5일지난 뒤 연락이 왔습니다. 목사님은 양성판정이 나서 입소 후 계속 예수보혈 선포했는데 아무리 검사해도 음성만 나와서 거기서 나가라고 하였다고 하였습니다. 사모님과 장성한 자녀들은 10여일이 넘어서 나오게 되었다고 들었습니다. 저는 개인적으로 코로나에 걸리면 의사의 도움을 받아 치료에 전념해야 된다고 생각합니다. 그러나 예수그리스도 보혈의 능력은 큽니다. 축복의 보혈을 선포할 때 치료의 광선을 발하여서 속히 낫는 축복된 일들이 많이 일어난다고 생각합니다.

한 집사님도 코로나에 걸려서 양성으로 나와서 시설에 들어갔는데 그분은 약만 먹고 있다가 아주 많이 고생하고 10여일이 넘도록 시설에서 있다 나왔다고 들었습니다.

저희가족은 목사님이 기침을 해서 검사했더니 음성으로 나왔다고 해서 감기라고 생각하고 방심하고 있다가 가족 모두 코로나에 걸려서 며칠을 고생하였습니다. 감기인줄 알고 그냥 있다가 가족 모두 코로나에 감염되어 며칠을 고생하고 약을 먹고 다 나았습니다.

'천국은 침노를 당하나니 침노하는 자는 빼앗느니라.' 고 말씀하셨음을 생각하며 의료진의 도움을 받아 약도 먹으면서 보혈을 믿음으로 선포할 때 사랑하는 사람들의 고통이 빨리 해결 되고 벗어나리라고 생각됩니다.

*내 이름을 경외하는 너희에게는 공의로운 해가 떠올라서 치료하는 광선을 비추리니
너희가 나가서 외양간에서 나온 송아지같이 뛰리라* 말4:2

*내가 너희에게 뱀과 전갈을 밟으며 원수의 모든 능력을 제어할 권능을 주었으니 너희
를 해칠 자가 결코 없으리라
그러나 귀신들이 너희에게 항복하는 것으로 기뻐하지 말고 너희 이름이 하늘에 기록
된 것으로 기뻐하라 하시니라* 눅10:19~20

- 내 딸처럼 -

낙엽이 예쁘게 물들어가는 계절에 한 성도가 교회를 찾아왔습니다.

자신의 가정의 어려움을 이야기 했습니다. 자신은 초혼이고, 같은 교회의 나이가 3살인 어린 딸이 있는 남자 성도와, 친정식구의 반대를 무릅쓰고 결혼을 하였다고 하였습니다. 아이에게도 예수님 믿는 믿음으로 잘 해 주기를 작정하고 결혼하였습니다. 자신도 이제 딸을 낳아서 5살이 되었다고 했습니다. 그런데 가정의 화목과 평화가 깨뜨려지는 일이 먼저 있던 아이로 인하여 생겨나고 있고 이 문제를 해결을 못해서 가정에 늘 어두움이 생기고 괴로움을 겪고 있다고 하였습니다.

먼저 예배를 드리고 기도를 하였습니다. 그러자 주님께서는 굉장히 실질적인 표현을 쓰시며 말씀해 주셨습니다.

종종 주님께서는 우리의 삶 가운데 있는 너무나도 실제적인 이야기들을 해 주셔서 깜짝 깜짝 놀라는데 그날도 그리 하셨습니다. 주님께서는 그 젊은 어머니에게 그 아이에게 이렇게 하라고 말씀하여 주셨어요. 기도하라고 말씀 읽으라고 하시지 않고, 단지 따로 그 첫째 아이와 시간을 갖고 길거리에서 따끈따끈한 오뎅도 사먹고, 아이가 좋아하는 떡볶이도 사서 같이 나눠먹고, 아무 이유 없이 자주 그 아이의 머리도 쓰다듬어 주고, 어깨랑 팔도 다리도 만져주고 주물러주고, 등에 손을 넣어서 맨 등을 긁어 주기도 하고, 발로 그 아이의 몸을 눌러주며 놀기도 하고 방바닥에서 아이의 몸을 안아주고 껴안고 놀라고 하셨습니다.

이 말씀을 해 주실 때 실질적으로 몸으로 행동으로 보이면서 전하게 하셨습니다. 그 가정에 있는 평화와 화목을 깨치는 큰 먹장구름 같던 큰 아이의 문제를 주님께서는 이와 같이 하면 문제가 해결 된다고 하셨어요.

그러자 그 성도는 길게 신음소리를 내더니 "내가 낳은 5살 딸에게 지금 그렇게 하고 있어요. 내가 낳은 딸에게 하는 것처럼 하라고 하시는군요!"라고 말하는 것이었어요. 그 젊은 어머니는 그것은 영적인 문제도 아니고 큰 아이의 문제도 아니고 바로 엄마 된 자기 자신이 그 아이를 마음으로 온전히 받아들이지 못하고 사랑하지 못해서 생긴 일이라는 것을 주님의 말씀을 듣고 깨닫게 되는 것 같았습니다.

저는 생각했습니다. 예수님의 사랑으로 잘 하려 했지만 그것이 쉬운 일만은 아니었겠지요. 자기 자식은 그냥 마음에서 흘러나와 저절로 잘 해 지는 것이지만 그 큰 딸은 애쓰고 힘써서 노력해야 되었겠지요. 그렇지만 그 젊은 어머니가 주님의 말씀 따라 자신이 낳은 아이에게 하는 것처럼 큰 딸에게 사랑으로 심고 사랑을 부어 준다면 이 가정은 아주 행복한 가정이 되는 것은 문제도 아니라는 것을 깨달았어요.

결혼은 당사자만의 문제가 아니라 복잡한 인간관계가 얽혀서 만들어지는 경우가 많잖아요.

그리스도인으로서 한 알의 밀알이 되어 먼저 예수님의 사랑을 실천하면 처음에는 아무도 알아주지 않고 때로는 오히려 괴롭히고 악하게 이용하려 드는 사람들도 있겠지만 하나님의 때가 차면 사람들이 알게 되죠. 그래서 그들도 주님으로 말미암아 나오는 선한 영향력을 받아 믿음의 사람으로 세워지고 반드시 많은 열매로 단을 거두게 하심을 저는 체험 했습니다.

우리가 무엇으로 심든지 하나님께서는 반드시 심은 대로 후하게 갚아 주시는 살아계시고 좋으신 하나님이십니다.

- 아름다운 면류관 -

많은 시간을 기도하며 헌신적으로 어린이 주일학교를 섬기는 전도사님이 있습니다. 나이가 60이 조금 넘은 곽 전도사님이신데 얼마나 아이들을 사랑하시고 헌신적으로 섬기시는지 보기만 해도 은혜가 되는 전도사님이시죠.

그분은 설교 준비하는데 엄청난 시간과 정성을 들이는 것을 보았습니다. 에스더 설교를 할 때면 동대문 원단 시장에 가서 직접 왕비의 옷을 만들어 입고 설교하시고 항상 아이들 눈높이에서 시청각 자료들을 만들어 때로는 인형을 만들고 때로는 설교에 맞추어 배와 그물과 파도도 각종 재료로 만들어서 아이들이 집중하여 예배를 드리게 하고 은혜를 끼치는 사역자이시죠.

그리고 그 아이들의 부모의 믿음의 성장을 위해서도 마음을 쓰며 눈물로 그들의 구원과 영적 성장을 위해 기도하며 섬기는 모습을 보았습니다. 또 많은 하나님의 사람들과 주의 종들을 기도로 잘 섬기며 힘쓰고 애쓰고 있습니다.

곽 전도사님은 그날도 섬기는 교회의 목사님들을 위해서 열심히 기도하는 것을 보았습니다.

그런데 그때 주님께서는 곽 전도사님의 머리를 보여 주셨어요. 저는 그와 같이 아름다운 면류관은 처음 보았습니다. 너무 아름답고 섬세하고 각종 보석이 아름답게 촘촘하게 박혀 있었어요. 미스코리아의 머리에 있는 관과 이 세상의 어떤 나라 여왕의 왕관과도 도대체 비교가 안 될 정도로 너무 너무 아름다운 면류관이었어요. 세상의 그 어떤 보석디자이너가 있어도 그렇게 아름다운 모습은 생각해 내지 못 할 것 같았어요.

우리 하나님은 너무 아름다운 화가요 예술가이십니다. 저는 그 아름다움에 감탄을 하면서 그 모습을 설명해드렸습니다. 그 모습을 보며 주님과 복음을 위하여 충성하는 자들을 주님께서 기쁘게 받으시고 헌신한 모든 것들을 보시고 아시는 하나님께서 천국에서 영원한 상급으로 크게 후히 갚아주실 것임을 믿는 믿음이 더욱 생기며 저에게 큰 격려가 되었습니다.

- 깨진 거울 조각 -

C국에서 대학생 선교 사역을 하다가 그 나라의 사정으로 우리나라에 돌아와서 다시 다른 나라로 파송되기 위해 준비하고 있는 선교사님이 우리 교회에서 예배를 드렸습니다. 그 선교사님을 위하여 기도하는데 저는 깜짝 놀랐습니다. 눈에 깨진 유리조각이 있었거든요.

주님께서 보여주실 때는 반드시 무슨 까닭이 있는 줄 압니다. 주님께서는 우리가 눈으로 보이는 세계도 있지만 육신의 눈으로 볼 수 없는 영적인 세계를 보여 주시는 것은 주님께서 주신 은사로 하나님의 몸 된 교회인 성도 한 사람 한 사람을 세우시기 위함인 줄 압니다. 원수 마귀가 가라지를 뿌려 놓은 것을 깨닫게 하셨습니다.

그래서 선교사님의 이야기를 들어 봤더니 상당히 잘못된 시각이 있었습니다. 원수마귀에게 유린당하는 모습이었습니다. 연합을 깨쳐서 하나님의 나라가 서지 못하도록, 선교사님들의 헌신으로 영혼들이 살아나지 못하도록 그 기초를 깨는 원수의 작업에는 여러 가지가 있는데 서로 신뢰하지 못하도록 의심을 주고, 미움을 주고, 세상 욕심을 주는 것들이 있는데 이 선교사님 부부는 사단마귀의 갈고리에 걸려서 3년을 그런 상태로 남편이 불륜하였다는 의심과 미움의 시간들을 보내고 있는 상태였습니다. 남편 선교사님이 아무리 결백을 주장해도 한번 생긴 의심이 사라지지 않는다고 하였습니다.

저에게 분별의 영을 주셔서 주님께서 알게 하시는데 그 남편 선교사님은 결백하셨어요. 과거 몇 번의 경험을 통해서 저는 주님께서 말씀하신 것이 그대로 되는 것을 여러 번 목격했습니다. 저는 그 아내 되시는 선교사님에게 남편이 결백하다고 알려주신 대로 전하고 뒤에 연합을 깨고 하나님의 역사를 이루지 못하게 하려고 하는 원수 사단의 궤계에 속지 마시기를 말씀을 통해 간절히 권고해 드렸습니다. 그리고 앞으로의 사역지에 대해서 기도할 때 주님께서는 새까만 눈동자에 새까만 머리에 피부가 약간 검은 그을린 아이들을 보여 주셨어요. 머리는 헝클어지고 신발도 옷도 낡고 형편없이 제대로 못 입은 아이들이 군데군데 아주 많이 보였습니다. 그런데 아이들 소리는 아주 밝고 기쁘게 떠드는 소리가 들렸습니다. 수많은 영혼들이 수확을 기다리고 있고 두 선교사님 부부가 가셔서 할 일이 아주 많음을, 수많은 영혼들을 추수할 것임을 보여 주셨습니다.

후에 이분들의 사역지가 나왔는데 정말 그런 모습의 아이들이 살고 있는 R나라였어요. 주님께서는 모르시는 것이 없으시잖아요. 미리 예비해 놓으시고 부부가 연합하여서 수많은 영혼들을 살리기를 원하셨습니다. 그러나 사단은 집요하게 마음에 생각을 통하여 의심을 집어넣어서 하나님의 역사를 이루지 못하도록 공격하였습니다. 그 아내 되는 선교사님이 다시 왔을 때 주님께서 영안을 열어 보여 주시니 그 속을 볼 수 있었는데 머리에 날카로운 면도날 자국이 보이며 그 안에서 우글우글 꿈틀대는 커다랗고 더러운 벌레들을 보여주셨습니다. 이것은 원수가 넣어준 잘못된 생각임을 알게 하셨고 이것을 그대로 전하며 경계시키며 사단을 예수이름으로 물리치라고 말해 드렸습니다. 그리고 그 분을 위해 안타까이 기도했습니다. 주님께서 성령의 불과 기름 부으심으로 일하셨습니다.

사탄은 사람들의 작은 틈을 이용하여 못된 씨를 뿌리고 빨리 기도로 말씀 선포하며 제거하지 않으면 따리를 틀고 사람들을 옥토에서 열매 맺지 못하는 벌레 먹은 땅으로 만들어갑니다. 극상품 포도나무로 심어 놨지만 우리의 삶에서 마음과 생각부터 파고 들어가서 벌레 먹게 만들어 들 포도가 되게 만듭니다.

주님의 크신 은혜와 능력으로 마귀의 의심의 쇠사슬을 끊어버리기 까지 사단은 반복하여 의심을 던져주었고 괴로운 싸움의시간이 있었습니다. 그러나 지속적으로 하나님의 말씀 상고하며 기도하며 예수 보혈로 사단을 대적하고 선포할 때 박혔던 거울 조각이 빠져나가고 주님의 은혜와 평강이 온 가정에 온전히 임하게 하셨습니다.

할렐루야! 예수 승리 아멘! 이제 그 선교사님들은 영적으로 충전하고 무장되어 R나라에 파송 되었습니다. 그곳에서 들려오는 소식은 주님께서 그 아내 선교사님에게 그 나라에 가기 전에 주신 말씀대로 ' 빛 가운데 거하라' 말씀 붙잡고 감사하며 그렇게 살려고 노력하고 있다는 기쁜 소식이었습니다.

주님께서 부어주신 신뢰가운데 이 선교사님부부는 앞으로 더 크게 하나님의 사역의 열매들을 종려야자 열매처럼 삶 가운데서 풍성히 이뤄내실 것입니다.

하나님은 선하신 주님이십니다.
그 하나님께서 하나님의 영광을 위해 우리를 영 육간에 복주시고 우리 가운데 소원을 두고 행하게 하십니다. 여호와의 열심이 이를 이룰 것입니다.
할렐루야! 주님을 찬양 드립니다.

- 칼집의 등으로 맞기 전에 -

처음에 소망이 없고 풀이 죽어있던 고 1학년 여학생이 우리 교회에 왔습니다. 예배드리고 주님께서 주신 말씀으로 위로하며 그 학생의 복된 앞날을 성령님께서 가르쳐 주신대로 전하였더니 이 학생이 고 1학년 때 반에서 꼴찌에서 2등 하던 학생이 주님께서 주시는 말씀으로 소망을 갖게 되었어요.

모든 나쁜 것들을 물리치며 열심히 공부하고 기도하게 하셔서 3학년 졸업 시에는 반에서 2등하고 서울에서 그래도 학비가 가장 적은 좋은 대학에 간 학생이 있습니다. 하나님의 자녀인 이 여학생이 대학에 들어가기 전에 하나님께서는 반복하여 술을 먹지 말 것을 엄히 말씀하셨어요. 저는 처음부터 사람들에게 이야기를 하고 미움 받아도 무조건 청량음료를 마시라고 말해 줬습니다. 그리고 주님께서는 술을 먹을 때 인생가운데 엄청난 위경이 따를 것임을 말씀해 주셨습니다. 너무 무섭게 전하여서 저는 그 학생이 술을 안 먹을 줄 알았어요. 그런데 알고 보니까 대학생활 가운데 선배와 동기들의 모임에 거의 술이 따랐다고 하였습니다. 처음 확실히 다니엘과 세 친구처럼 자신의 정체성을 확실하게 밝혔어야 됐는데 연약한 믿음으로 사람을 두려워하니 올무에 걸리게 된 거지요.

이러한 일들로 말미암아 고등학교를 졸업하고 대학에 가면서부터 청년들이 교회에 발을 끊는 경우가 많이 있는 것 같습니다. 자주 반복하여 술자리를 가지니 12시가 다 되거나 그 이후에 집에 오게 되는 일이 빈번해지니 하나님의 사람인 이 딸을 너무나 사랑하는 아버지께서 몹시 걱정도 되고 화도 내셨습니다. 그 전 날도 기다리시던 아버지가 부르셨는데도 술 마신 것을 감추려고 인사도 안하고 자기 방으로 들어갔다고 합니다. 아버지가 다시 부르셨으나 이 자녀는 말도 하지 않고 누워버렸대요.

아버지는 너무 걱정도 되시고 화가 나셔서 그 자녀를 몹시 때렸다고 들었습니다. 어머니와 딸이 와서 이렇게 자녀를 때린 아버지를 원망하는 말을 하였습니다. 아버지도 많이 힘드신 것 같았어요. 힘없이 조용히 교회 뒤로 앉으셨어요.

예배를 드리고 기도를 하는데 주님께서 말씀도 주시고 환상도 보여 주셨습니다. 한 모습을 보여 주시는데 음식점의 탁자 치고는 참 특이하게 생긴 기다란 탁자를 빙 둘러서 남녀 대학생들이 십여 명 가까이 있었는데요. 그들의 앞에는 넓은 판에 붉은색 음식이 어느 정도 남아 있는 모습이 보였습니다.

그 기다란 식탁을 둘러싸고 있는 청년들이 음식도 먹지만 술에 취해 게슴츠레한 붉은 눈이었어요. 그 중에 그 딸이 있는 것이 보이구요. 주님께서 알게 하시는 것은 계속 그런 자리에 그 딸이 있으면 여자로서 흉악한 일을 당할 것을 알게 하셨어요. 그래서 그 특이하게 생긴 탁자를 말하며 이야기 했더니 그 딸이 깜짝 놀라면서 정말 그렇게 생긴 탁자가 있는 음식점에서 술 먹고 모임을 가졌다는 거예요.

주님께서 또 한 장면을 보여주시는데 천사가 하늘 공중에 서있는데 큰 천사였고 아주 크고 긴 칼을 가졌는데 그 칼이 칼집에 들어가 있었어요. 반복하여 하나님의 말씀을 듣지 않고 어긋나가는 그 딸을 천사가 그 칼집의 등으로 치려고 하였어요. 천사는 하나님의 명을 받아 일하는 것 같았어요. 그때 하나님을 경외하는 아버지가 이 땅에서 딸을 몹시 심하게 때리는 일이 있었던 거지요. 그리고 저에게 깨달아지게 하시는데 아버지가 이 딸의 잘

못을 심하게 징계하지 않았더라면 천사의 칼집 등으로 맞았을 것인데 그렇게 되면 이 딸은 석달 열흘을 일어나지도 못했을 것임을 알게 하셨습니다.

가족들에게 하나님의 징계가 아주 엄할 것임을 말씀드리고 아버지가 징계함으로 이 딸이 큰 일 당하지 않은 줄 아셔야 된다고 말씀드렸어요. 이 일로 이 딸은 깨어 정신을 차렸고 술을 멀리 하게 된 줄 압니다. 또 하나님을 경외하는 아버지의 위상은 가정에서 바로 세워지게 되었습니다. 징계가 없으면 사생자요 버리운 자입니다. 하나님의 백성은 그분이 이끄시는 공의의 길을 갈 때 그 길이 평탄하며 형통합니다.

현시대는 하나님의 자녀인 하나님의 사람들이 하나님 두려워하지 않고 죄를 짓기에 담대한 사람들과 그러한 시대인 것을 우리가 날마다 목도하고 있습니다. 이 나라와 이 시대의 젊은 청소년과 청년기의 젊은이들을 만나 그들을 돕고자 할 때 주님께서 이 나라의 그들을 향하여 심히 슬퍼하시며 하신 말씀이 있습니다.

"나의 자녀들이 도처에서 노략질 당하고 있다."

사단마귀는 이 시대에 문화라는 이름으로 또는 과학이라는 이름으로 우리의 자녀들의 마음과 생각과 감정을 침탈하여 사단마귀의 자녀로 소의 코뚜레를 꿰듯 하나님의 자녀까지도 유혹하고 속이고 죽이고 멸망시켜서 지옥으로 끌어가려고 하고 있습니다.

지금 할리우드뿐만 아니라 우리나라나 전 세계에서 유명한 상을 받는 대다수의 영화들을 보십시오! 그들이 말하고자 하는 것을 주의 깊게 보셨습니까? 그들이 말하는 표면적인 것뿐만 아니라 그 속에 내재되어 있는 그들이 말하고자하는 방향성을 옳게 꿰뚫어 볼 수 있는 지혜가 성령님의 도우심으로 당신가운데 있다면 당신은 당신과 자녀들의 문화생활에 민감하게 반응할 것입니다.

이 시대는 내가 먼저 깨어서 말씀과 기도와 성령으로 기름준비를 잘하고 무장하여서 자녀들과 가정을 지켜야하는 사명을 우리는 부여 받은 줄로 압니다. 주님의 말씀으로 거룩하여져서 옳은 행실로 의의 열매를 맺는 나와 내 가정이 되어야 할 때입니다. 세상 술에 우리 믿는 사람들이 취하여 산다면 우리 모두다 반드시 하나님 앞에 설 때가 올 텐데 그 때 우리는 무엇을 내 놓을 수 있을까요? 주님께서 지금 보이는 세계를 통하여 신부들을 준비시키십니다. 주께서 호령과 천사장의 소리와 하나님의 나팔소리로 친히 하늘로부터 강림하실 때, 주님 앞에 우리는 깨어 이 시대를 본받지 말고 말씀으로 오직 마음을 새롭게 함으로 변화를 받아 하나님의 선하시고 기뻐하시고 온전하신 뜻이 무엇이지 분별하는 지혜가 있어야 합니다.

우리 모두는 거룩한 신부단장을 해야 할 줄 압니다. 세상가운데 세상 사람들과 똑같은 삶과 그리스도인으로서 깨어있지 않고 열매 맺지 않는 삶을 산다면 주님께서 불시에 우리를 부르러 오실 때 우리는 준비 되어 있지 않을 것입니다.

그 때 우리는 무엇으로 우리의 믿음을 주님 앞에 증명해야 할까요?
저는 그 자리에 있지 않기를 소원합니다.
그 일은 쉽지 않을 것임을 알기 때문에 미리미리 의의 예복, 성도들의 옳은 행실로 자신을 쳐서 복종하여 지혜로운 다섯 처녀가 되어 성령님과 동행하는 기름 준비함으로 주님께서 그분의 신부들을 불러 공중 혼인 잔치하실 때 내 이름이 불려 지기를 간절히 소원합니다.

우리의 이 땅의 삶은 영원한 하늘나라에서 영원히 누릴 모든 것들을 내가 무엇으로 심든지 심은 그대로 영원토록 풍성하게 거두도록 준비하는 시간인 것입니다.

그 때에 여호와께서 발람의 눈을 밝히시매 여호와의 사자가 손에 칼을 빼들고 길에 선 것을 그가 보고 머리를 숙이고 엎드리니 여호와의 사자가 그에게 이르되 너는 어찌하여 네 나귀를 이같이 세 번 때렸느냐 보라 내 앞에서 네 길이 사악하므로 내가 너를 막으려고 나왔더니 나귀가 나를 보고 이같이 세 번을 돌이켜 내 앞에서 피하였느니라 나귀가 만일 돌이켜 나를 피하지 아니하였더면 내가 벌써 너를 죽이고 나귀는 살렸으리라 민22:31~33

*징계는 다 받는 것이거늘 너희에게 없으면 사생자요 친아들이 아니니라.
무릇 징계가 당시에는 즐거워 보이지 않고 슬퍼 보이나 후에 그로 말미암아 연단 받은 자들은 의와 평강의 열매를 맺느니라* 히12:8,11

청년이 무엇으로 그의 행실을 깨끗하게 하리이까 주의 말씀만 지킬 따름이니이다
시119:9

고난당하기 전에는 내가 그릇 행하였더니 이제는 주의 말씀을 지키니이다
시119:67

*고난당한 것이 내게 유익이라 이로 말미암아 내가 주의 율례들을 배우게 되었나이다.
주의 입의 법이 내게는 천천 금은보다 좋으니이다* 시119:71~72

주께서 호령과 천사장의 소리와 하나님의 나팔소리로 친히 하늘로부터 강림하시리니 그리스도 안에서 죽은 자들이 먼저 일어나고 그 후에 우리 살아남은 자들도 그들과 함께 구름 속으로 끌어올려 공중에서 주를 영접하게 하시리니 그리하여 우리가 항상 주와 함께 있으리라 살전4:16~17

우리가 즐거워하고 크게 기뻐하여 그에게 영광을 돌리세 어린양의 혼인 기약이 이르렀고 그의 아내가 자신을 준비하였으므로 그에게 빛나고 깨끗한 세마포를 입도록 허락하셨으니 이 세마포 옷은 성도들의 옳은 행실이로다 하더라 계19:7~8

우리 하나님의 백성들은 삶 가운데서 옳은 행실로써 주님의 나라 들어 갈 의의 행실을 내가 준비해야 되는 것입니다.

임금이 손님들을 보러 들어 올새 거기서 예복을 입지 않은 한 사람을 보고 이르되 친구여 어찌하여 예복을 입지 않고 여기 들어왔느냐 하니 그가 아무 말도 못하거늘 임금이 사환들에게 말하되 그 손발을 묶어 바깥 어두운 데에 내던지라 거기서 슬피 울며 이를 갈게 되리라 하니라 청함을 받은 자는 많되 택함을 입은 자는 적으니라 마22:11~14

요즘 사회적으로 영향력을 끼치는 연예인들의 삶의 모습들은 아직 신앙이 성숙 되지 못한 젊은 중에서나 새신자 들에게 막대한 영향을 끼치는 것을 봅니다. 술을 먹는 것과 술에 취하는 것에 대하여 모두는 아니지만 일부분의 예수님 믿는 그들의 삶을 보고 담대함을 얻어 "저렇게 살아도 되는구나"하는 잘못 된 믿음의 표본을 보여 줌으로서 잘못 인도 하는 사람들이 있습니다. 우리의 모든 말과 생각까지도 아시고 앉고 일어섬을 아시는 주님께서는 반드시 심판 날 주님 앞에 설 때에 이것에 대하여 책임을 엄중히 물으실 것을 기억하셔야 합니다.

우리가 보기에 작은 일 이지만 원수 사단은 하나님의 백성을 어찌하든지 유혹하여 죄를 짓게 만들고 주님과의 사이를 이간질하기에 집중하고 하나님의 백성이 온전한 축복을 받지 못하도록 그리고 죄로 말미암아 하나님과의 사이를 떼어 놓으려하고 결국은 구원에서 멀어지게 하려고 합니다.

술을 먹기 때문에 지옥에 가는 것이 아니라 우리의 눈에 그 작아 보이는 그 일을 대수롭지 않게 여김으로 죄에 대한 담대함을 가져와서 큰 죄로 이어지고 마침내는 구원의 길에서 멀어질까를 우리는 두려워하고 경계하여야 합니다.

재앙이 뉘게 있느뇨 근심이 뉘게 있느뇨 분쟁이 뉘게 있느뇨 원망이 뉘게 있느뇨 까닭 없는 상처가 뉘게 있느뇨 붉은 눈이 뉘게 있느뇨 술에 잠긴 자에게 있고 혼합한 술을 구하러 다니는 자에게 있느니라 포도주는 붉고 잔에서 번쩍이며 순하게 내려가나니 너는 그것을 보지도 말지어다 잠23:29~31

많은 사람들이 말합니다. 술 먹지 말란 말씀이 어디에 있느냐구요. 하지만 우리영혼을 사랑하시는 하나님께서는 그보다 더하게 말씀하셨습니다. 잠언서 23장 31절에 너는 그것을, 술을 보지도 말라고 하십니다! 예수님의 거룩하신 보혈로 구원받은 하나님의 백성이 구원에서 혹 흘러 떠내려갈까 경계하시며 말씀하신 것이지요.

사단마귀는 갑자기 예수님을 믿지 말라거나 떠나라고 하지는 않습니다. 교활한 사단 마귀는 우리 눈에 죄 같지 않아 보이는 그 작은 죄를 시작으로 점점 죄의 향락 가운데 이끌고 마침내는 내가 죄가 좋아서 죄를 쫓다가 하나님을 내 마음에서 밀어내는 일들을 함으로 주님을 부인하고 마침내는 구원에 이르지 못하도록 세상 가운데 취해 구원받지 못하는 자신의 백성으로 만들어 버리는 것입니다.

주님께서 근심하십니다. 성령님은 우리 안에 살고 계셔서 우리를 의의 길로 인도 하시기를 원하십니다. "나는 언젠가는 하나님께로 돌아가서 올바로 하나님 기뻐하시는 대로 살거야"라고 생각하고 나이 들어 하나님 나라 가기 전에 회개하고 바로 살아야지 하고 생각하겠지만 때로는 죽음은 태어난 순서대로 되는 것이 아니라 죽음은 순서가 없어서, 부지불식간에 사고나 어려운 일을 당 할 수 있다는 것입니다.

저는 결혼 전 직장에 있었던 아주 젊은 청년하나를 압니다.

그 청년의 집은 아주 부유했습니다. 그는 공부에는 뜻이 없었고 오토바이를 타며 술을 먹으며 친구들과 세상을 즐기기에 여념이 없었습니다. 어머니는 자식을 염려하여 착실하고 성실하게 사는 것을 훈련시키려 아는 지인이 운영하는 직장에 맡겼습니다. 그는 말하기를 중학교 다닐 때 방언도 받았다고 하였습니다. 예수님에 대한 이론적인 지식은 한참을 말할 정도로 잘 알고 있었고 은혜의 경험도 있었습니다.

그러나 그는 술친구들을 가까이했고 그들과 같이 교류하며 세상 향락을 즐겼습니다. 그의 생활은 주님과는 너무도 떨어진 술과 세상의 음란에 취한 어지러운 삶을 살았습니다. 그의 나이가 믿겨지지 않을 정도로 세상에 깊이 빠져 세상을 탐닉하며 살았습니다. 그를 예배의 자리로 이끌기 위해 여러 사람들이 애를 썼습니다. 그러나 그는 자기의 남은 인생은 길고 재미있는 일은 많다며 사단마귀가 이끄는 대로 육체의 소욕을 즐기며 그의 행실을 회개하려 하지 않았습니다.

어느 월요일 날 아침 우리는 비참한 소식을 들었습니다.

그는 어머니의 권고를 듣지 않고 토요일 날 밤에 친구들과 술을 마시고 오토바이를 타고 시골길을 지나오다가 커다란 가로수를 들이받고 머리가 다 깨어져서 즉사하였다는 소식을 듣게 되었습니다.

그때 그의 나이는 20살이었어요!

사단마귀는 우리의 자녀들을 노략하기 위해서 도처에 그물을 치고 잡고 죽이고 멸망시키려 하고 있습니다. 우리가 자녀들을 위해서 주야로 예수님의 보혈을 바르며 기도해야 할 절실한 이유가 지금 세상이 우리에게 말하고 있는 것입니다. 많은 전도사님들과 주의 종들과 이야기를 하며 들은 것은 우리가 더욱 경각심을 가져야만 하는 청소년들의 이야기입니다.

여러 청소년들이 말하기를 자기는 고등학교를 졸업하면 교회에 나오지 않을 것이라고 그들을 담당하고 있는 주의 종들에게 말한다는 것입니다. 주의 종들은 그 이야기를 듣고 애타게 기도하며 하나님의 말씀 안에 그들을 세우려 애쓰지만 그들이 거의 일주일을 지내는 집과 학교 시간과 교회에서의 일주일 중 단 한 시간의 시간을 볼 때 집에서의 신앙 교육을 결코 좌시하지 않을 수 없음을 통감한다고 말하였습니다.

나부터 깨어서 나를 말씀 안에서 세우고 주의 성령님과 기도로 교통하면서 날마다 우리의 아내와 남편을 자녀들을 부모형제들을 주님과의 관계를 바로 세우기 위하여 깨어 근신하며 무릎 꿇어 간구해야만 될 줄 믿습니다.

저는 젊은 나이에 폐결핵으로 죽음을 앞두고 하나님의 크신 은혜로 예수님의 보혈의 은혜로 데니스 굿델 목사님의 안수를 통해 예수님의 이름으로 안수 받아 고침을 얻고 치유함을 받았습니다. 죽음 앞에 나를 건져주시고 살려주신 은혜가 너무 커서 앞으로의 나의 전 삶을 주님을 위해 살기로 작정을 하게 은혜를 주셨습니다. 주님께서는 세상가운데서 세상의 세계관으로 살고 있던 저를 하나하나 말씀으로 그 방향성을 제시하시며 가르치시고 회개하게 하시며 주님의 길을 좇아 살게 하셨습니다. 주님이 말씀의 빛이 비취자 어둡던 내 안에 밝은 빛이 비춰졌습니다. 어둠의 사단의 세계 속에 속하여 살던 내게 주님의 말씀은 진정 내 발의 등이요 내 길의 빛이 되셨습니다.

그러므로 내 인생의 앞에 어렵고 죽을 일이 있다고 그것이 진정 죽을 일이 아니고 자랑하고 자신을 높일 일이 있다고 그것이 진정 좋은 일인가는 주님의 간섭가운데, 죽을 일이 영원한 생명을 얻을 일이 되는 축복을 경험하게 되는 것을 봅니다. 또한 사람의 자랑할 일이 무엇이라도 그것이 주님 안에서 주님께 영광 돌리는 것이 아니고 나의 자랑과 나의 영광이 된다면 결코 그것이 복된 일이 아니게 될 수도 있다는 것을 인생을 살아본 사람들은 체험하여 아는 것입니다.

제가 학원에서 강사로 일 할 때 있었던 일입니다.

그날은 웬일인지 원장님이 밖에 나가서 모임을 갖지 않고 학원의 사무실에서 모임시간을 갖자고 하였습니다. 집사였던 원장님은 술이 거나하게 취하여 주임강사였던 저에게 그간의 노고를 치하하며 자신이 주는 술잔을 받으라고 하였습니다. 그 사람이 술에 취하여 있었기 때문에 그냥 술잔을 받아 놓고 마시지 않으면 원장성격으로 보아서 시끄럽지는 않겠지만 주님께서 찬 겨울 새벽에 공중에서 들려주신 말씀이 생각이 났어요.

악은 모든 모양이라도 버리라 살전5:22

또한 이제 믿음을 갖기 시작한 다른 직원들을 생각하니 제가 이러한 일은 차단해야 된다는 생각이 들었습니다.

그래서 저는 술을 마실 수 없다고 단호하지만 공손하게 말씀드렸습니다. 그러자 갑자기 나를 한참을 노려보더니 노기를 띤 목소리로 소리를 질렀어요.

술에 취하면 아주 안 좋은 모습을 보이는 집사 원장이었거든요. 너무나 화난 목소리로 감히 내가 술잔을 올리는데 받지 않는다며 커다란 주먹을 휘두르며 을러대었어요. 지금은 있을 수 없는 일이지만 당시에는 그런 일도 있었습니다. 저는 한 대 맞을 각오를 했어요. 그 사람이 잠깐 멈추더니 저에게 왜 자기가 주는 술을 먹지 않느냐고 물었습니다. 그래서 말했습니다. 저는 예수님 믿고 지옥에서 건져주신 그 은혜가 너무 감사하여 앞으로 내 일생 가운데 이렇게 살겠다는 각오를 하였다고 말하였습니다.

"저는 일생 하나님이 싫어하시는 것은 보지 않겠다고 작정했습니다.
그리고 저는 하나님이 싫어하시는 것은 먹지 않겠다고 작정했습니다.
그리고 저는 하나님이 싫어하시는 곳은 가지 않겠다고 작정했습니다."
라고 말하였습니다.

그랬더니 잠시 침묵의 시간이 지난 뒤 갑자기 원장님이 "박수"하면서 크게 박수를 치고 다른 사람들에게도 박수를 치라고 하는 것이었습니다. 그 후로는 다른 직원들에게 억지로 술을 권하지 않게 되었습니다.

돌이켜보면 저는 그렇게 온전히 살아드리지는 못했지만 그렇게 살기위해서 부단히 선한 싸움을 싸우게 하시는 성령님의 도움 가운데서 사는 은혜를 받게 하셨습니다. 남편 목사님에게도 저와 같은 일이 있었더군요.

술 권하는 이 사회에 살면서 직장에서 그리스도인들이 많은 어려움을 겪고 있는 것을 보았습니다. 남편 목사님은 당시 직장이 일이 끝나고 꼭 술을 마시는 자리가 있게 되는 상황이었지만 늘 술을 마시지 않고 그 힘든 자리를 견뎌 내었는데 6개월이 지나자 어느 날 "김 대리에게는 술 주지 말고 사이다 줘 하나님께 뒤통수 맞을 수 있어" 그러더라는 겁니다. 나중에 사람들에게 들은 이야기는 누구누구도 교회 다닌다는데 술을 먹는다고 이왕 믿으려면 김 대리처럼 믿어야 된다며 남편을 인정해 주는 이야기들을 했다고 합니다. 예수님 믿지 않는 사람들은 예수님 믿는다고 하는 동료 직원들에게 술을 권합니다. 교회 다닌다는 상사들도 다들 술 마시는데 당신은 뭐라고 유별나게 행동을 하느냐 분위기 해치지 말고 그냥 마시라고 하며 예수님 믿는다고 술을 마시지 않는 동료들을 앞에서는 힐난하지만 뒤에서 그 사람들의 참 마음은 예수님 믿는 사람들은 뭔가 다를 것을 기대했는데 자기네와 같이 행동하는 것을 보고 적잖이 실망하였다는 말을 하는 것을 볼 수 있었습니다.

그 후로 남편을 따라 직원들 여럿이 교회에 나왔고 그들은 믿음의 사람들이 되었다고 들었습니다.

나는 종달새가 푸른 하늘을 높이 날아 키 큰 미루나무위에 살포시 내려앉는 시냇물 소리 자잘한 날 요양원에 갔다 왔습니다. 어린 시절 이후로 오랜만에 듣는 종달새 소리가 참 듣기 좋았어요. 돌아오는 그 요양병원의 차

안에서 기사님은 운전하는 내내 한 가수의 노래만 계속 크게 반복하여 틀었습니다. 그것도 한 노래만 20분 넘게 들을 수밖에 없었습니다.

저는 과거 연탄가스를 마신이후 상당히 기억력이 떨어졌다고 생각하였는데 저는 놀라고 말았습니다. 한 소절도 빼놓지 않고 제가 처음부터 끝까지 그 노래를 그대로 마음속에 떠올려지는 것이었습니다. 소리를 내어 노래하지는 않았지만 제가 그 노래를 다 마음속에 떠올려 하고 있는 모습을 보고 충격을 받았습니다. 우리가 무엇을 가까이하고 무엇을 접하며 사느냐에 따라 우리의 생각도 좌우 될 수 있다는 것을 다시금 깨달았던 것이지요. 참으로 이 시대에는 보는 것으로 듣는 것으로 죄의 유혹이 심하며 죄를 짓게 만들 수 있는 세대임을 봅니다.

교회에서 한번은 금요철야 예배를 기도원에 가서 드린 적이 있었습니다.
그 때 말씀을 전하시는 목사님께서 말씀 전하시는 도중에 기도를 하게 하셨습니다. 기도를 하고 있는 중 저는 음성을 들었습니다.
주님의 음성이었어요.

"네 눈을 성별하라"
"네 귀를 깨끗케 하라"
"네 입을 복되게 하라"

저는 놀라서 그 말씀을 마음에 새기고 있었습니다. 그때 주님께서는 다시 한 번 더 똑 같은 말씀을 하여 주셨습니다. 그 이후로 때로는 넘어져서 죄를 지을 때도 많이 있으나 항상 나의 마음속에 눈을 구별하여 거룩하게 성별하여야 함을, 귀를 죄에게 내어놓지 않고 깨끗한 소리만 듣기를 간절히 원하였고, 입을 말 할 때 복되고 주님 들으시기에 좋은 온량한 혀가 되기를 원하며, 경우에 합당한 말을 하여 아로새긴 은쟁반에 금 사과처럼 쓰이기를 원하며 애쓰며 달려가고 있습니다.

우리 집에서 가장 성령 충만한 장소가 화장실이라고 했습니다. 부끄러운 고백이지만 얼마나 제가 순간순간 죄를 짓는지 날마다 자주 뛰어가서 회개하는 장소입니다. 아이들이 거의 집에 있으니 빈 장소는 거기 밖에 없었거든요. 저는 즉시로 회개하기를 기뻐합니다. 학교 여름방학 숙제도 한꺼번에 하려면 얼마나 힘이 듭니까? 그래서 저는 죄를 짓는 생각이나 마음이 들때면 즉시로 달려가서 아버지 앞에 이실직고하고 회개하며 그 품으로 뛰어들어 그 자비하신 주님의 은혜로 긍휼하심을 얻고 죄로 인한 고통가운데서 소생됩니다.

성령님께서 가르쳐 주셨습니다.
" 즉시 순종, 끝까지 순종
즉시 겸손, 끝까지 겸손
즉시 하나님께 영광, 끝까지 하나님께 영광"
기도할 때 주님께서 말씀해 주십니다.

" 신실하신 하나님을 찬양하라 내가 너와 함께하여 수많은 영혼들을 살리리라. 살리고 있고 세우고 있지만 이전과 같지 아니하고 더 많이 더 넓게 더 깊이 행할 것 이니라
놀라고 놀라리라 나는 전능한 하나님이라
기적이 일어난다!
기적이 일어난다!
기적이 일어난다!

너는 기뻐하고 기뻐하라
나의 행하는 일을 보라

세상이 감당치 못하는 자가 될 것 이니라
나의 능력은 무한대니라
내 능력을 사용하라!
마음껏!
내가 일한다."

신실하신 주님께서는 연약하고 무능한 저에게 지금껏 한 번도 거짓이 없으시고 실망시키신 적이 없으십니다. 우리가 우리 안에 계신 주의 성령님의 인도를 받아 순종하며 나갈 때 그분은 기뻐하십니다.

오직 위만 바라보며 오직 주님의 뜻을 구하며 주님의 기뻐하심을 위해 마음을 다하게 인도하시고 은혜를 베풀어 주시는 주님께서는 우리를 결코 홀로 내버려 두지 않으시고 만나주시고 말씀하여 주시고 가르쳐 주시고 깨우쳐 주시고 때로 책망하시며 연약하고 무능한 사람을 이끌어 세워 가십니다.

하나님을 사랑하는 자들이 하나님의 사랑을 입으며 하나님을 간절히 찾는 자가 하나님을 만나게 됩니다. 하나님의 일꾼으로 불러주신 하나님께서는 그 일꾼에게 필요한 모든 것을 다 구비하여 주십니다.

주님께서는 악하고 음란한 이 세대에 하나님의 자녀인 우리가 청년의 정욕을 피하고 주 예수님을 깨끗한 마음으로 부르는 자들과 함께 주님을 따르기를 원하십니다. 주님 안에서 하나님의 자녀들은 하나님의 자녀들과 교제를 통하여 새 힘을 얻고 나아갈 방향을 바로세우며 기쁨 가운데 견실하게 자라날 수 있습니다. 주님은 우리가 모든 사람과 화평을 쫓으라고 하십니다. 말에나 일에나 일절 신실함을 드러내어 라고 요청하십니다.

또 무엇을 하든지 말에나 일에나 다 주 예수의 이름으로 하고 그를 힘입어 하나님 아버지께 감사하라 골3:17

하나님께서는 기적의 성령의 역사를 거의 날마다 일으켜 주심으로 다음 날에는 또 무슨 기적이 일어날까 하며 기뻐하며 기대하게 해 주십니다. 주님께서 일하십니다! 하나님의 살아 역사하심을 보며 그 앞에 겸허한 마음이 되어 우리는 날마다 옷을 빨게 됩니다.

주님 앞에 슬기로운 다섯 처녀와 같이 거룩하게, 성령 충만으로, 단장하여 기쁨으로 주님의 날에 주님을 뵈옵기를 간절히 소원합니다.

- 네가 그 세계를 안다고? -

　지금은 소망교도소 부소장으로 계신 박효진 장로님께서 쓰신 '하나님이 고치지 못할 사람은 없다'는 책에 있던 이야기가 생각납니다. 그분이 교정 공무원으로 있을 때 공무로 자주 병원이나 영안실에 갈 일이 생겼답니다. 그래서 지방의 아주 큰 병원에 갔는데 중학교 때의 친구를 만났대요. 그 친구 겉모습에 엄청나게 잘 사는 표가 흐르더래요. 그래서 너 여기서 일하나? 했더니 그렇다고 하더래요. 그래서 중학교 때는 공부를 못했지만 그동안 공부를 열심히 해서 병원장이 된 줄 알았더니 그것이 아니고 자기는 영안 실장이라고 하더래요. 정말 예수님 믿지 않을 것 같아보이던 그 친구에게 전도했더니 전도를 시작하자마자 믿겠다고 하더래요. 자기는 술도 먹고 언젠가 죽기 전에 기독교인이 되겠다고 하더래요. 왜 그런 생각을 하게 됐느냐고 물었더니 자기는 많은 죽음을 보며 확실히 죽음이후의 영적인 세계가 있다는 것이 확실히 믿어지고 절대로 기독교인으로 죽을 거라고 하더래요.

　그분은 직업상 시체를 많이 만지는데 공통점들이 있더래요. 엄청 두려워하고 공포 가운데 죽은 모습도 있고 밝고 평안하고 기뻐하며 죽은 모습도 있는데 나중에 그들을 조문하러 오는 사람들의 무리를 통해서 깨달은 것이 있대요.그 친구가 말하기를 자기는 비록 아직 교회는 안 다니지만 웬만큼 예수 오래 믿은 사람들 보다 천국과 지옥은 더 잘 안다고 하면서 다년간 시체를 만졌기 때문에 관 뚜껑만 열어봐도 이 사람이 천국행인지 지옥행인지 구분할 수 있다고 했대요.

　그것은 평안하고 밝은 모습으로 그 몸을 단장할 때 만지기 부드러운 죽음을 맞이한 사람들의 조문객은 거의 하나님 예수님 찬송하는 사람들이 손님으로 오는 경우였고, 그 모습을 보기도 몹시 무섭고 험하고 너무나 큰 공포에 질려 고통가운데 두려워하며 죽은 모습을 한 경우는 대부분 찬송을 하지 않고 다른 것을 하더래요. 예수 믿다가 죽은 사람과 안 믿다가 죽은 사람은 한눈에 척 알 수 있다고 하며 예수 믿지 않던 사람의 시체는 보는 순간 언제나 오싹하게 한기가 든다고 했대요. 하나같이 눈을 부릅뜨거나 혀를 빼물거나 오만상을 쓰고 있어서 무시무시하다고 하며 근데 예수 믿던 사람들은 몹쓸 병으로 그렇게 아파하다가도 임종이 가까워질수록 이상하게 얼굴이 환하게 펴지면서 편안한 모습들이었고 도무지 죽는 사람 같지가 않다고 하였대요. 한둘이 아니라 보는 족족 그러니 나도 예수 믿으면 좋은데 간다는 것을 아니까 언젠가 믿을 거야라고 했대요. 그런 경우를 열 몇 번이 아니라 자신의 직업상 너무도 많이 봐 왔기 때문에 자기는 절대적으로 죽어서 좋은데 가고 싶어서 교회에 갈 것이라고 하였대요.

그러나 지금은 당장에 세상의 즐거운 것이 많기 때문에 그것들을 즐기며 자신이 원하는 대로 하고, 살고 싶은 대로 살고, 나중에 죽기 직전에 예수님 믿고 천국 갈 것이라고 그 친구가 말하더래요. 하지만 그 친구는 영의 세계를 한 자락 조금의 비밀을 알고 있다 하더라도 언제 우리가 육의 옷을 벗어야 할지는 아무도 모르는 일인데 걱정이 됩니다. 우리가 세상에 올 때는 순서가 있지만 갈 때는 죽을 때는 순서가 없다는 것을 아시지요?

원수마귀사단은 우리의 생명을 도둑질 하고 자기 소유로 삼아 지옥으로 끌고 가려고 치열한 싸움을 싸우며 술수를 부리며 기만하여 달콤한 눈앞의 육신의 정욕과, 안목의 정욕과, 이생의 자랑의 덫을 놓아 원숭이의 손이 사탕단지의 유혹에 빠지게 하여 사냥하듯이 사람들을 지옥으로 끌고 가려고 애쓸 것이기 때문에 늘 깨어 미리 준비가 되어 있어야만 하는 것입니다. 이 땅에서도 임신하면 아직 태어나지도 않은 사랑하는 자녀들을 위해서 또 가족과 자신을 위해서 여러 가지 보험 드는 사람들도 봅니다. 미리 미리 각종 보험을 들며 인생의 앞일을 준비하는데요. 1백년이 아니라 앞으로 영원 영원히 살 나라를 위해서 아무 준비도 안한다는 것은 너무도 지혜가 없는 어리석은 일인 줄 압니다.

　아이가 어머니의 태 안에서 밖의 세계가 없다고 한국이 없고 미국도 없고 산과 들과 하나님이 만드신 자연이 없다고 아무리 주장한다 할지라도 태에서 나와 보면 그 모든 것이 있는 것을 목격하게 될 것입니다.

　그와 같이 우리도 이 유한한 육신의 눈에 갇혀서 다음 생이 없고 영원한 생명도 없고 영혼도 없고 천국과 지옥이 없다고 아무리 주장한다 할지라도 우리의 영이 육신을 벗는 날에는 분명히 자신이 이 땅에서 무엇을 준비하고 선택했느냐에 따라 영원히 그 세계를 누릴 것입니다.

　자신의 이마위에 난 눈썹의 숫자도 알 수 없는 우리의 유한한 이성으로 실존하는 영원한 영의 세계를 무조건 없다고 가정하여 주장하는 것보다 사실 현존하는 그 영원한 세계가 더 중요한 것이지요.

　한번 죽는 것은 사람에게 정하신 것이요 그 후에는 심판이 있으리니 히9:2

　예수께서 이르시되 내가 곧 길이요 진리요 생명이니 나로 말미암지 않고는 아버지께로 올 자가 없느니라 요14:6

- 제 사 -

지극히 유교적인 문화권 안에서 사는 한국인들에게 제사는 민감한 문제가 아닐 수 없을 것입니다. 믿는 자들은 돌아가시고 일 년에 한번만 부모님들이 먹지도 못하는 제사 상 잘 차리는 불효를 할 것이 아니라 부모님이 살아계실 때 온 힘과 마음과 물질과 정성을 다 바쳐서 매일 매일 산제사로 효도를 해야 할 줄 압니다. 부모를 공경하는 기독교의 바른 산제사인 것입니다.

구원받고 하나님의 놀라우신 은혜로 병 고침도 받은 성도의 가정에서, 집안사정으로 큰 아들 된 이 성도의 집사 아버지가 집에서 앞으로 조상 제사를 하겠다고 말 할 때였습니다. 하나님의 특별하신 생명을 건지는 은혜를 입고도 이와 같이 귀신을 섬기려한 그 가정에 반복하여 권고했지만, 듣지않고 정말 그 가정에서 제사를 하게 되는 상황이 되었습니다. 주님께서는 성도들이 모여 기도하는 가운데 말씀하셨습니다. 주님을 잘 모르는 사람에게는 그와 같이 말씀하시지 않으실 것 같은데 하나님의 은혜로 구원받고 특별한 은혜 가운데 목숨을 살려주신 그 은혜를 헌신짝처럼 버리고, 세상과 사람과 영합하여 가정의 화목을 위하여 제사를 드리기로 했다는 가정에 엄청난 환난과 고통의 징계를 면케 하시기 위하여 말씀을 주셨습니다. 저는 전하면서도 그 내용이 너무나 충격적이어서 놀라고 또 놀라지 않을 수 없었습니다.

예수님의 거룩하신 보혈로 구원받은 하나님의 자녀들이 제사를 하는 것은 하나님이 보시기에 너무나 자신과 가족을 죽이는 망령된 행실이므로 그 징벌이 이미 예비 되어 있다는 것입니다. 앞날을 살아보지 않아도 말씀 가운데 이 가정이 말씀을 거역하고 제사하면 받을 고난과 환난이 극심할 것은 너무나 자명한 이치이기 때문에 안타까움으로 기도시간에 합심하여 기도하게 하였습니다. 기도하는 중에 주님께서 말씀해 주셨는데 정말로 충격적이고, 주님의 보혈로 구원 받았다는 백성들이 제사를 할 때 우리를 지으시고 아들의 보혈로서 우리를 구원하신 하나님 아버지의 마음이 얼마나 아프고 노여워 하시는 줄을 알게 되었습니다.

*내 백성이 지식이 없으므로 망하는 도다 네가 지식을 버렸으니 나도 너를 버려 내 제
사장이 되지 못하게 할 것이요 네가 네 하나님의 율법을 잊었으니 나도 네 자녀들을
잊어버리리라* 호4:6

기도할 때 주님께서 그 성도에게 말씀하셨습니다. 그 성도의 부모님 모두 듣는 곳에서 확실히 말하라고 하셨습니다.

그 집에서 제사하는 것은 그 성도의 아버지가 보는 앞에서 그 성도의 어머니가 다른 남자와 잠자리를 하는 것과 같은 것이라고 전하라고 하셨습니다. 바로 주님께서 이와 같은 시각으로 구원 받은 자녀들의 제사하는 모습을 보신다는 것이었습니다.

저는 이 사안의 중요성을 다시금 깨닫고 그 성도를 직시하며 반복해서 하나님의 말씀을 들려주고, 반드시 부모님 앞에서 하나님의 뜻을 전하라고 엄중히 경고하였습니다. 그 후로 이 말씀을 전하여 들은 성도의 부모님은 하나님의 은혜로 안 믿는 형제와의 가정의 화목을 위하여 제사하려는 것을 그만두었고, 제사하게끔 종용했던 그의 동생은 그의 가족과 함께 한 달 뒤에 주 예수님 앞으로 돌아왔습니다. 하나님의 자녀들이 제사를 하지 말아야하는 이유는 단지 이론적인 것만이 아닙니다.

하나님께서는 우리를 지극히 사랑하시므로 자신의 아들 예수 그리스도의 보혈로 값 주고 사신 하나님의 자녀들이 어려움과 고통에 처하기를 원치 않으시기 때문에 제사하지 말라고 하시는 것입니다. 제사의 행위가 치

러지는 곳에는 반드시 귀신의 영들이 역사하기 때문입니다. 그래서 하나님께서는 너희가 귀신과 사귀는 자가 되지 말라고 하신 것입니다. 제사하는 곳에 조상의 영이 올 수가 없습니다.

부자와 거지 나사로의 경우를 통해 하나님께서는 죽은 자들은 그 육신에서 영이 분리 될 때 곧바로 낙원과 음부로 나뉘어서 예수님 믿고 죄 용서함을 받은 하나님의 자녀들은 죄가 하나도 없는 낙원으로 갈 수 있지만 예수님을 믿지 않아서 자신의 죄 용서함을 받지 못한 사람은 그 죄의 값을 영원토록 치르기 위해 음부로 그 영이 가는 것을 우리는 말씀을 통해서 알 수가 있는 것입니다.

혹자는 노아 시대 이후의 인간수명이 120세 라는 것을 말하며 성경에도 없는 120세 이전에 죽는 사람들은 그 시간이 되기까지 인간세상을 사랑과 영혼 같은 영화에 나오는 것처럼 영으로 떠돌아다닌다고 하는데 이것은 성경말씀과 전혀 맞지 않은 잘못된 견해 이므로 속지 말아야 할 것입니다. 우리가 몸으로 있을 때에는 선택할 수 있습니다. 그러나 우리의 영혼이 몸을 떠날 때는 몸 안에 생명이 있을 때 선택한 대로 하나님이 보내주신 예수 그리스도를 믿음으로 죄 용서함을 받은 사람은 생명책에 그 이름이 기록되어 그 몸에서 영이 떠날 때 곧 주예수를 만나 아버지 하나님의 집에 들어 갈 수 있지만, 구원 받지 못한 사람들은 그들의 죄를 대신 속해 주신 하나님의 아들 주 예수님을 믿지 못한 그 가장 큰 죄 때문에 자신의 죄 값으로 영원토록 지옥에서 형벌을 받아야만 하는 것입니다.

요즘 환생이라는 주제로 각종 드라마나 영화나 여러 매체에서 사람들의 생각을 잘못 되도록 이끌어서 그 영혼들이 하나님의 구원과 멀어지게 만드는 미혹이 강력하게 일어나고 있습니다. 또한 타로 점, 별점 등으로 젊은이들까지도 미혹하는 사단의 앞잡이들이 있습니다. 결코 이러한 것에 미혹되어서는 안 될 것입니다. 이러한 것들은 우리의 영혼을 해치고 구원과 멀어지게 만드는 것입니다. 특별히 하나님을 믿는 자녀들이 이에 미혹되어 구원의 길에서 미끄러지지 않도록, 혹 미치지 못하는 일이 없도록, 믿음의 가정에서는 자녀들에게 이 부분을 확실히 사단에게 미혹되는 일이 없도록 그리하여 가장 귀한 영생의 생명을 놓치는 일이 없도록 깨어 분별하여 가르쳐야만 할 것입니다.

> *무릇 이방인이 제사하는 것은 귀신에게 하는 것이요 하나님께 제사하는 것이 아니니 나는 너희가 귀신과 교제하는 자가 되기를 원하지 아니하노라 너희가 주의 잔과 귀신의 잔을 겸하여 마시지 못하고 주의 식탁과 귀신의 식탁에 겸하여 참여하지 못하리라 그러면 우리가 주를 노여워하시게 하겠느냐 우리가 주보다 강한자냐* 고전10:20~23

하나님께서 들으면 사는 말씀을 우리에게 주셨으므로 무엇을 선택하느냐에 따라 우리 삶의 명암은 확연하게 갈라질 것입니다.

> *내가 오늘 하늘과 땅을 불러 너희에게 증거를 삼노라 내가 생명과 사망과 복과 저주를 네 앞에 두었은즉 너와 네 자손이 살기 위하여 생명을 택하고 네 하나님 여호와를 사랑하고 그의 말씀을 청종하며 또 그를 의지하라* 신30:19~20

또한 하나님의 분명한 명령과 그 말씀을 알고도 반복적으로 그 말씀에 불순종의 삶을 살면, 나중에는 양심이 굳어져서 죄악을 즐기며 계속 그 길로 나가게 되는 것입니다. 그 시작이 술이라든가 음란이라든가 마약이라는 세상 쾌락이라든가 주님이 싫어하시는 세상의 관점에서의 인간의 사랑을 말하는 동성애라든가 이러한 것들로 사단 마귀는 할 수만 있다면 믿는 사람들까지도 미혹합니다. 처음에 슬쩍 죄의 단물을 빨게 만들고 나서는 스스로 찾도록 육체적 만족을 주어서 사람들을 미혹합니다. 그러다가 죄가 너무 좋기 때문에 스스로 하나님을 마음에서 밀어내 버림으로 인생 마지막 날까지도 회개하지 않고 살다가, 마귀를 벌하려고 만들어 놓은 지옥으로 끌려갈 수밖에 없게 만드는 것이 사단이 쳐놓은 올무와 사망의 그물인 것입니다. 사단이 던져주는 미끼는 물지도 먹지도 가까이 하지도 말아야 할 것입니다. 모두 멀리하고 그 문도 열어 주지 말아야 합니다. 우리가 오감만을 가지고 지식적으로 하나님을 안다면 이러한 이야기가 무슨 이야기인가 이해가 되지 않을 수도 있겠지만, 안에 성령님의 임재하심 가운데 기도하고 영의 감을 가지고 사는 하나님의 자녀들은 이 이야기를 다 공감할 것입니다. 신령한 것은 신령한 것으로만 분별할 수 있습니다.

너희 자신을 종으로 내주어 누구에게 순종하든지 그 순종함을 받는 자의 종이 되는 줄을 너희가 알지 못하느냐 혹은 죄의 종으로 사망에 이르고 혹은 순종의 종으로 의에 이르느니라 롬6:16

그들은 영벌에, 의인들은 영생에 들어가리라 하시니라 마25:46

주님 앞에 설 때에는 주님 앞에 우리 입으로 우리가 어찌 살아왔는지에 대해, 삶과 죄에 대하여 직고해야 할 때가 반드시 있을 건데, 지금 내가 어찌 사느냐에 따라 그 날에 엄청난 두려움 가운데 벌벌 떨며 서 있을 사람도 있겠고 기쁨으로 주님 앞에 상 받기 위해 영광 가운데 서 있을 사람도 있을 것이기 때문입니다.

그러므로 우리는 두려워할지니 그의 안식에 들어갈 약속이 남아 있을지라도 너희 중에는 혹 이르지 못할 자가 있을까 함이라 히4:1

포도주는 붉고 잔에서 번쩍이며 순하게 내려가나니 너는 그것을 보지도 말지어다 그것이 마침내 뱀같이 물것이요 독사같이 쏠 것이며 또 네 눈에는 괴이한 것이 보일 것이요 네 마음은 구부러진 말을 할 것이며 너는 바다가운데 누운 자 같을 것이요 돛대 위에 누운 자 같을 것이며 네가 스스로 말하기를 사람이 나를 때려도 나는 아프지 아니하고 나를 상하게 하여도 내게 감각이 없도다 내가 언제나 깰까 술을 다시 찾겠다 하리라 잠23:31~35

주님은 우리에게 말씀하십니다.

또한 너희가 이 시기를 알거니와 자다가 깰 때가 벌써 되었으니 이는 이제 우리의 구원이 처음 믿을 때 보다 가까웠음이라 밤이 깊고 낮이 가까웠으니 그러므로 우리가 어둠의 갑옷을 벗고 빛의 갑옷을 입자 낮 에와 같이 단정히 행하고 방탕하거나 술 취하지 말며 음란하거나 호색하지 말며 다투거나 시기하지 말고 오직 주 예수그리스도로 옷 입고 정욕을 하여 육신의 일을 도모하지 말라 롬13:11~14

하나님께서는 우리가 투기와 술 취함과 방탕함과 또 그와 같은 것들을 행할 것을 경계 하십니다 왜냐면 이런 일을 하는 자들은 하나님의 나라를 유업으로 받지 못할 것이라고 갈라디아서 5:21에 들으면 사는 말씀을 믿는 자들의 행복을 위해 기록해 놓으셨기 때문입니다.

그러므로 우리 믿는 하나님의 사람들은 나 자신부터 깨어 지켜서 주님께서 말씀하신 것처럼 술 취하지 말아야겠습니다. 하나님께서는 이는 방탕한 것이니 오직 성령의 충만을 받으라. 라고 에베소서 5장 18절에 말씀하심으로 그분의 백성을 지키시기를 원하십니다.

그러므로 우리는 오직 주 예수 그리스도로 옷 입고 정욕을 위하여 육신의 일을 도모하지 말아서 주의 법을 사랑하는 자들에게 주시는 큰 평안을 받아 인생길에 장애물이 없게 하시는 주님은혜로 행복한 삶을 사시기를 축복합니다. 저는 하나님의 은혜 가운데 정말 수많은 사람들을 만나 보았습니다.

재물이 많은 사람도, 권세가 있는 사람도, 유명한 사람도 만나 보았습니다. 제가 깨달은 것은 그런 것들이 진정 행복과 평화를 가져다주는 것이 아님을 그들의 문제와 삶을 보고 깨달았습니다. 은을 사랑하는 자는 은으로 만족하지 못하고 풍요를 사랑하는 자는 소득으로 만족하지 못하는 것을 보았습니다. 아무리 은금을 집에다 쌓아 놓아도 누리는 것만큼만 내 것이고 하늘 창고에 쌓아 놓은 것만큼만 그 나라에 가서 영원히 누릴 내 것이 될 것임을 알기에 자족하는 삶이 얼마나 주 안에서 복된 것인가를 교훈 적으로 배우게 됩니다. 진정 행복한 삶은 주님을 사랑하며 맡겨진 자리에서 맡겨진 일에 충성하며 주님 주시는 마음의 평강을 누리며 사는 것이 가장 복된 것임을 알았습니다.

기도학교에서의 기도회는 먼저 1시간 찬송과 예배를 드리고 나서 주님 기뻐하시는 기도부터하고, 기도학교에 오신 분들을 한분 한 분위해 같이 기도하였습니다. 첫 번째로 선교사와 세계 열방의 교회와 주의 종들, 세계 복음화를 위하여 기도하고, 두 번째 통성기도는, 한국의 13만 5천여 교회와 30만 이상의 주의 종들을 위하여 또 사역을 준비 중인 목회자들과 신학교 학생들을 위해 기도합니다. 세 번째로는 본 교회 목사님을 위하여, 교회와 성도들, 부흥과 성전이전을 위하여 기도하고, 네 번째로는 나라와 민족을 위하여, 위정자들을 위하여, 그리고 유대인들의 구원을 위하여 기도합니다. 주님께서 이 기도를 기뻐 받으실 줄 압니다. 주님께서는 먼저 그의 나라와 그의 의를 위하여 구하라고 하셨습니다. 그리고 우리의 필요를 주님께 고하는 것이 주님께 합당히 여김을 받을 것이라고 생각합니다. 전에 기도시간에 우리 집사님을 위해 기도해 드릴 차례가 되었을 때 주님께서는 "7대 3이다"라고 말씀하여 주셨습니다. 먼저 그의 나라와 그의 의를 구하는 기도를 하고 나중에야 나의 필요를 구하여야함을 말씀하신 것입니다. 우리 교회성도들 중 계속 예배와 기도훈련을 받은 사람들은 주님께서 여러 가지 은사를 주시어서 주님의 인도를 받고 가니 참으로 복이 됩니다.

하나님은 믿음 있는 자를 기뻐하십니다. 우리는 다만 통로요 도구일 뿐입니다. 하나님께서 하신 일들에 대해서 반드시 하나님께 영광을 돌려야 됨을 저는 깨닫습니다. 당신의 삶 가운데 행하신 주님이 크신 은혜와 사랑에 대해서 주님께 감사와 영광을 돌려 드리거나 간증하며 전도하기를 주저하지 맙시다.

- 여호와께 능치 못 할 일이 있겠느냐? -

하나님께서는 그 분의 자녀를 사랑하셔서 복을 주시고 영광을 받으십니다. 한 집사님을 우리교회 기도학교에 보내 오셨습니다. 먼저 우리교회 기도학교에 와서 은혜 받으신 한 집사님이 기도학교 예배 때마다 성령님의 충만하신 임재의 은혜와 하나님의 영광이 강하게 나타남으로 인해, 주님 안에서 기뻐하며 첫사랑의 은혜를 회복하여 기쁨으로 기도 생활을 하였습니다.

그 집사님은 아주 곤고한 지경에 있는 다른 집사님을 데리고 왔습니다. 그런데 그 사람은 뇌가 잘못되어 연세 세브란스 병원에 입원했는데 한 쪽 뇌가 점점 줄어들어가는 병에 걸렸다고 했습니다. 6개월간 아무리 검사를 해도 치료받지 못했고 계속 피를 뽑으며 수많은 검사를 했지만 병의 원인도 치료방법도 모른 채 퇴원했다고 하였습니다. 뇌 한 쪽이 마비되고 온 몸이 거의 마비되고, 아무것도 할 수도 고칠 수도 없었다고 한 상황이었습니다. 의사도 이제 더 이상의 치료도 안 되고 다른 뇌에까지 전이되어 치료 할 수 없고 점점 나빠지다가 결국에는 온 몸이 마비되어 죽는다고 해서 병원에서 그냥 퇴원하게 된 것이라고 하였습니다. 병원에서는 아주 포기한 상태라는 것이었습니다. 그저 죽을 날만 기다리고 있는 상황이라는 말을 들으니 너무 안타까웠습니다.

그 사람을 처음 본 순간이 나는 잊혀 지지 않습니다. 세상에서 이처럼 중병에 든 사람을 처음 보았습니다. 몸의 상태뿐만 아니라 아예 생명이 하나도 없이 석고 화 된 사람 같았습니다. 마르고 말라 그 뿌리까지 마른, 죽고 죽어 완전 말라비틀어진 나무와 같아보였습니다. 영적으로도 육체도 같이 안 좋았습니다.

하나님께서 그 사람의 마음속을 보여주시는데 그가 말하고 있었습니다. "자살하면 지옥 가니까 자살은 못하겠고 나는 죽는 것 외에는 아무 할 것이 없다" 이것이 죽고자 소원하는 그 사람의 속마음 이었습니다. 그러나 하나님께서는 저에게 그 사람을 위해 말씀하게 하셨습니다.

"내가 너에게 살 목적을 주겠다! 살 소망을 주겠다! 살 힘을 주겠다!"

라고 말씀하셨습니다. 주님의 기름 부으심이 아주 강력하였기 때문에 예배만 드림으로 그 사람은 처음 왔을 때의 모습과 엄청나게 변하였습니다. 거의 드러눕다시피 하고 앞도 바라보지 못하였던 사람이 바로 앉아있는 것이었습니다. 주님께서 영안을 열어 주시니 그 아픈 사람의 배에서 생수가 흐르는 것이 보였습니다. 육안으로도 생기가 돌았습니다.

마르고 말라 뿌리까지 죽어가는 것 같던 그 사람이 아주 건강해 보였습니다. 얼굴색도 앉는 자세도 완전히 달라졌습니다. 나는 주님께서 하신 말씀을 그대로 전해 드렸습니다.

하나님께서는 예배시간에 예배를 통해서 그 사람에게 하나님의 자녀로서의 자긍심을 회복시키시고 사랑으로 권고하사, 그 영이 깨어 기뻐 회복되게 하시고 푸른 사철나무처럼 소생시키셨습니다. 참으로 말씀하신대로 살 목적과 살 소망과 살 힘을 주시는 복된 시간으로 하나님의 살아계심을 나타내시었습니다.

두 번째 와서 예배드릴 때 이 사람은 거의 정상인과 다름이 없어 보이도록 주님께서 그 사람의 회복을 빨리하셨습니다.

세 번째 온 날은 완전히 건강하여져서 찬송 드리는 시간에 일어서서 두 손을 높이 들고 하나님을 찬양하며 영광 돌리고 있었습니다. 예배드리는 시간에 주님께서 역사하신 기적들이었습니다. 할렐루야! 주님의 이름을 높이세! 창조의 능력의 기적을 행하시는 주님을 찬양 드립니다. 이후 이 사람은 그 다음 날 다시 예전의 직장으로 돌아가 일하게 되었습니다. 교회에서도 다시 잘 섬기게 되었습니다.

주님은 거의 매일 날마다 죽을 자를 살리시고 병든 자를 치유하시며 마음이 상한 자를 고치시어 새로운 삶을 주십니다. 주님께서 하시는 놀라운 일들을 목도하게 하시니 나는 소망의 하나님으로 인해 너무 기쁘고 행복하고 감사한 마음 가득 하였습니다.

그러나 주께서 내 뿔을 들소의 뿔같이 높이셨으며 내게 신선한 기름을 부으 셨나이다 시92:10

여호와의 눈은 온 땅을 두루 감찰하사 전심으로 자기에게 향하는 자를 위하여 능력을 베푸시나니 대하 16:9

내가 전심으로 여호와께 감사하오며 주의 모든 기사를 전하리이다 시9:1

주를 찬송함과 주께 영광 돌림이 종일토록 내 입에 가득 하리이다 시71:8

내가 주의 의를 내 심중에 숨기지 아니하고 주의 성실과 구원을 선포하였으며 내가 주의 인자와 진리를 대회 중에서 은휘치 (감추지)아니하였나이다 시40:10

정말로 기도할 때 놀라운 기적은 시작되는 것입니다.
주님의 기도의 사람은 끝까지 주님께 기도로 나아갑니다.
주님께서 그를 인정해주시고 높여 주시며 풍성한 응답을 내려 주십니다.
그의 기도는 주님께 그의 믿음을 보여드립니다. 끈질긴 그의 기도는 하늘 보좌까지 물처럼 차오르고 하나님을 움직입니다.
하나님은 반드시 믿음의 사람의 기도에 귀 기울이시고 때가 차면 응답하시고 축복하심이 형체로 이 땅에서 드러납니다.

세례 요한의 때부터 지금까지 천국은 침노를 당하나니 침노하는 자는 빼앗 느니라
마11:12

주 여호와께서 이같이 말씀 하셨느니라 그래도 이스라엘 족속이 이같이 자기들에게 이루어 주기를 내게 구하여야 할지라 내가 그들의 수효를 양떼 같이 많아지게 하되 제사드릴 양 떼 곧 예루살렘이 정한 절기의 양무리같이 황폐한 성읍을 사람의 떼로 채우리라 그리한즉 그들이 나를 여호와 인줄 알리라 하셨느니라 겔36:37~38

예루살렘이여 내가 너의 성벽위에 파수꾼을 세우고 그들로 하여금 주야로 계속 잠잠 하지 않게 하였느니라 너희 여호와로 기억하시게 하는 자들아 너희는 쉬지 말며 또 여호와께서 예루살렘을 세워 세상에서 찬송을 받게 하시기까지 그로 쉬지 못 하시게 하라 사62:6~7

우리가 이것을 말 하거니와 사람의 지혜가 가르친 말로 아니하고 오직 성령께서 가르치신 것으로 하니 영적인 일은 영적인 것으로 분별하느니라 육에 속한 사람은 하나님의 성령의 일들을 받지 아니하나니 이는 그것들이 그에게는 어리석게 보임이요 또 그는 그것들을 알 수도 없나니 그러한 일은 영적으로 분별되기 때문이라 신령한 자는 모든 것을 판단하나 자기는 아무에게도 판단을 받지 아니하느니라 누가 주의 마음을 알아서 주를 가르치겠느냐 그러나 우리가 그리스도의 마음을 가졌느니라
3:13~16

- 암이 말라 비틀어져 구겨진 껌 종이처럼 -

대구에서 담임 목사님과 오신 박○진 집사님은 그 교회의 중추적인 안수 집사님이라고 하였습니다. 아산 병원에서 수술불가 판정을 받고 다시 집으로 돌아가는 중에 연락이 되어서 교회로 왔습니다.

담임 목사님과 아내 집사님과 처제와 함께 왔는데 병원에서는 암이 전 장기에 전이 되어서 도저히 수술도 안 되고 한 20일내지 30일 밖에 시간이 없다고 준비하라고 하셨다합니다. 그 목사님과 같이 신학교 동기인 선교사님이 우리교회에서 주님께서 여러 사람의 암과 현대 병원에서 고치지 못하는 수많은 병들을 고쳐주신 하나님의 일하심을 알고, 본인도 큰 체험을 한 터여서 그 목사님은 대구 내려가기 전에 그 동기 선교사님에게 안부인사나하고 내려가다가 우리 교회 소식을 듣고 오게 된 것입니다. 그 선교사님은 영육이 곤고한 중에 놀라우신 주님의 도우심으로 말미암아 영육이 회복되고 살도 급속히 빠지는 체험을 하고 매우 건강하게 되었기 때문에 아주 확신 있게 동기 목사님에게 권해 주셨던 것입니다.

그분들이 오셨는데 먼저 예배를 드릴 때 주님께서는 요11:40말씀을 주시며 고쳐주실 것을 믿으라고 그들에게 말씀하셨습니다. 나는 나를 믿을 수가 없습니다. 오직 주님의 말씀을 신뢰하고 의지하고 나갑니다. 나는 하나님이 하신 말씀 그대로 되리라고 확실히 믿습니다. 마침 같이 온 처제가 예수님을 믿지 않는다고 했습니다. 그래서 담대히 전 할 수 있었습니다.

"하나님은 능치 못하심이 없으십니다, 주님께서 오늘 능히 당신의 형부를 낫게 하시고 암에서 자유하게 하실 것인데 그때 당신은 예수님을 믿으시고 교회를 다니셔야 됩니다"

그러자 그 처제는 형부가 암이 다 나으면 예수님을 믿고 교회에 다니겠다며 하나님 앞에서 약속하였습니다. 나는 주 예수님을 의지하여 성령님의 인도하심을 따라 손을 뻗어 축복하며 기도하였습니다. 예수이름으로 명하고 선포했는데 주님께서는 서너 번 선포하고 명하자 "이제는 됐다"고 하셨습니다. 그래서 저는 주님께서 이 집사님을 온전히 다 고치셨다고 선포했습니다. 같이 오신 주변분 표정을 보니 모두들 영 확신이 서지 않는 모양이었습니다. 남자 목사님도 아니고 여자 사모가 그것도 특별히 문지르거나 때리지도 않고 몇 마디 말로 선포하며 기도하는데 이렇게 해서 과연 나을까하는 의구심을 그들의 모습에서 읽을 수 있었습니다. 담임 목사님은 이교회에 데리고 온 책임감으로 더욱 조심하시는 모습이고 영 믿기지 않는 모습이셨습니다. 이해는 갔습니다. 그러나 나는 일말의 의혹도 없었습니다. 그동안 주님께서 암 환자들을 치유하시는 것을 많이 봐 왔고, 그 일에 도구로 쓰임을 받았기 때문에 진정 요한복음 11장 40절 말씀을 믿을 수 있었고, 요한복음 14장 12절에서 14절 말씀대로 될 줄 믿고 산 때문이었습니다.

내가 진실로진실로 너희에게 이르노니 나를 믿는 자는 나의 하는 일을 그도 할 것이요 또한 그보다 큰일도 하리니 이는 내가 아버지께로 감이라 요14:12

기도해 드리고 잊고 있었습니다. 당연히 주 예수님께서 일하셨음을 믿었기 때문입니다. 얼마 후 그 암환자를 소개 시켜주신 선교사님에게서 연락이 왔습니다. 굉장히 미안해하며 말하였습니다. "사모님! 그 안수집사가 대구에 돌아가서 일주일 만에 다시 서울에 올라가 아산병원에 가서보니 암이 껌 종이의 은박지가 완전 구겨져 말라붙은 것처럼 되어서 의사 선생님들이 너무나 놀랐대요. 그래서 그것만 떼어내었대요. 의사 선생님들은 무슨 일이 있었느냐고 어떻게 된 일인지 너무나 놀랐대요. 앞으로 20일 내지 30일이 지나면 죽을 수밖에 없다던 사람에게 정말 의학적으로는 해명이 안 되는 일이 일어났던 거예요. 그래서 그 교회에서 중추적인 일꾼인데 이일로 인해 교회가 아주 좋아졌대요. 그래서 주영광교회 사모님 찾아가 감사하다는 말씀이라도 드리지 않았냐고 하니까 가지 않았다고 하더래요." 하면서 나에게 굉장히 미안해했습니다.

의사선생님들에게 분명히 하나님께서 하셨음을 말 하여야 하는데 수많은 사람들이 그때 예수님 이름으로 기도해서 나았다는 말을 그렇게도 할 수 없었는지 참으로 안타깝습니다. 그 집사님이 가기 전에 저는 주보를 전해주며 다 나으면 한 번 더 오라고 말씀드렸습니다.

웬일인지 안수 집사님이라는 분의 믿음이 염려가 되었기 때문이었습니다. 감사헌금을 하러 오라는 것이 아니라 그분의 웬일인지 염려되는 부분을 주님께서 보완하시고 채워주시는 것이 필요하다고 생각이 들게 하셨기 때문이었습니다.

주님께서 하시는 놀라운 축복된 일들에 대해서 반드시 하나님께 영광을 돌려야 됨을 보게 됩니다. 주님께서 전 장기에 암이 전이되어 죽을 날만 기다렸던 그 사람을 고쳐주심에 감사와 영광을 드렸습니다. 주님께서 은사를 주신 목적은 그분을 나타내려 하심인 것입니다. 교회를 유익되게 하시며 궁극적으로는 죽어가는 많은 영혼을 주님께로 인도하기 위한 복음전파의 수단임을 압니다. 그런데 염려가 되었습니다, 하나님께서 이 일을 통해서 뭔가 그분의 믿음을 보수하시고 채워주시고 굳건하게 하실 부분이 반드시 있는데 그를 더 온전히 세우도록 내게 기회를 허락하지 않으신 것이 안타까웠습니다. 은혜와 축복을 받는 것도 중요하지만 그것을 유지할 수 있는 믿음을 세우는 것도 그에 못지않게 중요함을 압니다. 주님께로부터 크신 은혜를 받고 병을 치유함을 받고 하나님께로부터 축복을 받은 사람들은 주님께서 베풀어 주신 크신 은혜에 하나님께 영광 돌리며 예수님을 모르는 사람들에게 복음을 간증으로 생생하게 전하여서 흑암가운데 있어서 영원한 지옥의 형벌 앞에 있는 영혼들에게 예수님 믿고 구원 받고 천국에 가도록 이끌어야 될 사명이 있는 것입니다. 우리는 천국 시민입니다. 이 땅에 있을 때부터 천국 생활은 누려져야 마땅합니다. 주님께서는 말씀하셨습니다.

*내가 너희를 위하여 거처를 예비하러 가노니 가서 너희를 위하여 거처를 예비하면
 내가 다시 와서 너희를 내게로 영접하여 나 있는곳에 너희도 있게 하리라* 요14:2~3

내 안에 주님의 영이 충만하면 그 힘과 능력으로 우리는 세상과 정욕과 죄악을 이기며 자기 자신과 마귀사탄을 이깁니다. 내 안에 주님의 말씀과 교회를 충만케 하시는 성령님으로 말미암아 내가 복의 근원, 축복의 통로가 되는 것입니다. 말씀을 믿음으로 선포하고 기도하며 취하고 다스리고 정복하고 기뻐하며 승리의 삶을 살아서, 나로 말미암아 남편과 아내가 살고 자녀가 살며 부모 형제가 살고 이웃을 살리는 예수 그리스도의 향내 나는 의의 편지, 능력의 편지, 화평의 편지, 위로와 소망의 편지들을 전해 주면서 살 거룩한 부담감을 가져야 합니다.

이 모든 일의 시작은 주님 안에서 나를 바라보는 일에서부터 시작 되어집니다. 내가 얼마나 죄인인 것과 내 힘으로는 아무 것도 할 능력이 없음을 철저하게 깨닫게 되면 우리는 주님 안에서 겸손해 질 수 밖에 없게 되지요. 그리고 우리는 주님께서 주신 말씀을 의지하고 신뢰하며 나의 부족함을 아뢰고 주님의 도우심 속에서 겸손하게 먼저 그의 나라와 그의 의를 구하게 됩니다. 바로 이것이 말씀 안에서 나를 그대로 직시함으로 말미암아 우리는 주님의 긍휼하심을 입을 존재로 거듭나는 것입니다.

다른 어떤 것으로도 안 됩니다.
오직 주님으로서만이 나를 말씀 안에 세우시고 거룩하게 하시며 그 은혜

로 인하여 강하고 담대하며 능히 세상을 이길 정병으로 세워지게 되는 것입니다. 주님께서 나를 기도의 사람으로 만드심은 주님의 긍휼하심과 자비하심의 은혜로 된 것이었습니다. 주님께서는 주변의 훌륭하신 주의 종들의 도움과 지도로 저를 세워가셨습니다. 또 생명의 복음을 전하기 위하여 매일 수 시간씩 기도하며 말씀을 전하기 위해 엉덩이가 아프고 짓무를 정도로 앉아서 설교말씀을 준비하여 살아있고 늘 살찐 꼴을 먹이시는 남편 목사님을 통하여 지도 받게 하심으로 저를 세우시는 은혜를 더하셨습니다.

저는 지금 당신을 주목하며 말씀드립니다.

주님의 은혜로 사랑을 입은 당신에게 주님께서 원하시는 것이 있습니다. 주님께서 기도로 주님의 뜻을 구하며 의에 주리고 목마른 심령으로 나아가는 주님의 자녀에게 베풀어 주실 크고 비밀한 축복이 기다리고 있습니다. 믿음을 가지고 새롭게 되기를 소망하며 기도 하십시오 놀라운 성령님 방문이 기다리고 있습니다. 죄를 애통하며 회개하고 간절히 주님의 뜻을 구하는 자를 주님께서는 만나 주시고 크신 하나님의 계획가운데 일하심을 믿으십시오.

아브라함을 친구라고 하신 하나님께서 그분의 계획을 감추시지 않으시고 일러 주셨습니다. 주님께서는 지금도 이와 같이 주님의 계획을 주님의 마음을 나눌 자를 찾으십니다. 바로 당신이 그런 사람이 되셔서 주님의 깊은 것 까지도 통달하시는 성령님과 함께 동역하시는 하늘 일꾼이 되시기를 축복합니다.

여호와께서 이르시되 내가 하려는 것을 아브라함에게 숨기겠느냐 창18:17

오직 하나님이 성령으로 이것을 우리에게 보이셨으니 성령은 모든 것 곧 하나님의 깊은 것 까지도 통달 하시느니라 고전2:10

지난 수년 간 주님께서는 숱한 어려움, 고난 가운데서도 잘 되며, 행복하고, 아무 부족함이 없는 믿음을 주시고 항상 기뻐하며, 쉬지 말고 기도하는 훈련을 쌓게 하셨고, 범사에 감사하는 훈련을 강권적으로 이끄셔서 훈련시키셨습니다. 이해는 되지 않아도 말씀에 그리하셨고, 주님의 성령님께서 이끄시니 주님께서 나를 주도하시고 인도하시는 방법에 순종하며 따라가기 시작하였습니다. 후에는 자연적으로 주님께서 이끄시는 방향대로 사는 그런 생활이 당연시 되는 삶을 체험적으로 살게 하셨습니다. 그러자 이것은 나에게 능력이 되었고, 말씀을 삶 가운데서 날마다 체험하는 축복과 권세가 따르는, 날마다 열매 맺는 더할 나위 없이 행복한 삶이 되게 하셨습니다. 어느 사이 나를 주님의 영광을 실어 나르는 축복의 통로로, 주님께서 타고 계신 나귀로 사용하시는 하나님의 선하신 주권을 깨닫게 되었습니다.

혹 당신은 지금 어떤 어려움 가운데 있으신지요?

혹 남에게 말 못할 어떤 고통의 시간들을 지나고 계신지요?

저는 감히 귀하고 복되신 당신에게 담대히 말 할 수 있습니다. 하나님의 자녀로 부르심을 입은 당신에게 그 고통과 견디기 힘든 그 고난의 시간들은 결코 고통과 고난으로만 끝나지 않을 것임을 확신 합니다! 주님의 손에 당신이 놓였으니 당신이 그 시간들을 주님 앞에 맡기고 기도하며 도우심을 구하기만 한다면 당신은 흙 마당에 뒹구는 개 밥그릇 막사발이 아닌 국내외빈에게 선물되어지는 존귀한 도자기가 될 것임이 분명합니다. 우리가 우리를 향하신 선하신 아버지 하나님의 뜻을 말씀가운데 올바로 깨닫는다면 우리에게 닥친 어떠한 고난 가운데서도 하나님 아버지의 선하심을 기대하며 소망 가운데 기뻐할 수 있게 되는 것입니다.

기대하세요!

그분을 신뢰하고 기도하세요!

주님께서는 진정 좋은 것으로 당신을 위해 준비해 놓으셨습니다. 아버지 하나님께서는 진정 당신이 신뢰할 수 있는 최고의 신실하신 분이십니다. 언약을 끝까지 지키시고 이루시는 참으로 신실하신 미쁘신 분이십니다.

*구하라 그리하면 너희에게 주실 것이요 찾으라 그리하면 찾아낼 것이요
문을 두드리라 그리하면 너희에게 열릴 것이니 구하는 이마다 받을 것이요
찾는 이는 찾아 낼 것이요 두드리는 이에게는 열릴 것 이니라
너희 중에 누가 아들이 떡을 달라하는데 돌을 주며 생선을 달라 하는데 뱀을
줄 사람이 있겠느냐 너희가 악한 자라도 좋은 것으로 자식에게 줄줄 알거든
하물며 하늘에 계신 너희 아버지께서 구하는 자에게 좋은 것으로 주시지
않겠느냐* 마7:7~11

*사람이 감당할 시험 밖에는 너희가 당한 것이 없나니 오직 하나님은 미쁘사
너희가 감당하지 못 할 시험 당함을 허락하지 아니하시고 시험 당할 즈음에
또한 피할 길을 내사 너희로 능히 감당하게 하시느니라* 고전 10:1

- 원수의 모든 공격 무기가 그 능력을 상실 하였도다 -

2010년 겨울 새벽에 일어난 나는 완전히 잠에서 깨어나 정신이 명료해진 상태였습니다. 그때 갑자기 성령님께서 강하게 말씀하셨습니다.

"원수의 모든 공격무기가 그 능력을 상실 하였도다!"

그 말씀이 주는 은혜가 커서 나는 감동으로 그 말씀을 되새기고 있었습니다. 조금 있다가 동일한 성령님의 음성이 명료하게 들려왔습니다.

"원수의 모든 공격무기가 그 능력을 상실 하였도다!"

아멘! 거실의 한 복판에 서서 그 새벽에 나는 감사와 승리를 외쳤습니다. "주님 참으로 감사합니다. 오직 주님의 은혜로 지금 그렇게 살고 있습니다. 승리 주신 하나님을 찬양합니다. 아멘."

내가 사단을 이길 수 있는 비결은 바로 이것입니다. 주님께서 주신 말씀을 믿음으로 붙잡고 선포하며 기도하고, 삶에서 곧바로 적용하며 사는 것입니다. 오직 주님의 은혜로 주님 주신 힘으로 원수를 물리치고 사단의 진을 훼파하며, 그들을 주 예수의 이름으로 묶고, 고난 가운데 있는 하나님의 자녀들을 예수님의 이름으로 구출해 나가자, 여러 가지 환난과 어려움으로 나를 낙심하게 하며 마음 상하게 하며 좌절에 빠뜨리기 위해 사단의 부하들은 나를 공격했습니다. 의사가 못 고치는 병을 고침 받고도 오히려 나를 모해한 사람도 있었습니다.

그러나 내 생명은 하나님의 생명싸개 속에서 자유 했고 그분의 자녀 보호하심과 보전하심의 말씀 안에서 강건했고, 늘 기쁨 가운데 새 힘을 얻어서 날마다 원수마귀와 싸워 승리 할 전투력을 날마다 주님으로부터 말씀과 성령 충만함으로 채워 나갈 수 있게 시시초초로 도우심을 얻었습니다. 승리의 비결은 또한 진격입니다!

뒤로 물러서지 않는 하나님 자녀의 의연함, 천만인이 나를 둘러 진 친다 할지라도 하나님 품 안에서 오히려 안연할 수 있는 확신 있는 믿음의 마땅함! 나는 약속의 말씀을 믿습니다.

나는 주님께서 그 약속의 말씀을 반드시 이루실 줄을 의심치 않고 믿습니다. 때로 어려움이 와도 물러서지 않고, 내 안에 심겨주신 말씀을 선포하며 뒤로 물러서지 않고 진격을 거듭하는 것입니다. 비록 오랜 경험의 신앙의 선배들보다 훨씬 적을 지라도 나의 40여년의 적은 신앙의 경험으로 보더라도 신앙에 있어서는 적당한 타협과 뒤로 물러서는 것이 곧 패배를 의미하는 것임을 알고 있습니다. 이제는 더 이상 마이너스되는 주님 없는 삶을 살고 싶지 않습니다. 주님 없이 내가 내 인생의 주인이 되어서 고아처럼 불쌍하게 내 인생을 내가 헤쳐 나가야 하는 곤고하고 비참하고 가련한 삶을 더 이상은 살고 싶지가 않습니다. 이제는 말씀만 취하며 살 것입니다. 늘 승리하며 살 수 있는 비결 또한 말씀에 있습니다.

그 문제 그 일에 대해서, 말씀이 가르쳐주는 대로 살 때 우리는 승리 할 수 있는 것입니다. 믿음의 사람, 기도의 사람이라 할지라도 어려움은 있고 인생의 큰 풍랑은 있습니다. 그럴 때 뒤로 물러서며 두려워하거나 불안해하거나 나에 대한 하나님의 선하신 인도하심에 절대 의심을 품지 않고, 이 풍랑의 시험 뒤에 있을 하나님의 철저하신 보상과 축복 그리고 약속의 말씀을 의지하여 선포하고 또 선포하고 기다리며 오직 말씀에 순종하는 삶만 살면 되는 것입니다.

바로 이것이 믿는 자가 가져야 할 믿음의 자세입니다. 주님의 은혜로서 나는 성도들에게 나의 이런 믿음의 자세를 본받으라고 합니다. 나는 고난 가운데 또는 주님께서 축복을 주셨을 때도 이 말씀을 호흡처럼, 나의 핏줄처럼 붙잡고 있습니다.

항상 기뻐하라 쉬지 말고 기도하라 범사에 감사하라 이것이 그리스도 예수 안에서 너희를 향하신 하나님의 뜻 이니라 살전5:16~18

내가 너희에게 뱀과 전갈을 밟으며 원수의 모든 능력을 제어 할 권능을 주었으니 너희를 해칠 자가 결코 없으리라 그러나 귀신들이 너희에게 항복하는 것으로 기뻐 하지 말고 너희 이름이 하늘에 기록된 것으로 기하라 하시니라 눅10:19~20

아멘! 주님께서 다 하시는 것입니다.

우리가 진정 힘들고 어렵고 고난이 닥쳐와도 우리를 그분의 양으로 삼아서 돌보시는 하나님의 사랑을 믿는다면, 우리는 어떠한 환경 가운데서도 주님으로 말미암아 기뻐하고 기도하며 감사할 수가 있는 것입니다. 저도 육신에 죄성을 가지고 있기 때문에 날마다 죄를 범합니다. 그러나 주 성령님의 인도 하심 가운데 있으면 옛날 백가지 지을 죄를 서너 가지로 짓는 죄가 줄어들게 되었습니다. 죄 지을 때마다 즉시로 회개하며 성령님께로 그 생각을 순종하고 내 의지를 동원해서 따르게 된다면 우리의 길은 형통하는 길로 연결되는 줄 알게 하십니다.

주의 법을 사랑하는 자에게는 큰 평안이 있으니 그들에게 장애물이 없으리이다
시119:165

우리 안에 먼저 말씀으로 가득 채우게 되면 그 말씀을 따라 생각하게 됩니다. 그리고 그 말씀을 계속해서 묵상하고 있으면 그 말씀이 나의 길을 비추며 내 앞 일과 그 일과 그 문제, 그 사람과 그 상황에 내가 어떻게 반응 할 것인지에 대해 내 생각과 판단, 내 결정에 따르는 것이 아니고 먼저 성령님의 인도하심과 성령님의 가르치심에 민감하게 반응하고 따르게 됨으로 범사에 잘 되는 일들이 일어나게 됩니다. 그 말씀을 주야로 묵상하는 자는 그가 하는 모든 일이 다 형통되어지는 축복을 하나님께로부터 받게 되는 것입니다. 그러므로 심령이 주 안에서 늘 평안하고 강건하게 되며 이런 사람들은 늘 기쁨과 기도와 감사의 삶을 살 수 있는 것입니다.

복 있는 사람은 악인들의 꾀를 따르지 아니하며 죄인들의 길에 서지 아니하며 오만한 자들의 자리에 앉지 아니하고 오직 여호와의 율법을 즐거워하여 그의 율법을 주야로 묵상하는도다 그는 시냇가에 심은 나무가 철을 따라 열매를 맺으며 그 잎사귀가 마르지 아니함 같으니 그가 하는 모든 일이 다 형통 하리로다 시 1:1~3

과연 그러합니다. 배고픈 사자처럼 말씀에 갈급하여 주야로 소리 내어 말씀을 반복하여 꼭꼭 씹어 먹고 되새기며 주님의 품 안에서 살 때, 나의 모든 행동 기준이 그 말씀이 되고 그 말씀을 쫓아 살면 시냇가에 심은 나무처럼 철 따라 열매를 맺고 어떠한 가뭄에도 그 잎사귀는 청청할 것이며 그가 하는 모든 일이 다 형통하게 되는 역사가 일어납니다. 저는 예수그리스도를 믿는 거룩하신 보배로운 보배피로 구원 받은 우리 모든 하나님의 자녀들의 삶이 이와 같이 되기를 소원합니다.

나는 당신의 삶 가운데 장애물이 없는 복된 삶을 사시기를 축복합니다. 주님이 사랑하시는 당신의 모든 삶에 주님을 나의 주님으로 모시고 만왕의 왕 되신 주님께서 친히 다스리시고 이끄시고 도와주시는 주님께 영광 돌리고, 주님께 감사드리고, 주님을 기쁘시게 해드리기를 힘쓰며 찬양하는, 주님께서 인정하시고 주님을 기쁘시게 해드리는 진정 행복한 삶을 살기를 원합니다. 주님께서 나에게 해 주신 말씀이 있었습니다.

"네가 아니라도, 일곱 살짜리 어린아이를 앞에 세워도, 돌맹이를 앞에 세워도 나의 놀라운 능력이 나타날 것이다."

나는 주님 앞에 다시금 겸손해지게 되었습니다. 항상 나를 치며 교만으로 망할까 두려워하던 나였지만, 하나님께서 놀라운 역사들을 행하시고, 많은 병자들을 치유하시자 , 나도 모르게 안이한 마음, 혹 교만한 마음이 자고한 마음이 들지 않았나 하는 두려운 마음이 생겼고, 다시 나를 돌아보고 나 자신을 쳐서 복종하는 계기가 되었습니다. 주님께서는 매일 매일 교회에 와서 기도학교 시간에 예배드리고 기도하는 그들을 향해 말씀해 주셨습니다.

"나의 일꾼으로 만들겠다.

내가 반드시 복을 주리라

내가 인도하리라" 라고 말씀하셨습니다.

기도하는 사람들이 몇 명이 되지 않을 때 나는 '이 작은 숫자로 무슨 일을 할꼬'라며 스스로 작게 여길 때 하나님께서 말씀해 주셨습니다.

"이것이 작은 일이 아니다"라고 일러 주셨습니다. 주님께서는 이혼하고 깨어질 위기의 가정들을 회복시켜 주셨고, 심지어는 이혼 조정기간이 끝나 각자 집으로 돌아가면 남남일 사람들까지도 불러주셔서 그들에게 그들만이 알 수 있는 크신 은혜를 부어주셔서 돌아갈 때는 아이의 손을 잡고 같이 살던 집으로 같이 돌아가는 경우도 있게 하셨습니다. 쓰러져가는 하나님의 지체들을 새롭게 보수하셔서 일어나 하나님을 찬양하며 주님의 나라를 위해 간구하는 용사로 만들어 주셨습니다. 특이한 것은 그렇게 은혜 받고 축복받은 사람들이 있으면, 그들의 가정과 직장이나 주변사람들이 꼭 따라와서 그들의 문제까지도 주님의 은혜로 다스리심을 받는 일들이 허다히 일어나게 하셨습니다.

한 가정의 지체들이 각종 병에서 고침을 받고 건강하게 일어서면 가족들과 주변 분들도 다 기뻐하며 와서 은혜를 받았고, 소문을 통하여 주의 종들도 정말 많은 분들이 오셨습니다.

주님께서는 그분들 한 분 한 분에게 축복으로 인도 하셨습니다. 오직 주님께서 하신 일들입니다. 아프리카와 일본에서 또 중국 영국, 캐나다, 미국, 그리고 아시아 등 세계 곳곳에서도 사람들이 왔습니다. 우리나라 지방곳곳에서도 차로 버스로 KTX열차로 하나님의 사람들이 옵니다. 그들은 시간을 내어 인생의 문제를 주님을 만나 해결을 받으려 했고, 주님께서는 그들의 인생을 도우시고 축복으로 바꾸셨습니다. 이 귀한 사람 살리는 일에 사용 되어져서 정말 기쁘고 복이 되었습니다.

하나님께서는 하나님의 성령을 한량없이 부어 주셔서 그분의 말씀을 주셔서 예언과 환상 그리고 말씀과 병 치료의 역사로 강력하게 저를 사용하여 주시니 연약하고 무익한 저는 오직 주님께 감사한 마음뿐이었습니다. 모든 영광을 주님께 드립니다.

상천하지에 하나님은 한 분이십니다. 그분의 영광에 찬양 돌립니다. 처음에 기도학교 성도들에게 내가 뭘 해 줄 수 있을까 하며 주저 앉으려하는 마음이 있었지만 다시 주님께 의탁하며 기도할 때 주님이 들려 주신말씀이 있습니다. "내 사랑하는 딸아! 너는 줄 것이 많다. 그들을 위해 풀어라. 구한 것마다 다 이루어 주겠다."라고 말씀해 주시며 내게 새 힘을 공급해 주셨습니다. 날마다 주님이 함께 계심을 보이시니 담대함으로 용기를 가지고 한 발 한 발 나아가게 되었습니다. 많은 사람들이 문제 때문에 옵니다.

그 문제로 인하여 삶 가운데 익사 할 것만 같은 위경 가운데서 왔지만 기도하며 하나님의 은혜의 옷자락에 품으심을 받고나면 그들은 오히려 더 힘을 얻고 기도의 사람, 믿음의 사람으로 무장되어 하나님의 일꾼으로 세워집니다.

그들은 주님 주시는 은혜로 새 힘을 얻고 주신 말씀으로 강하게 무장되어 기도의 사람으로 변모하고 가서 본교회의 목사님을 위해 교회를 위해 기도하며 남들이 가장 하기 싫어하는 화장실 청소나 교회 식당 설거지 등 주님을 기쁘시게 할 것이 무엇인가를 생각하며 말없이 섬기는 사람으로 주님께서 무장시켜 보내십니다.

주님께서는 우리의 말이 아니라 우리의 행함을 보시고 우리의 열매를 인정하심을 압니다. 일반적인 사람들의 시각으로서는 복되지 않은 일 같으나 주님 안에서 깨어진 하나님의 사람들의 눈에는 참으로 보배롭고 하나님을 기쁘시게 하는 일들임을 알기에 기뻐하며 말없이 감당하게 되는 것입니다. 그러한 모습들은 저의 말이 아니라 기도하는 하나님의 백성들을 사랑하셔서 하나님께서 보시는 시각으로 볼 수 있는 보배로운 눈을 열어 주셨기 때문에 사람들을 그렇게 권고할 수 있었습니다. 주님께서 한 사람 한 사람 하나님의 자녀들을 기도의 용사로 세워주시고 매일의 삶 가운데서 주님을 굳건하게 붙잡고 믿음의 선한 싸움을 싸워 나가는 용장들로 만들어 가시니, 사명의 막중함을 깨닫게 되고 이 작은 나를 사용하시는 하나님께 감사를 드립니다. 그들을 깨치고 세우시어 교회의 헌신 된 일꾼으로 세우시는 하나님의 손길의 아름다운 열매들을 보시고, 목사님들이 안심하고 자기 교회 성도들과 함께 오셔서 의논도 하시고 주님의 인도하심을 받게 하십니다.

진실로 다시 너희에게 이르노니 너희 중의 두 사람이 땅에서 합심하여 무엇이든지 구하면 하늘에 계신 내 아버지께서 그들을 위하여 이루게 하시리라 마18:19

이것을 경험하시고 목사님들께서는 때로 교회의 성도들을 보내 주시거나 그런 사람들을 데리고 같이 오시기도 하십니다. 저는 주님의 눈을 의식하고, 교회를 온전하게 하기 위해 교회의 유익을 위해 일합니다. 또 주님께서 세우신 목사님을 기도로 섬기게 합니다. 연약하고 무지하고 죄성이 가득한 나에게서는 좋은 것이 나올 것이 없음을 압니다. 그러므로 저는 날마다 저의 죄를 애통해하며 거룩하신 보혈 밑으로 날마다, 일마다, 때마다 나아갑니다.

거룩하신 주님의 보혈은 나를 거룩하게 만드시고 새롭게 하십니다. 오직 주님의 보혈 의지하여 예수님 이름으로 주님께서 주신 성령의 검 말씀을 사용하여 기도하며, 보혈로 형제 자매된 하나님의 자녀들을 돕게 하십니다.

주님 홀로 높임 받으시고 홀로 영광 받으소서! 아멘. 하나님의 독생자 예수님의 피로 값 주시고 사신 존귀한 하나님의 자녀들을 귀히 보시는 하나님께서, 벌레보다도 못한 나에게 은혜를 주시고 그분의 영광을 위해서 사람들을 복되게 하시기 위해서 주님의 축복의 통로로 사용하시는 은혜가 내겐 너무 크고도 크고 날마다 감사드리고 있습니다.

제가 또한 알고 있기는 하나님께서는 지금 이 글을 대하고 있는 당신을 주목하고 계십니다. 그 누구든 하나님의 눈을 벗어나 피할 수는 없는 것입니다. 이 일은 참으로 영광스러운 일입니다. 주님 앞에 나를 내어 놓고 주님께서 나를 이 땅에 보내주신 본래 목적대로 써주시기 위해 만드시고 사용해 주시라고 주님의 손에 당신을 올려 드려 보셔요. 죽을 것 같은데 죽지 않습니다. 당신은 전혀 새로운 차원으로 인도 될 것입니다. 도저히 죽을 수 없는 나를 주님 앞에 올려 드릴 때 주님께서 영광 가운데 당신을 빚어 가십니다. 내가 약할 때가 곧 강함이 드러나 주님의 손에 들리어진 슈퍼파워 엔진을 달고 살게 되는 것입니다. 할렐루야 아멘!

- 깨어 기도 합시다 -

기도하지 않으면, 깨어 경성하여 자신을 지키지 않으면 우리는 죽습니다. 당신도 이 시대의 조류에 휩쓸려 떠내려가고 맙니다. 악한 영은 아주 간교하고 간악하게 자신의 세력들을 위장시켜 하나님의 종들까지도 미혹하여 잡아먹으려 하고 있습니다.

이 얼마나 백척간두의 위경의 세태입니까? 깨어 의를 행하고 기도하지 않으면 분별이 되지 않아 하나님의 자녀들과 하나님의 종들까지도 날름거리며 먹어치우려는 사탄의 악한 꾀에 먹힐 수가 있는 것입니다. 악한 영, 미혹의 영은 간교하고 강하고 집요합니다. 그러나 어찌 만왕의 왕이시오 만주의 주이신 살아계신 하나님과 비교 할 수 있으리오!

근신하라 깨어라 너희 대적 마귀가 우는 사자같이 두루 다니며 삼킬자를 찾나니 너희는 믿음을 굳건하게 하여 그를 대적하라 이는 세상에 있는 너희 형제들도 동일한 고난을 당하는 줄을 앎이라 모든 은혜의 하나님 곧 그리스도 안에서 너희를 부르사 자기의 영원한 영광에 들어가게 하신이가 잠깐 고난을 당한 너희를 친히 온전하게 하시며 굳건하게 하시며 강하게 하시며 터를 견고하게 하시리라 벧전5:8~10

세상에서는 너희가 환난을 당하나 담대하라 내가 세상을 이기었노라 요16:33

자녀들아 너희는 하나님께 속하였고 또 그들을 이기었나니 이는 너희 안에 계신 이가 세상에 있는 자보다 크심이라 요일4:4

악한 이 세대에서 당신은 마땅히 믿음을 굳건하게 하여 그를 대적해야만 하는 것입니다. 그러므로 이 악한 세대에서 혹 밀려 떠내려갈까 주의하여 믿음을 굳게 지킴으로 당신 몫의 생명의 면류관을 지켜야 할 것입니다. 때로 외국에서나 지방에서 전화로 도움을 요청해 기도하는 경우도 있었으나 주의 성령님께서 가르쳐 주시고 인도해 주시는 대로 할 수밖에 없습니다. 나는 미련하고 어리석어서 제대로 분별을 하지 못하나 내 안에 살고 계신 주의 성령님께서 어리석고 연약한 저를 가르치시고 인도하여 주십니다. 지난 세월 동안 정말 수많은 사람들이 우리 교회에 와서 암치유도 받고 각종 난치병과 소위 불치병이라고 하는 병들을 주님께서 치유하셔서 치유 받는 것을 수 없이 많이 보아 왔습니다.

나는 단지 주님이 쓰시는 어린 나귀일 뿐입니다. 제가 어리석고 부족한 것은 하나님께서도 아시고 저도 알고 저의 가족들도 압니다. 단지 주님의 크신 은혜로 주님의 도구삼아 주시고 통로삼아 주시는 은혜가 너무 커서 때로는 똑똑하고 더 충성스러우신 하나님의 사람들이 그렇게 많이 있는데 어리석고, 죄가 많은 연약한 저를 사용하심에 대해서 의아해 할 때도 상당히 많이 있습니다. 우리 교회에 와서 수 없이 많은 사람들이 주님께로부터 병 고침을 받고 문제 해결을 받고 그들이 어떠한 자세로 주님을 대하느냐 하는 것은 그들이 주님의 크신 은혜로 위중한 때를 면하고 고침 받고 난후의 그들의 태도를 통해 익히 알게 되었습니다.

그들 중 상당수는 전심으로 주님께 감사드리며 영광 돌리고 간증하며 전도하며 주님 앞에 헌신의 삶을 살아가는 사람들도 있지만, 그렇지 않은 사람들도 상당히 많은 것을 보게 되었습니다.

나는 미국의 바다에서 인명구조를 아주 많이 했다는 미국 구조요원의 이야기를 들었습니다. 정말 수많은 사람들을 죽음에서 구했지만 나중에라도 감사를 전하는 사람은 아주 극소수의 사람뿐이었다는 것입니다. 나는 하나님께로부터 죽을병을 치유 받고도 주님께 영광 돌리지도 아니하고 감사치도 아니하고 오히려 당연한 자신의 권리인 양 생각하고, 소위 믿음이 있다는 가족들도 주님께서 당연히 하셔야만 하실 일을 하신 것 뿐 이라는 자세를 취하는 것을 보면서 쓰임 받은 내가 주님께 죄송하고 부끄러울 때가 종종 있었습니다. 제가 고맙다는 인사를 받으려는 것은 절대 아닙니다. 오직 모든 것은 주님께서 하셨기 때문에 주님 홀로 영광 받으시기를 간절히 원하고 바라고 있습니다. 오히려 칭찬을 들을 때 두렵고 떨리며 조금이라도 제가 주님의 영광을 가로챘을까봐 무서워하고 있습니다. 어떤 사람은 몸이 건강해지니까 완악해져서 세상 쾌락과 욕심을 추구하다가 죽는 것도 보았습니다. 기도 한번 해서 너무 쉽게 병이 나으니까 그러는 것인지도 모르겠습니다.

그 이후부터 저는 믿음의 자세가 안 되어 있는 사람들을 위해 기도하는 것이 두렵습니다. 잠시 몸이 낫는다 해도 그것이 그들을 주님으로부터 멀리 하게 만드는 것이 될까 정말 두렵습니다. 혹 그들이 육신의 병은 나았지만 죄 가운데 살다 지옥으로 갈까 무섭습니다. 나사로는 죽은 지 나흘이나 지났지만 주님은 그를 고쳐 주셨고, 영광 받으셨고, 이를 통해서 많은 사람들을 구원의 길로 인도하셨습니다. 그러나 나사로가 영원히 육신의 몸으로 살아있습니까? 이 육신의 몸은 썩어져 흙으로 돌아갑니다, 그렇지만 영원히 죽지 않는 영이 우리에게 있는 것입니다. 잠시 잠깐 누릴 이 몸으로 살 때의 영광이 아니라 영원한 하늘나라 본향에 돌아갈 것을 생각하며 미리미리 그 나라를 위해 시간을 드리고 마음을 드리고 몸을 드리며 준비하고 헌신하는 자들의 헌신을 주님께서는 결코 외면치 않으시고 그들이 심은 대로 이 땅에서 백배로 그 나라에서 영원한 구원의 크신 은혜와 상급과 면류관과 예비하신 모든 축복으로 후히 갚아 주실 것을 압니다.

주님께서는 잃어버린 자를 찾으라는 열심을 하나님의 전도자들에게 부어 주셨습니다. 중증으로 걷지도 못하고 손도 제대로 움직일 수도 없던 류마티스 관절염에 걸리신 권사님을 위해 기도하였을 때 주님께서는 아픔가운데 괴로워하는 권사님을 완전히 치유해 주셨습니다. 중증의 몸이 온전한 몸이 되게 하신 주님을 찬양 드립니다. 그런데 그분은 자신의 몸을 치유해 주신 주님께 자신의 몸을 드려서 봉사하고 섬길 생각이 전혀 없는 것을 보고 저는 충격을 받았습니다. 너무도 안타까웠습니다.

이 땅에서 주님께 헌신하며 교회와 주의 종을 섬기며 기도하며 성도들을 돌보며, 구원받아야 할 이웃에게 사랑의 손길을 내미는 사랑받고 존경받고 인정받는 수많은 한국의 권사님들처럼, 주님께 치유 받은 그 권사님을 아름답게 장성한 분량까지 성숙된 믿음으로 세워 주시기를 기도 하였습니다. 나는 종종 교사로서 학생들을 가르치고 성가대원으로서 고상하게 찬양은 하는데, 손에 물 묻히는 일은 감히 자기를 모욕하는 것으로 생각하는 안타까운 성도들을 봅니다. 누구나 궂은일을 다 해야 한다는 것은 아닙니다. 각자의 달란트가 다르고 소명이 다르다는 것은 알고 있습니다. 주신 달란트와 그 재능에 따라 일해야 된다는 것을 압니다. 그러나 그리스도 안에서는 모든 지체가 다 소중합니다. 주님 안에서 귀하고 천한 일은 없는 것입니다. 나는 원래 귀한 사람이니 어렵고 힘든 일을 한다는 것은 나의 존귀를 깎아 내리는 것이라는 생각은 잘못된 생각입니다. 그리스도인의 기본을 모르는, 하나님의 생각과는 아주 상당히 거리가 먼 생각인 것입니다. 우리나라 집사님과 권사님들은 상당히 헌신적입니다.

초대교회 때는 부자나 가난한 자나 종이나 자유자나 다 하나가 되어 물건을 서로 통용하고 예수님의 몸을 모두가 귀히 여기고 사랑하였습니다. 로마시대 때 교회 성도들의 비율을 보면 노예들의 비율이 자유민들보다 배나 많았습니다. 그 이유는 구원받은 하나님의 사람들인 노예들의 주인인 성도들이, 삶 가운데서 말씀을 실천하여 사랑으로 본을 보인 것 때문에, 그들의 삶을 보고 수많은 노예들이 주께로 돌아 온 측면도 있는 것이라고 합니다.

4. 주의 종들을 부르시고 세우심

친분이 있는 주의 종이 목사 안수를 받게 되어서 그 안수 식에 갔다 왔습니다. 감리교 연합 목사 안수 식에 150여명의 목사님들이 안수를 받았습니다.

주님께서 같이 간 전도사님과 함께 목사 안수를 받으시는 목사님 한분 한분을 위해 정성을 다하여 얼마나 간절하게 눈물로 기도하게 하셨습니다. 전혀 모르는 한분 한분의 주의 종을 위해서 기도할 때 주님께서 얼마나 온 몸과 마음을 다하여 온 힘을 다하여 얼마나 간절하고도 애타게 기도하였든지 소리는 크게 내지 않았지만, 안수식이 다 끝나고 나니 목이 메고 눈이 땡땡하게 부었습니다. 전도사님도 저처럼 목이 다 메어서 말소리도 잘 나오지 않았습니다. 사람 중에 연약하고 미련한 저희를 부르셔서 하나님의 귀한 종들이 세워지는 복된 자리로 불러주시고 간절히 기도하게하신 하나님의 은혜에 너무 감사드렸습니다. 주님께서는 많은 사람들을 주의 종으로 부르십니다. 그러나 그 부르심에 모든 사람들이 응하지를 않습니다.

저 또한 24살 때 기도하고 있을 때 주님께서 목사가 되라고 하셨습니다. 그 때 저는 믿음도 적었고 당시에는 여자 목사도 적었고 너무 어마어마한 일로 다가와서 헌신하고자하는 자세가 세워지지 않아서 기도만하면 목사가 되라는 말씀을 듣지 않으려고 기도의 자리를 피하며 외면하였습니다. 주님께서 반복적으로 목사가 되라고 하셨음에도 불순종의 모습으로 감히 내가 무슨 목사를 하느냐며 계속 피하였더니 주님께서 보여 주시기를 환상 가운데 당시 교회 사모님이 기도하시는 곳에서 계속 흘러내리던 물줄기에서 제게 떠내려 오던 보석이 제가 안 받으니까 어린 아들 둘을 기르는 여 집사님에게 가고 그분이 그것을 받는 보여주셨습니다. 그동안 저는 여러 연단의 과정을 거친 후에 "주가 쓰시겠다" 말씀을 듣고서 결국 나중에 늦은 나이로 신학교에 가게 하시고 여러모로 엄청 부족하지만 사모라도 써 주시라고 기도하며 신학교에 다니게 되었습니다.

십여년이 지난 후 모 교회 분들을 뵙게 되었는데 아들 둘 기르던 그 여 집사님이 보여서 반가워서 나도 모르게 '집사님' 하고 소리 내어 부르니 다른 분들이 말하기를 "저분 지금 목사님이셔요. 교회 부흥되고 아주 잘하고 있습니다."라고 하였습니다. 나는 주님께서 그때 보여주신 환상이 그대로 이루어진 것을 보며 나의 불순종에 대하여 다시금 주님께 회개하는 마음을 가지게 되었습니다. 신학교 다닐 때 너무도 연약한 나의 믿음이 안타까워서 주님께 나의 연약한 믿음을 토로하며 은혜주시기를 구할 때 주님께서는 "이제 후로는 네가 사람을 취하리라"라고 말씀하여 주셨습니다. 주님께서 간절한 소원을 가지고 기도하게 하셨는데 첫째 죽어가는 수많은 사람들에게 복음을 전하여 영혼을 살리고자하는 간절한 소원을 주셔서 기도 하게 하셨습니다. 둘째 하나님께 자신을 온전히 드려 주의 일꾼으로 헌신하는 하나님의 종들을 세우고자하는 소원을 주셔서 이 일들을 위하여 기도하게 하셨습니다.

하나님께서 함께 하셔서 많은 축복된 일들을 이루셨는데 돌아보면 수많은 사람들을 주님께서는 구원하여 주셨고, 또 수많은 하나님의 종들과 많은 하나님의 사람들을 연약하고 미련한 저를 사용하셔서 세우시고 주의 종으로서 헌신하게 되는 그 엄청난 축복된 일들을 하셨음을 볼 때 저는 하나님의 행하시는 놀라우신 일들로 말미암아 온전히 하나님께 감사와 찬양과 영광을 돌려 드리지 않을 수가 없습니다.

지금은 주님께서 맡겨주신 사역이 너무나 귀하고 감사하고 주의 길을 가는 것이 복되고, 기쁘고, 행복하지만 처음에는 그저 말씀만 좇아서 주님 붙잡고 나아가기만 했을 뿐이었습니다. 가장 귀하고 복된 것 좋은 것을 자녀에게 주기를 원하는 것이 부모의 마음인데 저는 짧은 인생 가운데 주님의 종으로 불러주시고 세워주시며 이끌어 주시는 하나님의 크신 은혜에 기쁨과 감사가 넘치는 행복한 사모입니다. 그래서 아들이 하나님의 일을 하는 것을 기뻐하며 기대하고 축복합니다.

생후 3개월 만에 생사를 오갈 정도로 심장기형으로 인한 위경 가운데 있었던 큰 아들은 수술이나 치료 없이 하나님의 전적인 은혜로 심장기형이 완전히 치유함을 받아 지금껏 아무 문제없이 강건하게 살아갑니다. 처음에 동네의 유명한 소아과에 갔을 때 텔레비전에도 나오고 책도 쓰신 하 정훈 소아과의 의사선생님이 소견서를 써주시며 자신의 아들이라면 지금 당장 큰 병원에 가서 진료를 받게 하겠다고 하며 속히 가라고 하여서 아산병원에 가게 되었습니다. 아산병원에서 근무하던 소아과 심장담당 의사선생님은 우리나라에서 아주 훌륭한 의사선생님이라고 하였어요. 존스 홉킨스 대학 병원에서 근무하신 분인데 이 병원에서 초빙하여 오신 아주 믿을 만한 의사 선생님이라고 하였습니다. 그 선생님이 말하기를 큰 아들의 심장이 문제가 커서 수술하지 않고 놔두면 3개월을 더 살 수 없다고 하였습니다.

그러나 수술을 하게 되면 1년 이상을 살 수 있게 된다고 하면서 워낙 아기고 또 수술이 중하기 때문에 수술하는 중에도 죽을 확률이 50%나 된다면서 서약서 같은 것을 쓰고 수술에 임하게 하였습니다. 서약서도 썼지만, 검사하는 과정에서 아이가 울며 매우 힘들어 했습니다. 기도할 때 아주 큰 평강을 주님께서 주시고 확신을 주셨기에 아이를 수술시키지 않기로 결정하고 그냥 데리고 나왔습니다. 그리고 기도하며 주님께 맡겨드렸더니 주님의 크신 은혜로 아이는 완전하게 건강하게 고쳐 주셨습니다. 그 크신 은혜와 사랑에 너무 너무 감사드리고 하나님께 영광을 돌리며 감사와 찬양을 올렸습니다.

결혼 전 저는 주님께 여쭤 보았습니다. 어떤 기도를 하면 하나님을 가장 기쁘시게 할 수 있을까? 어떤 기도를 하나님께서는 가장 원하실까? 하는 생각이 들어서 주님께 여쭤 보았습니다. "주님께서 가장 원하시는 기도가 무엇인가요? 제가 주님의 마음을 시원케 해드리기 위해서 어떤 기도하기를 가장 원하세요?"하고 여쭤 보았더니 주님께서 곧바로 말씀해 주셨어요.

" 선교사, 주의 종, 교회, 성도"

그 이후로 거의 늘 나의기도 가운데는 먼저 그의 나라와 그의 의를 구하는 선교사와 주의 종들을 위한 기도가 끊이지 않고 있었습니다. 그러다 보면 내 자녀들을 위한 기도는 시간이 부족하여 못 할 때가 많았습니다. 새벽에 선교사들과 주의 종들을 위하여 한참을 기도하고 잠깐 묵상하고 있는데 하나님의 음성이 들려 왔습니다.

"네 아들들은 내가 돌보겠다!"

그런데 그 말씀을 하실 때 나는 하나님의 마음을 느끼게 되었어요. 어떻게 알 수 있느냐는 저도 모릅니다.

그런데 저로 기도하게 하신 주님이 저의 기도를 들으시고 감동하셔서 가슴이 먹먹해 지신 것 같고 목이 메인 것처럼 느껴졌습니다.

지금 큰아들은 하나님을 사랑하고 아이들을 사랑하는 교사로서 아이들을 돌보며 교회에서 헌신하고 있습니다.

둘째 아들은 군목으로 안수를 남들보다 좀 일찍 받게 되었습니다. 지금은 서울대 근처의 교회에서 중고등부 교육목사로 사역하고 있습니다. 지금의 과정을 거쳐서 나중에 임관하여서 수많은 젊은 군인들의 영혼을 사랑하며, 복음을 효과적으로 전하여 수많은 영혼들이 생명 되신 주 예수님을 믿고 생명을 얻고 그들도 그들의 삶을 주님을 전하는 일에 쓰이기를 간절히 원하며 기도하고 있습니다.

그런즉 너희는 먼저 그의 나라와 그의 의를 구하라 그리하면 이 모든 것을 너희에게 더하시리라 마6:33

너희 안에서 착한 일을 시작하신 이가 그리스도 예수의 날까지 이루실 줄을 우리는 확신하노라 빌1:6

너희 안에서 행하시는 이는 하나님이시니 자기의 기쁘신 뜻을 위하여 너희에게 소원을 두고 행하게 하시나니 빌2:13

빈한한 인생이 오직 주님만을 바라며 살아왔더니 주님께서 놀라우신 은혜와 축복으로 날마다 생수를 부어주셔서, 나도 살고 남도 살리는 축복의 사람으로 만들어 주셨습니다.

나는 지금 당신을 바라봅니다!

나처럼 연약하고 미련한 사람도 주님께서 이렇게 남들을 복되게 하는 일에 쓰임 받으니 지금 이 책을 읽고 있는 당신을 어찌 복되고 창대하게 쓰실지 기대하는 마음에 가슴이 뜁니다.

- 금식은 특권이다 -

주님의 말씀을 좇아 매일 아침금식을 합니다. 24세 이후로 그리고 토요일을 금식하게 하셨고 매달 3일씩 금식을 하게 하셨습니다. 금식을 할 때 주님께서 말씀을 하여 주셨습니다. 남편 목사님 아침상을 차려드리고 있는데 주님의 음성이 들려 왔습니다.

"금식은 특권이다"

솔직히 금식을 특권이라고 생각해 본 일은 없었습니다. 매번 즐거이 금식하였다고 간증하면 은혜가 되겠지만 부끄럽게도 저는 밥을 먹는 것을 너무 좋아 합니다. 저는 시골에서 자랐거든요. 도시의 사람들처럼 간식거리가 풍부한 곳에서 사는 것이 아니라 시골의 아이들은 밥 때 되어 밥을 먹는 것을 아주 중요하게 생각합니다. 주님의 말씀을 듣고 생각해 보니 정말로 금식 할 수 있다는 것이 어찌 그리 큰 은혜인지요! 주님의 말씀을 듣기 전에 금식을 대할 때의 생각했던 것과 말씀을 들은 후에 금식에 대해서의 생각은 너무나 차이가 생겼습니다. 금식할 때 더욱 회개하게 되고 겸손하게 되고 내 주장과 내 뜻을 내려놓고 주님께 순종을 잘하게 되는 것 같습니다. 금식을 하면 육체의 소욕이 죽어 집니다. 교만과 거만과 오만이 내안에서 뿌리가 사그러지는 것을 깨닫게 됩니다. 그리고 주님의 음성을 좀 더 민감하게 들을 수 있으니 금식은 정말 특권이요 큰 복인 것입니다.

금식을 해도 그 문제가 여전히 있을 때가 많습니다. 그러 할지라도 도우시는 성령하나님으로 인하여 내가 변화되고 그 문제를 넉넉히 이길 수 있는 믿음의 사람, 능력의 사람으로 세워져 가는 것입니다.

주님의 말씀을 듣고 그 크신 은혜를 깨달으니 그 이후로 금식을 즐거이 순종 할 수 있게 되었습니다. 주님을 기쁘시게 해드리기 원하여 기도할 때 주님께서는 항상 맨 먼저 선교사를 위해서 하셨고, 주의 종과 교회를 위해서 기도하게 하셨습니다. 주님께서는 그분의 백성인 우리 자기 자신을 위하여 때로는 집중하여 기도하게 하십니다. 주님의 은혜로 금식기도의 대부분은 기도를 마치기 전에 이미 응답을 주님께서 준비해 놓으시고 기도시키시는 경우가 많이 있었습니다. 주시기 위하여 기도의 감동을 부어주시고 기도하게하시는 것입니다. 기도 많이 하고 있다 할지라도 좀 더 우리의 인생을 복되게 하시기 위하여, 때로는 그분 자녀인 당신의 인생의 큰 환난을 면하게 하시려고, 좀 더 기도를 많이 하라고 감동 주실 때가 있습니다. 주님께서는 우리의 기도를 받으시고 그 기도를 통하여 우리를 효과적으로 도우시는 것 같습니다. 우리는 빌 바를 알지 못하나 우리 안에 살고 계신 성령 하나님께서 우리를 위하여 친히 간구하여 주시니 우리가 방언으로 기도할 때, 우리의 유한한 이성적인 범주를 벗어나 우리 인생에 꼭 필요한 기도를 하게 도와주심으로 나도 모르게 인생의 큰 위기나 환난을 벗어나게 도와주시는 큰 은혜가 아주 많이 있었음을 저도 체험하였습니다.

어느 날 새벽 기도하는 시간에 주님께서는 저에게 좀 더 많이 기도하라는 감동을 주셨습니다. 저의 삶 가운데 거의 많은 시간을 기도로 드려지는데 왜 더 기도하라고 하시는지 잘 몰랐지만 순종하여 거의 한달 간 더 시간을 내어 더 열심히 방언으로도 더욱 많이 기도하였습니다. 거의 한 달을 기도한 후에 주님께서는 꿈으로 보여 주셨습니다. 그날도 직장에서 돌아와 교회에서 기도하고 잠을 자는데 새벽예배시간 전에 너무도 생생한 꿈을 꾸게 하셨습니다. 동굴 안에 제가 있는데 앞에 의사 가운을 입으신 예수님이 계셔서 너무 기뻐서 예수님 하고 달려가려는데 저에게 밑을 내려다보라고 하셨습니다. 밑을 내려다 본 순간 그 동굴 바닥이 전부 조금도 틈이 없이 뱀으로 가득하였습니다.

저는 시골에서 살고 자랐지만 뱀을 너무나 무서워하였습니다. 그래서 너무 놀라니까 주님께서 저에게 다시 잘 보라고 하셨습니다. 그래서 다시 보니 뱀의 배가 다 뒤집어져 하얗게 되어 있는 것이었습니다. 거기 있는 틈이 없어 흙이 보이지 않을 정도로 동굴에 가득한 뱀이 모두 죽어서 배가 허옇게 다 드러나 있었던 것이지요. 거기 있던 수많은 뱀들이 살아서 저를 공격했다면 저는 살아있기 힘들었을 것입니다. 저는 잘 모르지만 제 인생 가운데 그때 너무도 중요한 시기였을 것이라고 생각됩니다. 그래서 기도하게 하시고 주님께서 제 인생의 너무도 크고 무서운 일들을 막아 주신 것이라고 생각됩니다.

사랑하는 주님의 사람인 당신도 성령님의 감동하심이 있다면 절대로 무시하거나 소멸치 마시고 즉시로 순종하여서 주님의 보배피로 사신 당신의 행복을 원하시는 주님께서 당신을 위해 일 하실 수 있도록 기도의 무릎을 더욱 강하게 하고 나아가시기를 간절히 원합니다.

우리는 삶 가운데서 날마다 우리를 도우시는 성령님의 인도하심가운데 주시는 성령님의 감동하심을 등한히 여기지 말아야 할 것입니다. 범사에 헤아려 성령님 안에서 말씀 안에서 좋은 것을 취하고 하나님의 살아계셔서 온 세상을 살피시는 하나님의 시선을 두려워하여 악은 어떤 모양이라도 버리기를 힘쓰고 내 안에서 믿음의 선한 싸움을 싸워야만 할 것입니다.

이와 같이 성령도 우리의 연약함을 도우시나니 우리는 마땅히 기도할 바를 알지 못하나 오직 성령이 말할 수 없는 탄식으로 우리를 위하여 친히 간구 하시느니라 마음을 살피시는 이가 성령의 생각을 아시나니 이는 성령이 하나님의 뜻대로 성도를 위하여 간구하심이니라 롬8:26~27

*자기 아들을 아끼지 아니하시고 우리 모든 사람을 위하여 내 주신이가 어찌 그 아들
과 함께 모든 것을 우리에게 주시지 아니하겠느냐* 롬8:32

*성령을 소멸하지 말며 예언을 멸시하지 말고 범사에 헤아려 좋은 것을 취하고 악은
어떤 모양이라도 버리라* 살전5:19~22

우리 주님은 주님의 백성인 성도 한 사람 한 사람을 개별적으로, 친밀하게 만나주시기를 원하십니다. 주님은 자비로우시고 사랑이 많으시고 인자와 긍휼이 풍성한 하나님이십니다. 나를 낳은 부모님이 나를 버린다 할지라도 주님께서는 나를 버리지 아니하시는 지극한 사랑의 아버지이십니다.

*여인이 어찌 그 젖 먹는 자식을 잊겠으며 자기 태에서 난 아들을 긍휼히 여기지 않겠
느냐 그들은 혹시 잊을 지라도 나는 너를 잊지 아니할 것이라 내가 너를 내 손바닥에
새겼고 너의 성벽이 항상 내 앞에 있나니* 사49:15~16

*야곱의 집이여 이스라엘 집에 남은 모든 자여 내게 들을지어다 배에서 태어남으로
부터 내게 안겼고 태에서 남으로부터 내게 업힌 너희여 너희가 노년에 이르기까지
내가 그리하겠고 백발이 되기까지 내가 너희를 품을 것이라 내가 지었은즉 내가 업
을 것이요 내가 품고 구하여 내리라* 사46:3~4

좋으신 하나님 우리를 지으시고 돌보시는 주님은 정말로 좋으신 나의
하나님 이십니다

- 교회의 표지는 '거룩'이다 -

거룩은 하나님의 성령을 받아야 나옵니다. 우리로 부터는 좋은 것이 나올 수가 없음을 압니다. 가장 부패한 것이 사람의 마음이니까요.

거룩할 때 하나님께서 쓰십니다!

목회자 기도회에서 주의 종들이 모여 기도할 때 주님께서 제 눈을 여시어 보여 주시는데 저희 집 거실 벽에 있는 벽지 위에 '여호와께 성결' 이 가로로 궁체로 기록되어 있는 모습을 보게 하셨습니다.

그래서 거실과 방에 그 말씀을 적어서 집의 가훈으로 삼게 되었습니다. 부모의 삶이 그리스도 안에서 거룩하고 여호와께 대한 성결의 삶을 사는 모습을 보일 때 자녀들은 부모의 말로 길러지는 것이 아니라 부모의 모습을 보고 본받는 다는 것을 마음에 새기고, 성결한 삶을 살고자 무시로 주님을 의지하며 성령님을 의탁하여 사는 마음가짐을 가지고 있습니다.

전도사 사역 할 때 학생들을 섬기다 보면 때로는 믿음과 현실 삶의 괴리 가운데 방황하는 학생들이 많음을 보게 되는 경우가 있습니다. 아이들은 부모님이 가르치시는 믿음의 말을 듣고 배우는 것이 아니라 부모의 삶이 비디오가 되어서 그대로 그들의 삶 가운데 신앙과 말투와 삶의 모습이 그대로 투영됩니다. 복된 가정에 태어난 것을 감사하며 부모를 사랑하며 존경하는 학생들도 있지만 혹자는 고등학교를 졸업하면 교회에 나오지 않겠다고 말하는 학생들도 상당수 있는 실정입니다.

우리 교회에 결혼 전 어린이집 교사로 오래 근무했던 선생님이 있었습니다. 그 교사가 말하기를 아이들이 와서 노는 시간에 그들이 하는 말과 행동을 보면 그 가정의 환경과 상황을 많이 알 수 있다고 하였습니다.

성경에 맨 처음 '거룩'에 대해서 말씀하신 부분이 바로 창세기 2장 3절입니다. '하나님이 그 일곱째 날을 복되게 하사 거룩하게 하셨으니 이는 하나님이 그 창조하시며 만드시던 모든 일을 마치시고 그 날에 안식하셨음이니라' 라고 하시며 출애굽기 20장8절에도 안식일에 대해서 말씀하십니다.

"안식일을 기억하여 거룩히 지키라"

우리 하나님의 자녀들이 먼저 주님의 날 주일을 거룩하게 지켜야 됨을 주님께서는 말씀하고 계십니다. 저는 어릴 때부터 어른 말씀 잘 들으면 자다가도 일어나서 떡을 얻어먹는다는 이야기를 들어 왔고, 윗사람의 말씀에 순종하고자 했습니다. 그들은 인생의 경험 중 자녀에게나 어린 사람들에게 꼭 전하고 싶은 교훈적인 이야기를 사랑을 담아 교훈하고 권면합니다. 우리는 죄를 짓는 악한 사람일 지라도 자녀에게 좋은 것으로 주기를 원합니다. 하물며 하나님께서는 아들의 목숨까지 우리를 위해 내어 주심으로, 나의 죄로 인한 멸망의 사단의 흑암의 나라의 백성 된 나를 아들의 십자가상에서 내 죄를 위해 죽어주심으로 사망의 흑암의 나라에서 건져 구하여 내셨습니다. 그리고 그의 사랑의 아들의 나라, 모든 눈물을 닦아주시고 다시는 사망이 없고 애통하는 것이나 곡하는 것이나 아픈 것이 다시 있지 않는 영원한 천국으로 우리를 이끌어 주시는 너무나 좋으신 아버지 이신 것입니다.

그 아버지께서는 아들 예수님의 보배로우신 핏 값을 주고 사신 당신과 나를 위해 성경 66권의 그분의 말씀을 통해서 우리에게 가장 복된 길을 말씀하시고 계신 것입니다. 성경 전체를 볼 때 저에게는 하나님의 '사랑'과 '거룩'이 떠오릅니다. 하나님의 그 크신 사랑으로 우리를 예수님의 물과 피를 다 쏟으시고 값 주고 사단의 뱃속에서 구원하여 내시고 그 구원을 지!키!

도!록! 우리에게 '거룩'하라고 말씀하시는 것입니다. 이사야서 56장과 이사야서 58장에는 안식일을 거룩히 지키는 백성들에 대한 하나님께서 말씀하신 복이 기록되어 있습니다.

*안식일을 지켜 더럽히지 아니하며 그의 손을 금하여 모든 악을 행하지 아니하여야 하나니 이와 같이 하는 사람, 이와 같이 굳게 잡는 사람은 복이 있느니라
여호와께 연합한 이방인은 말하기를 여호와께서 나를 그의 백성 중에서 반드시 갈라 내시리라하지 말며 고자도 말하기를 나는 마른 나무라 하지 말라
여호와께서 이와 같이 말씀하시기를 나의 안식일을 지키며 내가 기뻐하는 일을 선택하며 나의 언약을 굳게 잡는 고자들에게는 내가 내 집에서 내 성안에서 아들이나 딸보다 나은 기념물과 이름을 그들에게 주며 영원한 이름을 주어 끊어지지 아니하게 할 것이며 또 여호와와 연합하여 그를 섬기며 여호와의 이름을 사랑하며 그의 종이 되며 안식일을 지켜 더럽히지 아니하며 나의 언약을 굳게 지키는 이방인마다 내가 곧 그들을 나의 성산으로 인도하여 기도하는 내 집에서 그들을 기쁘게 할 것이며 그들의 번제와 희생을 나의 제단에서 기꺼이 받게 되리니 이는 내 집은 만민이 기도하는 집이라 일컬음이 될 것임이라* 사 56:2~7

*만일 안식일에 네 발을 금하여 내 성일에 오락을 행하지 아니하고 안식일을 일컬어 즐거운 날이라, 여호와의 성일을 존귀한 날이라 하여 이를 존귀하게 여기고 네 길로 행하지 아니하며 네 오락을 구하지 아니하며 사사로운 말을 하지 아니하면
네가 여호와 안에서 즐거움을 얻을 것이라 내가 너를 땅의 높은 곳에 올리고 네 조상 야곱의 기업으로 기르리라 여호와의 입의 말씀이니라* 사58:13~14

거룩할 수 있는 첫째 조건이 바로 주님의 날을 귀히 여겨 주님께 경배하는 것입니다. 주님께 예배하고 말씀을 통하여 나의 안과 밖을 깨끗이 할 때 거룩은 우리 안에 그 기초가 세워지는 것입니다. 반석이신 하나님의 말씀 안에 날마다 나를 세워 갈 때 견고하여 흔들리지 않고 항상 주의 일에 더욱 힘쓰는 자들이 되어가는 것 이지요 이러한 자들의 수고는 주안에서 헛되지 않아서 이 땅 에서 백배 그 나라에서 영원한 생명을 못 얻을 자가 없는 것이지요.

주님께서는 하나님의 교회에 놀라운 기적을 많이 행하시고 저를 통해서

하나님께서 행하신 창조의 기적의 능력의 하나님께서 하신 일들을 기록하게 하셨습니다. 맨 처음 책 1권 '내가 일하겠다.'를 2013년 도서출판 드림북에서 출간하게 하셨습니다. 2권은 2018년 쿰란 출판사에서 하나님의 살아계셔서 성령님을 통해 승리의 역사를 행하시는 성령 불패의 역사를 기록한 '거룩으로 꽃피게 하라'를 출간하게 하셨습니다.

저는 때때로 하나님의 자비하심의 바다가 너무 깊고도 너무 엄청나게 넓다는 것을 크게 놀라며 깨닫습니다. 저는 저 자신을 압니다. 연약하고 겁쟁이이고 미련하고 어리석음이 한가득인 사람인 것을요. 주님께서 함께 해주시지 않는다면 저는 아무것도 할 수 없는 무력한 사람인 것을요. 가치 없는 저를 주님께서는 보배로우신 보배피로 구원하여 주시고 한걸음 한 걸음 양육하여 주시고 제 안에서 악하고 온갖 더러운 것들을 뽑고 파괴하며 파멸하고 넘어뜨리며 녹여주시고 제하여 주시고 뽑아주시고 세워주시더니 사람들을 살리고, 무너진 주저앉은 하나님의 사람들을 하나님의 용장으로 세우는 일을 하도록 부르시어 주님께서 친히 일하시고 영광 받으시고 계십니다.

저같이 연약하고 겁쟁이이고 미련하고 어리석은 사람을 만드시고 세우시는 하나님께서는 지금 당신을 주목하고 계십니다.

주님을 사랑하는 당신을 통해서 얼마나 축복된 일들을 행하실지를 생각하면 저는 그 기대로 인하여 기쁘고 감사하고 행복함이 바다처럼 충만해집니다.

하나님께서는 하나님 나라의 군사들을, 용장들을 모으고 계십니다.

*너희는 넉 달이 지나야 추수할 때가 이르겠다 하지 아니하느냐 그러나 나는 너희에게 이르노니 너희 눈을 들어 밭을 보라 희어져 추수하게 되었도다
거두는 자가 이미 삯도 받고 영생에 이르는 열매를 모으나니 이는 뿌리는 자와 거두는 자가 함께 즐거워하게 하려 함이라* 요4:35~36

당신은 무엇을 할 때 가장 행복하시나요?

너무나도 나약한 제가 만난 인생의 거대한 바다의 풍랑가운데서, 삶의 위경가운데서, 누구도 도와주지 않고, 도저히 내 힘으로는 헤어 나올 수없는 그 절망의 구렁텅이에서 주님께 부르짖었더니 주님께서는 들으시고 저를 버리지 않으시고 긍휼히 여기시고 인자와 자비로 만나 주셨습니다.

주님께서는 저를 더 기도하게 인도하셨고, 그분의 비밀한 만나, 들으면 사는 생명의 말씀을 주셔서 성경말씀을 읽고 또 읽게 만드셨습니다. 그리고 쉬지 않게 기도하게 하셨습니다. 숨 쉬는 시간 시간이 기도로 드려지게 하셨습니다. 밥을 먹으면서도, 길을 걸어가면서도, 집안일을 하면서도, 잠자리에 들어서도 성령님의 도우심으로 기도가 목에 까지 가득 차올라 기도하지 않고는 견딜 수 없도록 만드셔서 매 순간 기도의 삶을 살아가게 하셨습니다.

그 다음은 주님께서는 저를 단련하셨습니다.

말씀과 삶의 괴리가 큰 저를 말씀이 삶으로 연결되어 열매 맺도록 부단히 성령님께서 도우셨습니다. 때로는 그 과정 가운데서 도망치고 싶었습니다. 주님께 항변하기도 했어요. 주님 저는 믿음이 좋지 않아요! 믿음이 많지 않아요! 굳세지도 않아요! 그렇지만 주님께서는 수가 많으십니다. 어리석은 제가 더 이상 변명할 수 없도록 주님께서는 일하셨습니다. 주일날 대 예배 시간이었습니다. 목사님께서 하나님의 말씀을 증거하고 계셨어요. 저는 말씀을 들을 때 큰 은혜를 받습니다. 사울과 다윗왕의 설교를 들을 때면 늘 악한 자의 소행을 살펴보며 그런 요소가 나의 삶 가운데 있음을 알게 됩니다. 그러면 애통하는 마음이 들고 깨어 마음속으로 회개하게 됩니다. 예전에는 거의 다윗 왕과 저를 동류로 생각하며 말씀을 들었지만 나의 연약함, 죄들이 가득한 나의 내면을 살펴보면서 내가 악인이라는 것을 실감하게 되었어요. 그들의 죄성을 보며 나의 죄를 회개하고 그들의 악함을 보며 나의 악함을 회개하게 되었습니다.

그리고 나도 다윗왕의 주님께 대한 사랑과 헌신의 삶을 살기를 소망하며 속으로 기도합니다. 그날도 집중하여 말씀을 듣는데 그 말씀대로 살고 싶어서 "아멘" "아멘"하고 큰소리로 목사님의 설교 말씀에 화답하였습니다. 한참을 그러고 있는데 갑자기 목사님의 입에서 불이 나오는 것이었어요. 붉은색 불이 새의 날개처럼 길게 뻗쳐 나오더니 그것이 제게로 곧바로 오더니 제 가슴 속으로 들어갔습니다. 너무 놀라 이게 무슨 일인가하고 가슴을 바라보았더니 그 붉은 불길이 가슴 안으로 스며들고 한글 고딕체로 '믿음' 이라고 굵게 쓰여 있는 것이 보였습니다. 그 이후로 이상하게 제가 더욱 더욱 담대해 지는 것이었습니다.

두려움이 사라지고 주저주저하던 것들이 사라지며 강하고 담대해지고 믿음의 뱃장이 생기는 것이었습니다. 주님께서 함께 하시니 두려울 것이 없다는 생각이 들고 앞으로! 앞으로! 전진 하게 되었습니다. 자꾸 자신과 환경을 보며 위축되고 가라앉던 것들이 사라져갔습니다.

어떤 사람은 병거, 어떤 사람은 말을 의지하나 우리는 여호와 우리 하나님의 이름을 자랑하리로다 시20:7
주께서 나를 전쟁하게 하려고 능력으로 내게 띠 띠우사 일어나 나를 치는 자들이 내게 굴복하게 하셨나이다 시18:39

이스라엘이여 너는 행복한 사람이로다 여호와의 구원을 너 같이 얻은 백성이 누구냐 그는 너를 돕는 방패시오 네 영광의 칼이시로다 네 대적이 네게 복종하리니 네가 그들의 높은 곳을 밟으리로다 신33:29

주님께서 일하시니 두려울 것이 없게 하셨습니다. 주님께서는 많은 사람들을 교회에 보내 주셨습니다. 각종 병든 자들, 고통에 빠진 자들을 보내 주셨습니다. 그리고 주님께서 일하셨습니다. 거의 매일 매일 사람들을 보내 주셨고 주님의 일하심으로 날마다 기적의 놀라운 역사가 일어나게 하셨습니다. 병든 자들이 고침을 받고 마음의 고통 가운데 있는 자들이 소망을 얻고 힘을 얻어 세상을 이길 힘을 얻게 하시고 깨어진 가정들이 화목케 되는 일들이 거의 매일 매일 일어나게 하셨습니다.

이로 말미암아 많은 사람들이 주님께 감사드리며 하나님께 영광을 많이 돌리게 하셨습니다. 주님께서 말씀하셨습니다. "아무 때나 어디서나 너와 함께하여 나의 일을 이루리라

　나의 능력은 한계가 없이 무한 하느니라

　마음껏 나의 능력을 쓰거라

　나는 기적의 능력의 창조의 너의 하나님이 됨 이니라

　기뻐하고 감사하라

　주의 날이 가까이 올수록 더욱 그리하라."

정말 많은 사람들이 선물을 가지고 왔습니다. 주님께서 저에게 사람들을 돕는 일을 시작할 때 말씀하여 주셨던 것입니다. 사람들은 기쁨으로 감사함으로 그들이 고통과 아픔 가운데서 놓여난 것을 감사하며 하나님께 감사드리고 저에게도 선물을 주셨어요. 어떤 사람들은 김치도 담아오고 만두도 만들어오고 머플러도 옷도 가방도 신발도, 참기름도 식혜도 만들어오고 과일도 사가지고 왔습니다. 주님께서는 무슨 필요한 것이 있으면 사랑의 선물이 들어와서 사지 않아도 될 정도로 크신 은혜를 베풀어 주셨습니다. 주님을 태우고 가는 일만 했던 작은 새끼나귀와 같은 저에게 주님께서 말씀 주시고 주님께서 사람들을 고치시고 주님께서 다 일하시고 다만 귀하신 주

님을 태우고 심부름만 한 저에게 주님께서는 시시때때로 맛있는 선물을 주시니 그 은혜가 크고도 크고 감사와 영광을 주님께 돌리지 않을 수가 없는 것입니다. 그래서 평소 소원하였던 주님의 종들과 선교사님들과도 제가 받은 선물들과 이 사랑을 부지런히 나눌 수 있게 해 주시니 정말 감사하고 행복합니다.

주님께서는 무력감에 빠진 저를 기도하게 하셨고 기도 가운데 만나 주시고 저를 아주 최고로 행복한 사람으로 만들어 주셨습니다. 그리고 저를 만난 사람마다 행복한 사람으로 만들어 가시기 시작하셨습니다. 주님께서 맡기신 이 일이 얼마나 행복하고 감사한지요! 인생 가운데 강도 만나고 환난을 당한 그들이 교회에 들어 올 때와 주님의 은혜와 돌보심을 받고 일어나 나갈 때가 완전히 달라진 모습을 보게 하시니 저는 매일이 행복합니다.

때로는 제가 도저히 감당하지 못 할 일도 있습니다. 저는 그 문제를 주님께 기도로 가져갑니다. 제가 할 수 있는 일이 없음을 압니다. 저는 할 수 없습니다. 오직 주님께서 다 하십니다. 어린 아들이 자기가 할 수 없는 일을 가지고 힘들어 할 때 어머니는 그 아들의 문제를 해결하고 도울 수 있는 일이라면 온 힘을 다하여 도와줍니다. 우리가 악한 자라도 자식에게는 좋은 것으로 줄 줄 압니다. 하물며 아들의 목숨까지도 당신을 위하여 내어주신 사랑대장 능력대장 우리 하나님은 못 하실 것이 없으십니다. 하나님은 사랑이 풍성하십니다.

저는 날마다 하나님께로 제가 할 수 없는 인생의 문제들을 가져가서 주님께 맡깁니다. 저는 문제가 저에게 올 때마다 재빨리 탁구공을 치듯이 주님께 기도로 그 문제를 맡깁니다. 저는 저의 엄청난 죄성과 연약함과 비겁함과 제가 아무것도 할 수 없는 무력한 사람임을 미리 철저히 알게 해 주신 주님을 찬양합니다. 저에게서는 아무것도 단 하나도 선한 것이 없음으로 인하여 감사드립니다. 주님께서는 철저하게 저에 대해서 보게 하여 주시고 아무 소망이 없는 사람임을 알게 하셨습니다. 그래서 저는 문제를 가지고 고민하지 않고 그 문제가 올 때 즉시로 주님께 맡깁니다. 저는 주님께로 가기 전에는 여러 가지 고단한 문제의 짐을 가득 가득 지고 가지만 그 문제들을 기도로 주님께 맡기고 평안히 잠을 잡니다.

"나는 전능한 하나님 이니라
내가 못할 일이 무엇이 있겠느냐
지금까지 일을 이루었느니라
너는 두려워하지 말고 담대히 외치라
데마, 사울이 그 길을 택한 것처럼 그들이 그 길을 가려하면 나는 어찌할 수 없느니라 선택도 다 그들에게 있는 것 이니라
너는 다만 내가 네게 이른 말만 전하면 되느니라
담대 하라 내가 너와 함께 함이니라"

주님께서 주신 말씀 의지하여 때때로 아픈 마음도 평안을 얻습니다. 그 어느 것 하나 내 힘으로 할 수 없음을 알기에 아버지 하나님을 전적으로 의지합니다. 나의 생명은 하나님의 생명싸개 속에 싸여 있습니다.
주님께서 부지런히 말씀해 주십니다.
"늘 나를 품고 네 안에 나만 세우고 나의 기치를 높이 들고 나아가라!
나의 용사여
승리의 전진을 계속 하여라!
전신갑주 취하여 입고 진리로 허리띠를 띠고 의의 호심경을 붙이고 평안의 복음이 준비한 것으로 신을 신고 모든 것 위에 믿음의 방패를 가지고 구원의 투구와 성령의 검 곧 하나님의 말씀을 가지라

강하고 담대하여 주만 바라라

내가 너와 함께하여 나의 뜻을 이루고 이루리라 살리는 말씀을 너의 입에 넣어주어 죽어가는 자들 살리고 돌아오게 하리라

많은 영혼들이 나를 떠나 각기 제 길로 가는 것을 막아 설 것이다.

모든 것을 다 나에게 맡겨라

마음이 상한 자를 고치고 어그러진 자들을 올바르게 하고 거스르는 자들을 돌아오게 하는 나의 사랑을 부어 나의 뜻을 감당케 하리라

내가 이루리라 모든 약속을 다 이루시고 성취 되어 지리라"

주님께서 말씀하시면 정신이 깨고 각오를 새롭게 하게 됩니다.

*그러나 진리의 성령이 오시면 그가 너희를 모든 진리 가운데로 인도하시리니 그가
  스스로 말하지 않고 오직 들은 것을 말하며 장래 일을 너희에게 알리시리라
  그가 내 영광을 나타내리니 내 것을 가지고 너희에게 알리시겠음이라* 요16:13~14

온 세상을 창조하시고 다스리시는 그 전능하신 창조주께서 존귀하신 성령님을 우리 안에 보내주시고, 날마다 연약하고 겁쟁이이인 나를 성전삼아주시고 우리 안에 사시면서 자비롭고 인애하신 사랑으로 인내하시며 그리스도의 형상이 내 안에서 이루어지기까지 이끄시고 주목하시고 훈계하시고 인도하시는 은혜가 너무도 큽니다.

그런즉 우리는 거하든지 떠나든지 주를 기쁘시게 하는 자 되기를 힘쓰노라 고후5:9

*지혜 있는 자는 궁창의 빛과 같이 빛날 것이요 많은 사람을 옳은 데로 돌아오게 한자는
  별과 같이 영원토록 비취리라* 단12:3

*네 평생에 너를 능히 대적 할 자가 없으리니 내가 모세와 함께 있었던 것 같이 너와
  함께 있을 것임이라.
  내가 네게 명령한 것이 아니냐 강하고 담대하라 두려워하지 말며 놀라지 말라
  네가 어디로 가든지 네 하나님 여호와가 너와 함께 하느니라 하시니라* 수1:5,9

주님의 말씀에 다시 용사가 되어 일어섭니다. 나는 너무 작고 연약하지만 주님께서는 만왕의 왕이시고 만주의 주이십니다. 나는 주님을 의지하여 날마다 새벽마다 새벽안개를 가르고 힘차게 표효합니다! 저는 유대지파의 사자 예수 그리스도 다윗의 뿌리가 이겼으니 만왕의 왕 되신 예수 그리스도를 의지하여 사자처럼 예수의 보혈과 그 이름을 선포하며 담대하게 나아갑니다!

"나를 대적하는 것을 대적하라!"고 주님은 말씀하십니다.
진리마저 호도하려는 이 시대에

당신은 누구의 편이십니까?

우리는 우리의 정체성을 확실히 해야 합니다. 아군과 적군을 분별할 수 있는 영적 센서가 강화되어야 할 것입니다. 이것은 오직 말씀 안에서 성령 안에서 기도함으로 부어지는 것입니다.

주님께서 제게 성령의 기름을 부어주시고 하나님의 영광을 나타내는 도구로 삼으시니 감사 찬양할 뿐입니다.

당신도 그리하지 않으시렵니까?
사랑하는 당신도 힘을 내십시오!
저를 직접 보신다면 당신은 엄청 격려 받으실 것입니다.
주님 앞에 나를 내려놓고 성령 안에서 나의 의지를 굴복하여 기도할 때 저와 같은 자에게도 성령을 물 붓듯이 부어주셔서 가난한 자에게 아름다운 소식을 전하게 하시고 나를 보내사 마음이 상한 자를 고치시며 포로 된 자에게 자유를, 갇힌 자에게 놓임을 선포하며 여호와의 은혜의 해와 우리 하나님의 보복의 날을 선포하여 슬픈 자를 위로하게 하십니다.

당신은 주님을 아십니다!

주님의 은혜도 받았습니다!

주님은 당신의 음성에 귀 기울이고 계십니다!

저같이 연약하고 겁쟁이인 사람도 하나님의 영광을 위하여 쓰신다면 주 안에서 말씀과 기도로, 단장되고 준비되어진 당신을 얼마나 크게 쓰셔서 우리 주님께서 영광을 받으시겠습니까?

우리는 우리의 것이 아닙니다.

나는 내 것이 아닙니다. 예수님의 핏 값 생명주시고 사신 하나님의 것입니다.

*너희 몸은 너희가 하나님께로부터 받은바 너희 가운데 계신 성령의 전인 줄을 알지 못하느냐 너희는 너희 자신의 것이 아니라
값으로 산 것이 되었으니 그런즉 너희 몸으로 하나님께 영광을 돌리라* 고전6:19~20

그가 모든 사람을 대신하여 죽으심은 살아있는 자들로 하여금 다시는 그들 자신을 위하여 살지 않고 오직 그들을 대신하여 죽었다가 다시 살아나신 이를 위하여 살게 하려 함이라 고후5:15

내가 그리스도와 함께 십자가에 못 박혔나니 그런즉 이제는 내가 사는 것이 아니요 오직 내 안에 그리스도께서 사시는 것이라 이제 내가 육체 가운데 사는 것은 나를 사랑하사 나를 위하여 자기 자신을 버리신 하나님의 아들을 믿는 믿음 안에서 사는 것 이라 갈2:20

기도하십시오!

기도는 생명줄입니다

기도는 살아있는, 생명 있는 하늘의 권능이 내려오는 통로입니다. 주님의 권능을 충만히 부어주셔서 온 세상을 환하게 비추고 흑암에 갇힌 영혼들을 살리고 하나님의 위대한 일을 위하여 거목들을 세우실 일을 당신의 기도를 통해 주님께서 시행 하십시다. 당신은 온 세상의 구주이신 주님과 함께 세상을 변혁시킬 주님의 동! 역! 자! 이십니다.

기도의 자리로 나아가십시오!

거기가 시작점입니다.

당신의 작은 기도 골방을 통해서 주 예수님 이름으로 먼저 그의 나라와 그의 의를 구하며 의에 주리고 목마른 심령으로 주님의 나라가 이루어지기를 위해 드려지는 기도는 그곳이 사업장의 작은 귀퉁이나 혹은 화장실 일지라도, 가정의 부엌식탁이라도 주님께서 못 받으실 기도는 없는 것입니다.

유창하게 잘 할 필요도 없습니다.

혹 당신이 주님을 영접한지 얼마 안 된 성도라 할지라도 하나님의 기뻐하심을 위하여 구원해 주신 은혜를 감사하며 하나님께서 영광 받으시기를 위하여 기도하신다면 그 기도를 기뻐 받으십니다. 당신의 마음을 받으시는 하나님 그 하나님께서는 당신의 마음을 가장 원하십니다.

세상의 온갖 보화가 주님에게 무슨 의미가 있겠습니까?

그것들은 옷처럼 낡아질 것이고 온 세상의 주인은 온 세상을 지으신 삼위 하나님이신 것입니다. 모든 것이 다 주님의 것입니다.

보라 그에게는 열방이 통의 한 방울 물과 같고 저울의 작은 티끌 같으며 섬들은 떠오르는 먼지 같으리니 사40:15

기도학교로 명명해주신 예배시간에 저는 종종 주님을 뵈옵습니다. 그분은 저에게 관심을 기울이시지 않으십니다. 나의 사랑하는 예수님은 예배하는 사람들에게 관심이 있으십니다. 말씀을 전하거나 기도 인도할 때 주님께서는 사람들의 돈도 명예도 권세도 외모도 관심 갖지 않으시고 오직 사람들의 마음에 관심이 있으신 것을 봅니다.

주님께서는 사람들의 마음을 살피십니다. 예수님은 공간에 구애받지 않으시고 의자를 가로질러서 곧바로 다음사람의 머리나 가슴이나 때로 등에 손을 얹으시고 기도해 주십니다. 그런데 예수님께서는 우리가 한 자매를 위해 합심하여 통성 기도할 때 꼭 그 자매에게 가서서는 가슴에 손을 얹으시고 다른 사람들 보다 더 많이 기도를 해 주셨어요. 그것도 한 번도 아니고 기도시간 마다 그러시는 것이었어요. 저는 입으로 통성으로 기도를 인도하면서도 마음속으로 판단을 하고 있는 저를 발견할 수 있었어요. 그 때도 마음으로 '아니 왜 예수님이 편애를 하실까? 왜 저 성도만 많이 기도해 주시지?' 하고 생각하고 있었습니다. 저의 이 얄팍한 판단하는 어리석은 마음을 주님께서 왜 모르시겠습니까? 전능하신 주 예수님께서는 저의 마음을 알고 계셨죠. 제가 그 생각을 하자마자 주님께서 막고 있던 주님의 손을 그 성도에게서 떼자 저는 충격으로 할 말을 잃어버렸습니다. 그 성도의 가슴에서 작은 수챗구멍 같은 구멍이 가슴에 뻥 뚫어져 있었고 그 속에서 엄청난 피가 쏟아져 나오는 것을 보게 하셨습니다. 저는 즉시로 하나님 앞에 회개하였습니다. 그 성도가 큰 아픔과 상처가 있었던 것이지요. 나중에 얘기하니까 가족들로부터 오는 엄청난 정신적 물리적 핍박이 아주 심각하였던 것을 듣게 되었습니다. 저는 주님 앞에 한없이 부끄러움과 죄송함을 느꼈습니다. 그리고 그 성도를 위해서 기도하게 되었습니다.

때로는 시간이 늦어 질까봐 끝나는 촉박한 시간에 마음 쓰며 기도 하면 주님께서 말씀해 주십니다. "나는 시간에 구애받지 않는다." 라고 말씀하여 주십니다. 그러면 먼데서 오시는 분들한테는 미안하지만 열심히 기도 인도를 합니다. 다행히 기도 시간이 늦게 끝나도 너무 늦었다고 말씀하시는 분들이 없어서 너무 감사하고 있습니다.

주님께서는 우리로 기도하게 하십니다!
주님께서는 기도하는 성도들을 주목하십니다! 그리고 놀랍게 깊은 관심을 보이시고 그분을 예배 가운데 나타내 보이십니다. 2미터도 더 되는 커다란 날개 달린 큰 천사들과 날개 없는 천사들도 아주 많이 예배 가운데 보입니다. 아름다운 보석이 달린 악기를 가지고 찬양을 하는 천사들도 있습니다. 성도들에게 다 말하지 못했는데 알려진 교회의 기도 팀장이 와서 기도하더니 저와 같은 것을 보고 너무 놀라워하는 것을 들었습니다. 우리는 모여 날마다 주님 앞에 간구합니다.

선교사님들과 세계 교회와 목회자분들과 그리고 남북한의 교회와 주의 종들을 위하여 우리교회와 목사님 섬기는 교회를 위하여 성도들을 위하여 남북한 나라와 민족과 위정자들을 위하여 유대인들의 구원과 예루살렘의 평화를 위하여 합심하여 기도합니다. 그리고 기도회에 참석하신 분들을 위하여 한 사람 한 사람을 위해 손을 뻗어 통성으로 합심하여 기도합니다. 주님께서는 이 기도학교를 많이 사랑해 주시고 기뻐하십니다. 주님께서는 이 일이 작은 일이 아니라고 해 주셨습니다.

그리고 나라를 위해서 기도한 것들도 정말 많이 응답해 주셨습니다. 나라와 민족을 위해 기도할 때 영의 놀라운 세계도 열어주셔서 놀라운 것을 보게 해 주셨습니다. 모인 사람들이 마음을 다하여 힘차게 기도를 올릴 때 저의 눈을 열어주시어 보이는데 천장이 다 없어지고 하늘이 보이는데 사람들의 기도가 강한 횃불처럼 어둠이 덮인 장벽을 뚫고 힘차게 올라가는 것을 보았습니다. 우리가 적당히 기도하려 하지 말고 힘차게 온 힘을 다하여 마음을 다하여 기도하는 것이 정말 중요함을 깨닫게 되었습니다. 더욱이 합심하여 기도하는 것의 중요성을 알게 하셨습니다.

그 후에 내가 네 영을 만민에게 부어 주리니 너희 자녀들이 장래 일을 말 할 것이며 너희 늙은이는 꿈을 꾸며 너희 젊은이는 이상을 볼 것이며 그 때에 내가 또 내 영을 남종과 여종에게 부어 줄 것이며 욜2:28~29

세례 요한의 때부터 지금까지 천국은 침노를 당하나니 침노하는 자는 빼앗느니라
마11:12

*진실로 다시 너희에게 이르노니 너희 중의 두 사람이 땅에서 합심하여 무엇이든지
구하면 하늘에 계신 내 아버지께서 그들을 위하여 이루게 하시리라
두세 사람이 내 이름으로 모인 곳에는 나도 그들 중에 있느니라* 마18:19~20

주님께서는 죽으셨던 목사님도 다시 살리십니다. 성령님께서 그 목사님이 사실 것을 조금도 의심하지 않게 하셨습니다. 소식을 듣고 우리목사님과 함께 담대하게 사망을 꾸짖고 예수이름으로 명령하며 생명이 돌아오기를 명하고 선포했습니다. 15분에서 20분 정도의 시간이 지나서 깊은 안도와 평안을 주셨습니다. 주님께서 그 목사님을 살리신 것이지요. 이 일이 있기 전의 일입니다.

이 목사님의 사모님은 안경점을 하셨어요. 목사님이 공동체 교회를 개척하여서 사역하시는데 재정적인 도움을 주기 위해 사모님께서 하신 것입니다. 그런데 안경점을 시작하고 몇 달이 지나서 저를 부르셨어요. 개업기념으로 화초를 사야하나 하고 고민하고 있을 때 저를 태워서 간 그 사모님의 언니가 말하기를 손님이 아주 없어서 이번 달에는 손님이 0명이라는 것이었습니다. 기도하며 가는데 주님께서 나사로의 무덤 앞에서 선포하시는 말씀을 주셨습니다. 그리고 반드시 이 목사님과 사모님을 축복하실 것임을 깨달았습니다.

그래서 감사헌금을 좀 더 뽑아서 헌금으로 드렸습니다. 목사님과 사모님이 기쁘게 맞아 주셨는데 목사님이 걷지도 못하실 정도로 몸이 안 좋아 보이셨어요. 그래서 목사님 건강도 위해서 기도해야 되고 재정의 축복도 선포해야 됨을 느꼈습니다. 목사님이 주변의 사물을 의지하고 지탱하여서 걸으실 수 있는 상황이었어요.

밖을 바라보니 얼마나 많은 천사들이 어마어마하게 군대처럼 도열해 있는 것이 보였습니다. 정말 힘이 났어요.

부흥집회 때나 초청받아 집회에 가서 예배드릴 때도 천사들이 먼저 성도들 사이를 다니며 문제들을 해결하고 치료하는 것을 볼 수 있었거든요. 그러면 따로 그 사람들을 위하여 기도를 하지 않아도 병치유가 일어나며 문제들이 해결되는 것을 경험하게 하여 주셨기에 힘이 났습니다. 그 수많은 천사들은 다 같은 일을 하는 것이 아니었어요. 어떤 천사들은 치유를 맡아서 그 일들을 하였습니다. 또한 어떤 천사들은 재정을 맡은 천사들이 있었고 각기 주님께서 자신들에게 맡겨주신 일들을 충성스럽게 하는 것을 보아왔던 때문이지요. 제가 그곳에 간 시간은 열시를 조금 넘었습니다. 저는 인사를 하고 빨리 예배를 드리자고 했습니다. 주님의 성령님께서 은혜를 주시니 제게 믿음이 충만해지는 것 이었습니다. 예배 마치면 손님들이 많이 들어올 것이 믿어졌습니다. 그래서 손님들이 오기 전에 빨리 예배드리자고 하였습니다. 사모님이 힘없이 "사모님 이번 달에는 손님이 한명도 안 왔어요." 라고 말씀하셨어요. 그렇지만 나는 이제 손님이 밀려들어 올 테니까 빨리 예배드려야 되요! 하고 예배를 드렸습니다.

성령님이 뜨겁게 임하는 예배였습니다.

또한 믿음으로 재정이 열릴 것을 선포하고 목사님의 건강을 위해서도 성령님을 의지하여 예수이름으로 기도를 뜨겁게 하였습니다. 그리고 건강주실 말씀을 믿음으로 선포하였습니다. 광야가운데 있었던 이스라엘 백성이 믿음의 말을 하지 않고 부정적인 말을 하였을 때 그들이 받았던 것들을 생각하고 오직 믿음의 말만 선포하시기를 전하였습니다. 그리고 목사님과 사모님이 믿음으로 선포하고 이미 주신 하나님의 자녀 된 권세를 예수이름으로 선포하시고 사용하시라고 말씀드렸습니다. 성령님께서 목사님에게 뜨거운 기름 부음과 불을 보내 주시고 사모님에게도 능력으로 임하는 것을 보게 하셨습니다. 예배가 끝나자마자 밖에서 안을 보던 사람이 들어왔습니다. 사모님이 수타 짜장면을 사주셨는데 불 맛이 나고 너무 맛있었습니다. 목사님은 예배드리기 전에는 물건을 의지하여 겨우 걸으셨는데 막 걸어 다니시고 급히 뛰는 듯이 움직이셨어요. 목사님이 아주 건강해 지신 것이 보이니 정말 기쁘고 감사하였습니다. 사모님께서는 저와 남편목사님의 안경을 아주 좋은 것으로 주셨습니다. 너무 감사하였습니다.

다음날 오후 3시 45분쯤 전화가 울렸어요. 사모님에게서 온 전화였습니다.
사모님이 말씀하기를 아침에 문을 여는데 문을 열자마자 사람들이 밀려 오는데 안경을 하려는 사람들이 끊이지 않고 와서 점심도 못 먹고 계속 일 하다가 이제야 손님이 없어서 겨우 시간이 나서 점심시키고 전화했다고 하였습니다. 목사님은 건강하여져서 뛰어다닌다고 합니다. 저는 믿음으로 믿음의 선포로 계속 더욱 더 건강하시고 사업도 잘 되기를 원한다고 말씀드렸습니다. 하나님의 행하시는 일은 놀랍고 놀랍습니다.

사모님이 그 안경점을 얻을 때 안경점을 시작하는데 많은 돈이 들어가서 건물 주인에게 전세금을 조금 주고 월세를 많이 주는 식으로 했는데 수개 월간 월세를 못 줄 정도로 전세금을 까먹을 정도로 손님이 없어서 어려웠는데 주님께서는 그렇게 후히 채워주시니 너무나 감사하였습니다.
그런데 그곳에서 물고기 잡는 법을 가르쳐 주시는 믿음을 선포하며 이미 기록된 말씀 가운데 있는 하나님의 자녀에게 주시는 하늘 권세를 사용해 야 됨을 가르쳐 주신 것이 생각이 나서 오직 믿음의 말만하며 믿음의 기도 와 선포를 게을리 하지 마시기를 권고해 드렸습니다.

기적은 확대 재생산 됩니다.

기적의 재창조는 지금 이 시대에도 계속 일어나고 있습니다.

그런데 한참의 시간이 지난 후에 목사님이 아프고 죽으시는 일이 생겼던 것입니다. 성령님께서 가르쳐주셔서 믿음으로 예수이름으로 사망을 꾸짖어 물리치고, 예수 이름으로 목사님의 생명은 돌아오라고 강력하게 선포하게 하시고 주님께서 일하신 것입니다. 그 후에 점점 더 건강해지신 목사님은 기쁨으로 우리 교회에 찾아 오셨고 얼마 후에 후배 목사님의 우울증을 깊이 앓고 있는 사모님을 우리 교회로 연결하여 주셨습니다.

마음과 생각으로 인한 우울증의 깊은 터널을 지나고 있는 젊은 사모님을 위하여 기도 할 때였습니다. 우울증으로 인하여 예배마저도 참석하기 어려워하는 그 사모님은 부목사님의 사모님이었습니다. 얼마나 복을 받으신 분이셨든지 남편 목사님이 그를 사랑하며 기도해 주고 있었고, 그의 시어머니 되는 권사님은 궁휼의 마음으로 기도해 주며 사랑을 깊이 베푸시는 분이었습니다. 주님께서는 저를 통해서도 하나님의 크신 은혜와 소망을 심어주시고 이 사모님을 위해 일하시기 시작하셨습니다. 사모님이 올 때마다 주님께서 주시는 말씀과 권면으로 소망이 생기며 활력을 조금씩 되찾아 얼굴이 달라져 가기 시작하였습니다.

이 사모님을 위해기도 할 때 주님께서 보여주신 환상이 있었습니다. 터널의 끝 부분 앞에 큰 예수님의 얼굴이 보였습니다. 예수님께서 관심 갖고 지켜보고 계시는 것을 알 수 있었습니다. 그 사모님은 긴 검은 옷을 입고 터널의 중간 부분을 터덜터덜 걸어가고 있는 모습이 보였습니다.

그리고 그 사모님을 위하여 기도하는 사람들의 기도가 투명한 주먹보다 약간 적은 크기의 둥근 구슬처럼 보이고 그것이 하늘위에 예수님께서 서계신 곳으로 올라오는 것이 보였습니다. 누구의 기도인지 알 수 있었습니다.

각 구슬에 기도하는 그 사람의 이름이 있었어요. 시어머니와 시누이, 남편목사님, 그리고 저의 기도도 구슬이 되어서 올라오고 있었어요. 주님께서 그 구슬 하나하나를 집어 읽으시며 각 구슬을 읽으실 때마다 고개를 두 번씩 끄덕이시며 "시행 하겠다" "시행 하겠다" "시행 하겠다"라고 하셨습니다. 그 중에 특히 그 사모님의 남편 목사님의 기도가 투명하고 맑고 밝았습니다.

이제 그 사모님을 통해서 하실 하나님의 뜻을 밝히 알게 하셨습니다. 지금 이 시대에는 많은 사람들이 마음에 큰 고통을 겪고 있습니다. 주님께서는 저도 암을 치유해 주신 이후에 우리교회에 암 환자들을 많이 보내 주시고 고쳐 주셨습니다. 이 사모님이 지금 겪고 있는 이 고통은 하나님 앞에 기도로 올려 질 때 반드시 하나님의 돌보심을 통해 치유 받게 하셔서 수많은 우울증으로 고통 가운데 있는 사람들을 돌보고 세우고 온전케 하기 위한 하나님의 계획 가운데 이 귀한 사모님이 사용되어질 것을 기쁨으로 기도하며 기다리고 있습니다. 주님께서는 이 사모님의 경우는 시간이 필요하다고 하시니 보배롭게 빚으시고 온전하게 해 주실 줄 믿고 기대하며 기도합니다.

이 사모님은 예전과 비교할 수 없을 정도로 많이 달라지고 좋아지고 기도할 힘을 얻게 하셨습니다. 주님께서 일하심을 믿고 기뻐하며 기대하며 기도합니다. 때가 차매 주님께서 능력으로 이 사모님을 온전케 하실 줄 믿습니다.

우리교회에 보내신 사람가운데 우울증을 앓고 병원에 2년 동안 갇혀 있던 사람도 고쳐 주셨습니다. 그 사람은 지금 결혼하여 두 딸과 아들을 낳고 행복하게 살고 있습니다. 처음에 왔을 때 약도 안 먹고 모든 물건들을 부수고 너무 무거운 것도 힘이 장사가 되어 던지고 해서 온 집안이 처참하고 가족마저도 그 자매를 데리고 온 어머니마저도 온전하여 보이지 않을 정도로 망가져 있었는데 창조의 능력의 기적의 하나님께서 그 자매를 온전하게 치유해 주셨습니다. 저를 통해서 주님의 그 자매를 사랑하시는 마음을 전해 주셨어요.꼭 품에 품어 주시고 말씀과 사랑으로 일하셨습니다. 능력의 주님을 찬양합니다. 축복의 사랑의 하나님을 경배하며 영광 돌립니다. 우울증으로 자살하려던 여러 사람들도 주님의 능력으로 온전하게 만드시고 예수님을 믿고 직장생활도 잘 하게 하시고 가정생활도 잘하게 하시는 능력의 주님을 찬양합니다. 하나님은 영혼을 살리고 소생시키시는 권능의 하나님이십니다.

너희가 내 이름으로 무엇을 구하든지 내가 행하리니 이는 아버지로 하여금 아들로 말미암아 영광을 받으시게 하려 함이라 요14:13

우리는 그가 만드신 바라 그리스도 예수 안에서 선한 일을 위하여 지으심을 받은 자니 이 일은 하나님이 전에 예비하사 우리로 그 가운데서 행하게 하려 하심이니라 엡2:10

그러나 너희는 택하신 족속이요 왕같은 제사장들이요 거룩한 나라요 그의 소유가 된 백성이니 이는 너희를 어두운 데서 불러내어 그의 기이한 빛에 들어가게 하신 이의 아름다운 덕을 선포하게 하려하심이라 벧전2:9

우리가 알거니와 하나님을 사랑하는 자 곧 그의 뜻대로 부르심을 입은 자들에게는 모든 것이 합력하여 선을 이루느니라 롬8:28

- 내가 잊지 않겠다 -

선교회 대표를 통해서 강남에 있는 한 교회의 목사님을 위해 기도해달라는 중보기도 요청을 받고 철야 기도하는 가운데 같이 합심하여 기도하였습니다.

기도하던 중 주님께서 이 주의 종을 만나게 하셨습니다. 말할 수 없는 마음의 큰 고통으로 힘들어하시는 주의 종을 만나 같이 기도하였습니다. 주님께서는 이 주의 종을 크게 위로하시며 꼭 필요한 말씀으로 권고해 드리게 되었습니다. 그런데 주님께서는 그 목사님에 대해 말씀하셨습니다.

"네가 23살 때 너의 헌신을 내가 보았다. 이로 인하여 네 인생에 큰 복을 주겠다."고 말씀해 주시는 것을 듣고 전해 드렸습니다.

그런데 23살 때의 헌신에 대하여 말씀하실 때 주님의 마음이 먹먹해 질 정도로 이 목사님의 헌신에 대하여 주님께서 크게 감동하신 것을 느끼고 알게 하셨습니다.

그 일이 너무 주님께 감동을 주셨기에 그 목사님을 평생 은혜주시고 축복해 주실 것을 말씀해 주셨습니다. 저는 개인적으로는 이 분을 잘 몰랐습니다. 저는 단지 주님께서 해 주시는 말씀만 전해 드린 것입니다. 나중에 그 목사님을 축복해 주신 이유를 선교회 대표를 통해 듣게 되었습니다. 그 목사님은 처음에 자신이 23살 때 무엇을 하였는지 잘 생각이 나지 않았는데 조금 지나서 생각이 났다고 하였습니다.

개척교회의 학생부 담당전도사로 사역하였는데 너무 교회의 재정이 어려워서 아이들을 양육하는 사모님이 목사님에게 물질을 요구하자 마음이 너무 힘드신 목사님이 한동안 나가 기도원에 계셨다고 하였습니다. 자신이 전도사 시절에 무슨 일이 있어 사택에 들어가서 냉장고를 열어 보니 아무 것도 없었다고 하였습니다.

그래서 그 목사님은 전도사 사역할 때 가장 임금을 많이 주는 일을 하였다고 했습니다. 돼지 축사에서 똥을 치우는 일은 너무 힘들고 냄새나고 어려웠지만 임금을 많이 주었다고 하였습니다.

그래서 그 일을 하여 교회 학생들을 떡볶이를 먹이고 간식을 주고 사모님과 아이들 먹을 것을 사서 쌀도 먹을 것도 드렸다고 합니다.

그리고 신학교 다니는 중에 동네에서 리어카를 빌려서 빈 공간에 틈만 나면 쇠와 종이 등을 열심히 모아서 가득 쌓아놨다가 팔았다고 하였습니다. 트럭으로 몇 대 분량의 많은 것을 모았기에 봉투가 정말 두툼할 정도로 돈을 받았다고 하였습니다. 그런데 그 봉투를 본 순간 너무도 마음에 갈등이 일어났다고 하였습니다.

자신도 너무 가난한 신학생이었고 교회에서 사례비도 받을 수 없는 형편이어서 자신은 여름 양복 한 벌 가지고 사계절을 입었고 자신도 너무 배가 고파서 그 봉투를 열어 보면 자신도 감당이 안 될 것 같아 눈물을 꾹 참고 그 봉투 그대로 가져가서 어린 아이들과 있는 사모님에게 그대로 다 드렸다는 것입니다. 그 사모님은 남편 목사님이 다시 돌아오시기까지 수개월간 그 돈으로 굶지 않고 아이들과 살 수 있었다고 하였습니다.

자신은 지난 세월을 잊고 살았는데 자신의 지난날을 전혀 모르는 저를 통해서 주님께서 말씀하여 주시니 이 목사님은 크게 위로를 얻고 힘을 얻게 되었습니다.

주님의 마음을 먹먹하게 해드린 우리교회 성도가 있습니다. 그는 열심히 하나님의 교회를 사랑하여 가꾸고 섬겼습니다. 교회의 필요와 주의 종의 필요를 돌아보며 자신을 위해서는 너무나 검소하게 살았습니다. 주님의 교회와 주의 종을 위해서는 최고의 것으로 최선을 다하여 헌신하였습니다. 주의 종이 새벽마다 성도들을 위하여 기도할 때 그 마음이 얼마나 주님 앞에 간절하지 않을 수가 있겠습니까? 교회와 주의 종을 위해 자신의 것을 아끼지 않고 헌신하는 사람은 주님께서 반드시 기억하시고 그가 심은 대로 넘치도록 30배 60배 100배 천배로 갚아 주시는 것을 이 집사님을 통해서 보게 하셨습니다. 그가 이 땅에서도 복을 받지만 앞으로의 받을 복은 더 클 것임을 압니다. 주님께서는 그 사람을 예수님 믿는 자의, 교회의 표지라고 인정하여 주시는 것을 보았습니다.

두루두루 성도들을 돌보며 사랑으로 섬기고 교회의 필요를 살피며 헌신하는 성도들이 많이 있습니다. 주님께서는 반드시 그들을 상주시고 하늘의 큰 상 뿐 아니라 이 땅에서도 후히 백배로 채워 주실 것을 믿고 기뻐하며 그들을 위해 새벽마다 축복하며 기도합니다.

또한 주님을 위하여 교회와 주의 종을 위하여 열심히 특심으로 충성되고 헌신된 주님의 권사님을 압니다.

주님께서 그 권사님을 도우시고 축복하셨습니다. 하는 일마다, 가정에도 범사에 은혜를 더하심을 보게 하십니다. 자궁암이 있다고 하였는데 예수이름으로 기도학교 기도 시간에 선포하며 기도 할 때 말 4장 2절 말씀 치료의 광선을 말씀하시며 그 암을 그 시간 치유하셨음을 알게 하셨습니다. 앞으로 천국에서 받을 집을 보여 주시는데 너무나 엄청나서 설명을 제대로 할 수 없을 정도로 어마어마한 것을 보여 주셨습니다. 이해할 수도 상상 할 수도 없을 어마어마한 하나님의 축복이 예비 되어 있음을 보게 하셨습니다. 우리가 무엇으로 심든지 주님께서는 다 심은 대로 후히 갚아 주십니다.

이것이 곧 적게 심는 자는 적게 거두고 많이 심는 자는 많이 거둔다 하는 말이로다 각각 그 마음에 정한대로 할 것이요 인색함으로나 억지로 하지 말지니 하나님은 즐 겨내는 자를 사랑 하시느니라 심는 자에게 씨와 먹을 양식을 주시는 이가 너희 심을 것을 주사 풍성하게 하시고 너희 의의 열매를 더하게 하시리니 너희가 모든 일에 넉넉하여 너그럽게 연보함은 그들이 우리로 말미암아 하나님께 감사하게 하는 것이라 고후9:6~7,10

기록된바 하나님이 자기를 사랑하는 자들을 위하여 예비하신 모든 것은 눈으로 보지 못하고 귀로 듣지 못하고 사람의 마음으로 생각하지도 못하였다함과 같으니라 오직 하나님이 성령으로 이것을 우리에게 보이셨으니 성령은 모든 것 곧 하나님의 깊은 것까지도 통달 하시느니라 고전2:9~10

- 여호와께 성결 -

새벽 예배를 마치고 기도하는 중 주님께서 말씀을 들려주시며 "받아 적으라"고 하셨습니다.

"너의 마음을 다하라
네게 많은 약속을 주었다.
네게 응하기를 바란다.
너는 내 것이다.

네가 너를 주장하지 말라
내가 너에게 말을 줄 것이다
너는 그것을 말하며 너는 나의 기쁨이 되거라

이 세상과 구별된 삶을 살아라
내 뜻만 이루어지기를 바라며
순결한 삶을 살아라

내가 이 전에 기적을 일으킬 것이다
너는 내 것이다.

거룩과 성결은 그리스도인의 첫째 덕목이다
양심의 순수가 빛나야 천국에서도 이 같은 자가 더욱 존귀로 옷을 입는다.
너희는 스스로 돌아보아 우리 중 누군가 말씀에 배역한 행위를 하고 있지
않나 너희 행위를 삼가라

총명과 지혜, 무지와 무능

너는 알지 못하였느냐 듣지 못하였느냐 영원하신 하나님 여호와 땅끝까지 창조하신 이는 피곤하지 않으시며 곤비하지 않으시며 명철이 한이 없으시며 피곤한 자에게는 능력을 주시며 무능한 자에게 힘을 더하시나니 소년이라도 피곤하며 곤비하며 장정이라도 넘어지며 쓰러지되 오직 여호와를 앙망하는 자는 새 힘을 얻으리니 독수리가 날개 치며 올라감 같을 것이요 달음박질하여도 곤비하지 아니하겠고 걸어가도 피곤하지 아니하리로다 사40:28~31

오직 주를 의지하는 자가 지혜로운 자와 능력 있는 자이니라
여호와의 산에 오르라
여호와의 산에 오를 자 누구인가?
그 수준에서는 그만한 영광만 볼 수 있을 것이다
너는 도전하라! 순수를 등에 짊어지고 입에서 생명노래 부르며
내가 주는 빛을 마시라
너희는 자신을 지켜 세속에 물들지 않게 조심하라
이 세상이나 세상 것은 지나가되 나의 말씀은 영원히 있느니라
너희 자녀나 네 부모를 나보다 더 사랑하지 말라
심판 날에 바로 서야 하지 않겠느냐!
그때 내 앞에서 너 하나님의 사람아 무엇을 내놓으려하느냐

너는 이것을 알라 (말세의 악하고 음란한 풍조가 보이는 불투명 유리창너머의 풍경이 불투명한 유리창너머로 흐리게 보였습니다.- 악하고 음란한 이 세대의 죄에서 저를 보호하시기 위함인 듯싶었습니다.) 깨어 근신하며 이 세상 정욕에 물들지 말고 마음을 새롭게 하여 변화를 받아 나의 마음에 합하도록 구하고 외칠 지어다
이 세상이나 세상 것은 지나가되 하나님의 말씀은 영원히 서 있느니라
아무것도 염려 말라
무엇을 해야 할지보다 어떻게 해야 하는 지에 집중하라"

(주님의 말씀을 들으며 나도 모르게 주님을 경외하는 마음이 가득해져서 주님 앞에 기도로 찬미의 제사를 올리게 되었습니다.)

"거룩! 거룩! 거룩!
영화롭도다 영화롭도다 영광의 주 하나님
세세 무궁토록 계실 존귀하신 하나님"
그러자 주님께서 다시 말씀하여 주셨습니다.

"내가 너를 새롭게 하겠다
너를 빚어서 빛나게 하여 나의 뜻을 보이며 이 세상에 나의 빛을 던질 것이다. 너는 이 부정한 세대에서 어떻게 살아야 할 것인가 연구 하여라
나의 인자는 끝이 없다
나의 긍휼은 무한하다
악에게 지지 말고 선으로 악을 이기라
너의 삶 속에서 오직 나만 드러내야한다
나를 너의 기쁨 너의 모든 것 삼아라!
이 시간 즐거움의 기름부음을 부어주노라
감사하고 기뻐하라
나의 은혜가 특별히 크도다

(저는 하나님 앞에 제가 얼마나 부족하고 더러운 죄인인지를 더욱 깨닫고 애통하며 나의 죄와 나의 쉽게 죄에 넘어가는 연약함과 마음의 부패함을 고백 하였습니다 그러자 주님께서 다시 말씀해 주셨습니다.)

내가 이룰 것이다
어린아이처럼 순전하게 신령한 젖을 사모 하여라

누구든지 내게 들으며 날마다 내 문 곁에서 기다리며 문설주 옆에서 기다리는자는 복이 있나니 대저 나를 얻는 자는 생명을 얻고 여호와께 은총을 얻을 것임이니라
잠8:34~35

너희를 더욱 사랑하노라
너는 나의 기쁨이 되어라!
아멘!

주님 앞에 지금 준비하는 책을 위하여 기도 할 때 거룩하며 성결하고 신령한 젖을 사모하라고 말씀하여 주셨습니다. 그러시면서 " 내가 다 준비하였다. 너는 쓰기만 하여라 너를 세워 나의 자랑이 되게 하겠다
너를 세워 나의 기쁨이 되게 하겠다."

늘 깨어 기도하고 늘 힘써 싸우세
주 은혜로 거듭난 이 최후의 승리 얻겠네!

참으로 나의 나 된 것은 다 하나님의 은혜로만 된 것임을 고백 합니다. 죄인 중의 괴수, 죄 가운데서 머물러 죄를 먹고 마시고 살다가 지옥의 영원한 형벌 가운데 영원 고통을 받을 수밖에 없는 나를 살리시고 하나님의 자녀로 삼아 주신 은혜도 크고 크십니다. 주님은 거기에다 더하여 하나님의 은혜가운데서 주님과 동행하며 하나님의 귀한 종들의 신발을 닦아 주는 자로 삼아주시는 큰 은혜를 주시니 감사가 충만합니다. 하나님의 귀하신 종들의 밝고 귀한 길로 나아가는 것을 막는 신발에 얽혀있는 해초더미를, 주의 종들의 발 앞에 납작 엎드려 자르게 하는 귀한 일을 맡겨주시니 참으로 기뻐하며 황송하고 황송 할 따름입니다.
처음 예수님을 믿고 나서 그 은혜가 너무 커서 직장에서 마지막 수업을 마치고 와서 늦은 시간이지만 오고 가는 사람들에게 전도를 하였습니다.

그러다가 사람들의 발길이 좀 뜸해 졌습니다. 저는 갑자기 나는 이렇게 사람들에게 복음을 전하는데 부모 형제들은 한 사람도 예수님을 믿지 않으니 어떻게 하나하며 안타까운 마음으로 서 있었습니다. 그때 저는 깜짝 놀랐습니다. 너무도 깊고 온유하며 따뜻한 음성이 제 위에서 들려왔어요.

" 네가 내 일하면 내가 네 일 하겠다 "

저는 너무 감사하고 감동하여 그 자리에서 가만히 서 있었습니다.
그러자 제 머리위의 그 공중에서 다시 주님의 음성이 들려 왔습니다.
"네가 내 일하면 내가 네 일 하겠다."

지금 하나님의 크신 은혜로 거의 모든 가족이 다 예수님을 믿고 있으며 가족 중 조카들까지 주의 종이 6명이 되게 하셨습니다. 실로 크신 하나님의 은혜임을 고백하지 않을 수 없습니다.
주님께서는 지금도 말씀하여 주십니다.

"네가 내 일하니 내가 네 일하리라
너는 나의 기뻐하는 딸 이니라
이 시대에 누가 나의 마음을 시원케 할까
나보다 큰일을 하리라

*내가 진실로진실로 너희에게 이르노니 나를 믿는 자는 내가 하는 일을 그도 할 것이요
 또한 그보다 큰일도 하리니* 요14:12

주님은 말씀하여 주십니다.
"내 뜻이 네 뜻이 되고 네 뜻이 내 뜻 이니라 내 뜻만 서리라
 내가 네게 명 한다 너는 보이는 것으로 움직이지 말고 너는 믿음으로 행하라 구하라 그리하면 받으리니 너희 기쁨이 충만하리라"

"너는 나를 대적하는 것을 대적하라!"

주님께서는 십여 년 전에 한 꿈을 꾸게 하셨습니다. 꿈에 조용기 목사님이 나타나셔서 제가 특별히 원하지 않는데도 불구하고 강권하여 저의 머리에 안수를 해 주셨습니다. 그러시면서 하시는 말씀이 "너는 보이는 세계를 위해서 살지 말고 보이지 않는 세계를 위해서 살아라."라고 말씀하여 주셨습니다. 저는 개인적으로는 조용기 목사님을 뵐 기회가 전혀 없는 사람인데도 꿈에 주의 종이 나타나서 안수 해 주심은 하나님께서 전해 주시는 메시지로 생각이 되어 그 말씀을 반복하여 외우고 마음에 새겼습니다.

*우리가 주목하는 것은 보이는 것이 아니요 보이지 않는 것이니 보이는 것은 잠깐이요
보이지 않는 것은 영원함이라* 고후4:18

아침마다 신선한 기름을 부어 주사 새로운 힘을 주시고 말씀 안에서 새롭게 하시니 주님의 성령님의 인도하심과 말씀하심에 민첩하게 반응하게 하여 주십니다. 주님께서 공급하여 주시는 말씀과 은혜로 예수님의 보배피로 구원받은 하나님의 자녀들을 도울 수 있도록 은혜를 부어주시니 감사 감사합니다. 주님께서 거의 날마다 인생 가운데 강도만나고 환난 당한 자들을 보내 주십니다. 날마다 솟아나는 영생의 샘물로 먹이는 자마다 살아나게 하시는 우리하나님을 찬양합니다.

할렐루야! 여호와를 찬양하라!

주님께서 그 백성을 거름더미에서 드시고 원수의 목전에서 상을 베푸셨습니다. 참으로 주님께서는 주님을 신뢰하는 백성에게 피할 바위요 산성이 되어 주시는 분이심을 체험하게 하시니 감사 합니다.

여호와께서 그의 백성을 위하여 대사를 행하셨으니 우리는 기쁘도다! 아멘. 성도의 행복이 바로 목사와 사모의 행복이요 기쁨입니다.

주님께서 우리 교회를 세우실 때 하신 말씀이 있었어요. 여리고 겁쟁이고 두려워하는 연약한자에게 담대함을 주시기 위해 은혜를 더 하여 주신 일이었어요. 교회를 개척하기 전에 집 옆에 작은 기도원이 있어서 매일 5시간 씩 8시간씩 기도할 수 있게 하셨어요. 기도하는데 주님의 음성이 들려 왔어요. 저는 한국말 아니면 잘 몰라요.

"너희가 교회를 할 때 너희를 도와 동역하는 성도들과 그들의 자녀들을 내가 결단코 축복하겠다. 내가 그들을 축복하고 그들의 자녀들을 목사와 신학자 판사 변호사 의사 등 엘리트가 되는 복을 주겠다."

하나님의 음성이 들렸어요. 한국말로요. 저는 조금 놀랐어요. 예전에도 주님의 음성을 몇 번 들어 봤거든요. 여리고 겁 많고 두려워하는 우리를 이토록 돌봐 주시고 인도해주시는 아버지께 정말 감사하고 감사하였습니다. 특히 '결단코' 부분에 주님께서는 악센트를 강하게 주셨어요. 그래서 너무 감사하고 힘이 났습니다. 조금 있으니까 또 똑같은 말씀을 해 주셨어요. 역시 그 '결단코'부분에서 발음을 강하게 강조하며 하셨어요.

저는 하나님의 음성을 들을 때 주님께서 꼭 두 번 씩 말씀해 주셨어요. 겁 많고 두려워하는 연약함을 아시고 주님께서 주의 종에게 용기를 주신 것 같았습니다. 정말 주님께서는 먼저 주의 종의 자녀부터 목사가 되는 크신 은혜를 부어 주셨습니다. 감사하기 이를 데가 없습니다. 두 아들 모두 초등학교 때부터 학원에 한 번도 다니지 않았습니다. 유치원이나 어린이 집도 가지 않고 집에서 저와 함께 교육 받고 놀았습니다. 큰 아들만 어린이집을 4개월 다녔습니다. 주님께서 저도 유치원 교사 자격을 갖도록 공부하게 하셨습니다. 그래서 신앙교육도 하고 다양하고 자유롭게 아이들을 교육했습니다. 목사님이 아이들의 책을 12년 동안 매주 8권에서 12권씩 어린이 도서관에서 빌려다 주어서 책을 읽게 하였고 때로는 아이들과 도서관으로 가서 책을 읽는 경험을 많이 하게 하였습니다.

아들들은 고3일 때도 주님의 은혜로 건강을 주셔서 한 번도 수요예배 금요예배에 빠지는 일은 없었습니다. 수능 하루 직전에도 수요예배는 당연히 드렸습니다. 주일 학생 예배 대 예배 오전 오후 예배에 다 빠짐없이 예배를 드렸습니다. 우리도 권고 했지만 자녀들도 당연한 것으로 알고 그렇게 하나님께 예배 드렸습니다. 하지만 저희에게도 갈등은 있었습니다. 지금 목사로 사역하는 둘째 아들의 학교에서 공부 잘하는 학생들에게 특별한 혜택을 주어서 잘 알려진 학원의 강사를 초청하여 수요일 마다 남아서 공부를 가르쳐 준다고 하였습니다. 그 소식을 듣고 목사님과 저도 같이 이제 고3인 아들이 학교에 남아서 공부하기를 원했습니다. 달리 학원 공부도 하지 않고 있으니 얼마나 좋은 기회인가하며 공부하기를 권했더니 그 아들이 자기는 수요예배를 빠지기 싫다며 자신은 예배드리기 위하여 그 수업을 절대 받지 않겠다는 것이었어요. 부모 된 저희는 안타까웠지만 아들은 절대로 물러서지 않았습니다. 아들은 계속 수요예배를 드렸습니다. 집에서 공부할 환경이 좀 안 되서 밤에 가서 공부하도록 독서실을 끊어 주었습니다. 그런데 아들이 체력이 상당히 약했습니다. 때로 12시가 되도록 안와서 아들이 오는 길을 따라 가다보면 잠깐 자다가 시간이 넘겼다면서 제가 마중 가는 캄캄한 길을 마주 오고 있었습니다.

제가 기도할 때에 먼저 주님 기뻐하실 선교사님들과 세계열방에 세우신 교회와 주의 종들과 한국교회와 주의 종들을 위한 기도와 성도들과 나라와 민족을 위한 대통령과 위정자들을 위한 기도들을 많이 하고 나면 아들을 위한 기도시간은 빠듯했습니다. 거의 모든 주의 종들이 그러실 거라고 생각 됩니다. 주님께서는 아들을 위해서 기도하라고 하셨습니다. 두 아들은 수능을 내일 앞두고도 절대 예배의 자리를 놓치지 않는 마음을 주님께서 주셨습니다. 주일 오전 오후예배와 수요예배와 금요 예배시간을 단 한 번도 놓치지 않고 자원하여 예배를 드렸습니다. 저도 매일 기도학교의 예배와 기도회를 인도하고 사람들을 위하여 기도하느라고 바빠서 아들을 돌봐 주지 못하여서 늘 미안한 마음이 가득했는데, 아들을 위하여 기도하면 "5배의 효과가 나타나게 하겠다."라고 여러 번 말씀하여 주셨습니다. 저희는 어떻게 5배의 효과가 나타날 지는 도무지 알지 못 했습니다. 그렇지만 그 말씀을 믿으니 기쁨으로 기대가 되는 것이었습니다.

수능마친 아들을 마중 나갔는데 수능시험을 치르고 나오는 아들이 함박웃음을 지으며 국어가 너무 쉽다고 하는 것이었어요. 자기는 시간이 남아서 지문을 두 번씩이나 읽었다는 거예요. 마을버스를 타고 집으로 돌아오는데 뉴스가 나오더군요. 국어가 특히 어려워서 많은 학생들이 시간이 부족하였다는 이야기를 하였습니다. 지문이 상당히 길었다는 것이었습니다.

아들은 하나님의 은혜로 국어가 1등급이고 평소 보다 더 훨씬 좋은 영어 등급을 받아서 총신대학교 신학과에 입학하게 되었는데 전체 수석을 하게 하셨습니다. 하나님을 경외하고, 주님께서 기뻐하시는 예배를 첫째로 삼으며 예배하기를 기뻐하는 자에게 후하게 베풀어 주시는 은혜로 저희는 감사하고 기뻐하고 찬양 올리게 하셨습니다. 주님께서 길러주시는 이 아들이 주님과 복음을 위하여 하나님의 마음에 합한 자가 되어 죽어가는 수많은 영혼들을 살리고 곤고한 지경에 있는 수많은 젊은이들을 주님께로 인도하여 그들이 주님을 기쁘시게 해드리고 주님의 마음을 시원하게 해드리는 주의 종이 되기를 원합니다. 두 아들을 주님께서 복을 주셔서 대학 4년 동안 모두 전액 장학생이 되게 하시고 대학원 까지도 3년 동안 장학생이 되게 하시는 은혜를 주셨습니다. 너무도 그 은혜가 크고도 큽니다.

너희가 여호와와 함께 하면 여호와께서 너희와 함께 하실지라 너희가 만일 그를 찾으면 그가 너희와 만나게 되시려니와 너희가 만일 그를 버리면 그도 너희를 버리시리라
하15:2하

그런즉 너희는 강하게 하라 너희의 손이 약하지 않게 하라 너희 행위에는 상급이 있음 이라하니라 대하15:7

주님께서는 동역하는 성도들과 그들의 산업과 가정에, 자녀들에게 앞으로 어떠한 은혜를 베풀어 주실지 정말 기대가 되고 기뻐하며 한 사람 한 사람을 위하여 소원하는 기도를 드리게 됩니다. 성도들의 수는 적지만 한 사람 한사람이 일당백이 되어 주님 앞에 헌신하는 은혜를 주시니 항상 교회가 반짝 반짝하고 주님의 은혜가 넘칩니다. 지역 주민을 위해서 봉사하게 하시고 크리스마스 등 특별헌금은 지역주민을 위하여 기뻐하며 동사무소에 드리게 하셔서 작은 교회지만 주님의 사랑을 나누게 하시니 안 믿는 사람들이 우리교회를 칭찬하고 다니게 하십니다. 해외 선교와 개척교회를 위해서도 성도들이 기뻐하며 재정의 상당 부분을 드려 돕게 하시니 감사할 뿐입니다.

주님께서 주 영광교회를 세우게 하실 때 '하나님을 영화롭게 사람을 복되게' 라는 표어를 주셨습니다. 그래서 표어를 매해 바꾸지 않고 있습니다. 전적인 하나님의 은혜로 하나님을 영화롭게 사람을 복되게 하는 교회가 되어가게 하시니 감사드립니다. 앞으로도 주님이 크게 영광 받으시도록 깨어 경성하여 자신을 지켜 성결한 삶으로 주님의 거룩을 세상 가운데 드러내어 주님께 쓰임받기를 소원합니다.

- 다윗과 사울 이 시대의 당신과 나 -

하나님은 나의 삶을 보십니다!

다윗의 집은 점점 더 강성하여 가고 사울의 집은 점점 더 약하고 쇠하여
져 갔습니다. 우리 중 누구도 우리의 집이 사울의 집과 같이 되기를 원하지
는 않을 것입니다. 왜 다윗의 집은 점점 강하여지고 왜 사울의 집은 점점 더
약하여지는가의 차이는 어디에 있을까요? 그것은 여호와 하나님을 섬겼나
안 섬겼나에 달려 있습니다. 즉 주를 경외하나 세상을 경외하나에 달려 있
는 것입니다.

사단은 간교하게 우리에게 속삭입니다. 이 정도는 죄가 아니야 하며 죄
를 짓게 만들어 하나님과의 관계를 점점 더 멀어지게 만듭니다. 도적질하
고 죽이고 멸망시키려는 사단의 목적은 무엇일까요? 그것은 우리가 이 땅
에서도 복을 못 받고 구원 또한 못 받게 만들려는 것입니다. 그것은 하나님
의 자녀를 사랑하시는 하나님의 마음을 매우 아프게 만드는 것이기 때문입
니다. 하나님께서는 그의 아들 예수그리스도를 통하여 죄 가운데 있는 우
리를 흑암의 권세에서 건져 내사 그의 사랑의 아들의 나라로 옮기셨습니
다. 예수그리스도의 보배로운 피로 우리의 허물과 말로 할 수 없는 온갖 죄
와 죄악에서 우리는 건짐을 받고 새로운 피조물이 된 것입니다.

주님께서는 죄 가운데 있는 우리를 불러내어 지명하여 자녀로 삼아 주셨
습니다. 이때부터 혈과 육으로부터 난 것들과 속사람이 새로워진 우리의
싸움은 시작이 됩니다.

이 시대를 본받고 따라가는 것은 죄와 싸우는 것이 아니라 타협하는 것입

니다. 우리의 속사람은 날로 새로워지고 점점 더 날로 거룩해져야 되는 것입니다. 구원의 10단계 중 '영화'는 이 땅에서 누릴 수 있는 것이 아닙니다.

그것은 당신과 내가 천국에서 누리게 되는 것입니다. 죄와 싸움은 이 땅에서 지속됩니다. 내가 하나님의 편이 되어 살아야 하는 것입니다. 하나님의 자녀라 하면서 예배의 자리에 있지 않고 세상 따라 살면서 하나님께 도와 달라고 한다면 하나님께서는 도와주실 수 없습니다.

하나님께서는 아무리 사랑하시고 인정하시는 다윗이라 할지라도 다윗의 손을 통하여 성전을 짓지 못하게 하셨습니다. 다윗은 전쟁으로 인하여 수많은 피를 손에 적시고 흘렸기 때문입니다. 사울왕은 자기 영광에 취하여 살았습니다. 처음의 겸손한 축복의 자리에서 내려와 자기 의와 혼의 만족과 자기 공로에 취하여 산 사람입니다. 그는 자신의 위상을 높여 줄 아각 왕을 죽이지 않고 살렸습니다. 하나님의 말씀을 듣지 않고 백성의 말을 좋게 여겨 백성 말을 듣고 가장 좋은 아말렉의 양과 소를 죽이지 않았습니다. 그때 사무엘 선지자를 통하여 하나님께서는 말씀하십니다.

여호와께서 번제와 다른 제사를 그의 목소리를 청종하는 것을 좋아하심 같이 좋아 하시겠나이까 순종이 제사보다 낫고 듣는 것이 숫양의 기름보다 나으니 이는 거역하는 것은 점치는 죄와 같고 완고한 것은 사신 우상에게 절하는 죄와 같음이라 왕이 여호와의 말씀을 버렸으므로 여호와께서도 왕을 버려 왕이 되지 못하게 하셨나이다 삼상15:22~23

하나님은 순종을 기뻐하십니다. 우리는 하나님이 천지를 만드시고 지금도 다스리심을 믿어야 합니다. 하나님을 경외한 다윗의 군대는 그들보다 더 큰 강력한 군사력을 가진 이스보셋과 아브넬의 군대를 이길 수 있었습니다.

자녀들아 너희는 하나님께 속하였고 또 그들을 이기었나니 이는 너희 안에 계신 이가 세상에 있는 자보다 크심이라 요일4:4

믿음으로 나갈 때 우리는 승리를 할 수 있습니다. 내가 하나님의 능력을 믿고 그 길을 걷느냐 안 걷느냐에 우리의 인생의 승패는 달려 있는 것 입니다. 다윗은 목자 되신 하나님께 꼭 물었고 하나님의 답변이 떨어지면 즉각적 순종을 하였습니다. 다윗인생이 밧세바를 보고난 뒤에 죄가 문에 엎드려 있었습니다. 죄가 다윗을 원하나 다윗은 마땅히 죄를 다스려야만 했습니다. 그러나 다윗은 자신의 육신의 욕심으로 인하여 죄를 지었고 그와 그 가정에 계속 비극이 일어나게 되었습니다. 사람들이 죄를 지으면 애통하고 회개 할 때 그 죄를 용서해 주시나 반드시 그 댓가는 치르게 되는 것입니다.

솔로몬 또한 초창기에는 하나님께 순종하여 평탄하고 주님께서 존귀하게 여기게 해 주시고 나라도 부국강병하게 되고 잘되었으나 후에 이방 여인들을 들여서 우상숭배하자 반란이 일어나고 분란이 생기고 나라가 쇠하여졌습니다. 그리고 그 아들의 나라 때 나라가 나누어지는 비극이 일어나게 되었습니다. 르호보암의 시대의 일입니다. 여로보암의 죄로 말미암아 온 이스라엘의 제사장들과 레위 사람들이 그들이 살고 있던 모든 지방에서부터 르호보암에게로 돌아왔습니다. 북 이스라엘의 여로보암이 여러 산당과 숫염소 우상과 자기가 만든 송아지 우상을 세우고, 제사장들을 뇌물을 받고 자기 마음대로 레위인이 아니라도 누구나 제사장으로 삼았습니다. 그는 또한 절기를 마음대로 바꾸었습니다.

그러자 하나님을 경외하는 사람들이 돌아와 르호보암 또한 하나님을 경외하며, 주님을 따르고 있는 동안에는 하나님의 도우심과 보호하심의 튼튼한 보호양육 장벽이 그를 위하여 진 쳐 있었습니다.

그러나 르호보암은 나라가 견고하여지고 세력이 강하여지자 여호와의 율법을 버리게 됩니다.

교만이 이렇게 무섭습니다. 내가 교만하여 주님을 의뢰하지 못하고 내 힘을 의지할 때는 대 내외적으로 우리의 상황이 좋게 보여도 우리 인생에서 그때가 내리막길의 시작인 것입니다. 이로 말미암아 온 이스라엘이 그 악행을 본받는 죄악을 범하게 됩니다, 그들이 하나님을 버리자 하나님의 보호하심도 그들을 떠나므로 그들은 애굽왕 시삭의 공격을 받게 되고 애굽왕 시삭은 예루살렘을 치고 여호와의 전 보물과 왕궁의 보물을 모두 **빼앗고** 솔로몬이 만든 금 방패도 **빼앗아** 갑니다.

르호보암 왕의 악은 그가 여호와를 구하는 마음을 굳게 하지 아니한 것입니다. 시종여일하게 하나님을 경외하며 그 말씀을 순종하지 아니하더니 주님의 보호가 떠나고 그는 수치와 능욕으로 옷을 입게 되는 것입니다.
이 땅의 형통은 하나님을 경외하느냐에 달려 있는 것을 알 수 있는 것입니다. 사단은 지금도 네 인생은 너의 것이니 네가 결정하라고 합니다. 그래서 기도하지 않고 자기 생각 결정대로 나가게 합니다.

하나님의 자녀가 하나님을 의지하여 기도하며 나아갈 때 점점 잘 되는 것은 여호와 하나님의 말씀과 하나님께 대한 태도에 따라 되어져가는 것입니다. 우리는 하나님을 예수님을 성령하나님을 믿습니다. 말로만하고 하나님의 통제를 벗어나 믿음으로 나가지 않으면 인생이 잘 풀리지 않게 됩니다.
우리가 좀 약해지고 손해 본다 할지라도 끝까지 주님을 의지한다면 우리 인생은 점점 잘 되어갑니다.

일어나라 빛을 발하라 이는 네 빛이 이르렀고 여호와의 영광이 네 위에 임하였음 이니라
사60:1

우리가 세상의 방법으로 살아가면 세상 사람들은 우리를 부러워하지 않고 비난 비판합니다. 우리 기독교가 사회 구제도 많이 하는데 왜 한국교회를 바라보는 사람들은 시각은 우호적이지 않을까요?

하나님을 믿는 사람들이 직접적으로 사람 만날 때 여호와 하나님을 신뢰하지 못하니까 삶에서 하나님의 영광을 드러내지 못하고 있는 것입니다. 내가 지금 걷는 길이 중요한 것입니다. 하나님의 도우심으로 골리앗을 이긴 다윗은 대적 사울로 인한 괴로움이 있었으나 환란과 고난 가운데서도 오직 하나님만 의지하고 기도했습니다. 그리고 고난의 그 한가운데서도 하나님을 신뢰하므로 하나님을 찬양하였습니다. 그 고백을 끝까지 하니 하나님이 산성 되시고 보호자 되셨고, 다윗은 여호와 하나님의 손을 꼭 붙잡고 약속의 말씀 믿었기에 변함없이 주님을 신뢰하는 말과 행동을 함으로 주님께서 그의 보호자가 되셔서 그의 삶을 통하여 하나님께 영광을 돌리게 되었습니다.

하나님을 믿는 나는 지금 무엇을 의지하고 있나? 나는 지금 어디로 가고 있나? 내가 하나님을 믿고 신뢰한다는 것은 말 뿐인가? 우리는 우리자신을 돌아보아야 하는 것입니다. 우리가 조리 있게 말을 못하더라도 하나님께서는 거룩한 자 성결한 자 주님 뜻을 행하는 자를 통해 역사하심을 우리는 보고 알고 있습니다. 하나님이 부르시면 쓰십니다.

하나님은 배움이나 가문을 보시지 않습니다.

예수님의 제자들은 기도하고 성령을 받고 하나님의 말씀을 능력 있게 전합니다. 왕도 떱니다. 내가 하나님의 자녀인 것과 하나님의 성령님이 내 안에 살고 계신 것 믿으면 하나님의 영광이 나타난 모습으로 살수가 있습니다. 우리가 만약 세상 사람들과 같이 똑같이 말하고 생각한다면 우리는 점점 안 좋아 집니다.

하나님의 자녀들은 하나님의 말씀에 순종하고 삶이 거룩하면 복이 됩니다. 복의 근원이 되어서 그를 만나는 사람들마다 잘 되는 일이 생깁니다.

우리의 영과 혼과 육이 잘되기를 주님께서 원하십니다. 그것은 하나님의 말씀에 성령님의 인도하심에 '순종'하며 '찬양'할 때 일어나는 것입니다.

대한민국 교회는 회복되어야 합니다. '거룩'하고 '구별'되어야합니다.

예전에 부모들은 교회에 가면 아이들의 변화가 기대가 되니 부모들은 교회에 다니지 않아도 자녀들은 교회로 보냈습니다. 지금 많은 교회가 세속화 되었습니다. 호세아 말라기 선지자의 말처럼 우리는 내가 변화 되어야 하나님이 쓰십니다. 우리가 말을 잘 해야 하나님이 쓰시는 것이 아닙니다. 제사장들은 율법에 능한 자입니다. 그렇지만 그 속이 더러우면 하나님은 쓰실 수가 없으십니다.

'거룩'하고 '성결'해야 하나님의 영광이 그 사람을 통하여 흘러갑니다. 교회의 표지는 '거룩'과 성결'입니다. 이 시대도 그것을 간절히 원하고 있습니다.

세상과 다르지 않기 때문에 기독교가 인정을 받지 못하고 있는 것입니다. 여호와를 멸시하고 삶에서 하나님이 없다 하기 때문에 하나님은 자신의 영광을 드러내실 수가 없으신 것입니다.

다윗은 하나님을 경외하면서 순종하였기에 점점 강하여 졌습니다. 사울의 집은 하나님께 불순종하였고 하나님을 경외하지 않았기 때문에 점점 약하여져 가는 것입니다. 그렇다면 지금 나는 그리고 당신은 어떻습니까?

우리는 성경말씀을 통하여 지금 하나님께서 주시는 말씀을 들어야 합니다. 내가 얼마나 참혹한 사람인가를 들어야합니다. 그러므로 나에게 얼마나 하나님이 필요한가를 깨달아야만 하는 것입니다. 들려주시는 하나님의 설교가 내 삶이 되어야하는 것입니다. 우리가 아침에 큐티를 할 때 우리는 그 말씀을 관찰하고 적용하게 됩니다. 나의 삶에 주님께서 지금 말씀하시는 것이 들어 있습니다.

하나님은 나를 통해 세상을 개혁 시키시려고 하나님의 영광을 나타내시려고 우리를 이 세상에 두시는 것입니다. 우리는 우리의 삶 가운데 거룩을 흘려보내야 합니다. 나를 통해 주님의 생수의 강이 흘러가고 내가 가는 곳에 점점 좋아지는 일이 있어야 됩니다. 주님께서 그것을 원하십니다. 거룩하지 못하고 여호와를 두려워하지 않기 때문에 한국 교회가 힘을 잃었습니다. 내가 지금 어떤 삶을 살고 있나? 답을 찾고 지금 이 시대에 어떻게 살아야 할 것인가 찾아내야 합니다. 이것이 점점 번성하게 되는 길입니다.

'거룩' '거룩'하면 하나님의 말씀으로 내가 먼저 성결하게 되고 나를 접촉하는 자들이 살게 됩니다. 우리는 맛있는 음식을 먹으면 그곳으로 내가 좋아하는 사람들을 데리고 가고 싶어 합니다. 하나님의 말씀을 내가 먼저 먹고 내가 먼저 살 길 걸어가야 남들에게도 살길 인도하여 그들을 살릴 수 있게 되는 것입니다. 내 가정을 구원개혁 시키려면 내가 먼저 무릎 꿇고 기도해야합니다. 우리가 무엇 때문에 교회에 나옵니까? 우리는 모두들 내 영혼이 잘되기를 원합니다. 우리는 먼저 여호와 하나님을 알고 주님을 믿어 순종하는 것이 복이 됨을 알아야 합니다.

이것이 진정 하나님을 영화롭게 하는 길인 것 입니다.

하나님의 말씀을 순종하고 불순종하는 것에 따라 우리의 인생은 달라집니다. 지금은 은혜의 시대라고 하여서 하나님의 법을 좇지 않고 행위를 무시함으로 불신의 모습을 보이고 있는 것입니다. 말씀을 무시하는, 행위를 통하여 하나님을 믿지 않는 자들이 세상 사람들 앞에서 하나님을 영화롭게 하지 못하고 있는 것입니다. 목적이 순수하면 과정도 좋아야 합니다. 목적이 좋으면 과정도 좋아야 합니다. 우리는 '거룩'해야 하고 말씀에 '순종'해야 합니다. 천국에서도 그에 따라 이 땅에서 내가심은 대로 영원토록 내가 누릴 것입니다. 선택은 영혼이 육체 안에 있는 이 몸으로 있을 때의 나한테 있는 것입니다. 나는 하나님의 심판이 너무나 무섭습니다. 그렇지만 우리는 알아야합니다. 하나님은 사랑의 하나님이십니다.

우리가 죄에서 돌이키면 예수그리스도의 보혈 앞에 그 죄를 회개하면 품어주시고 사랑하여 주십니다. 우리가 이 세상에 살 때 어떻게 살아야하는가는 우리 자신의 선택입니다.

우리는 믿음의 선진들처럼 바른 길을 걸어가야만 합니다.

이스라엘 백성이 좀 더 부강하게 살려고 이방사람들을 따라 우상을 믿다가 엄청난 괴로움과 이방나라의 지배를 받았습니다. 우리도 말씀에서 '길'을 찾아야 합니다. 우리의 행위와 선택이 중요합니다.

거룩하고 말씀에 순종하여 복된 길을 갑시다! 우리 안에 있는 거룩한 빛 비추어 나도 살고 남도 살리는 하나님의 일꾼 하나님의 통로 되어 하나님은 세상을 변혁시키시기를 원하십니다. 죄를 향하여 빨리 달려가는 육신을 쳐서 주님의 말씀 앞에 무릎 꿇고 회개하며 기도하면 주님께서는 성령의 불세례를 주십니다.

*나 여호와는 변하지 아니하나니 그러므로 야곱의 자손들아 너희가 소멸되지
아니하느니라* 말3:6

우리는 날마다 기도해야 합니다. 주님 성령의 불을 보내주소서 회개의 성령을 부어주시고 예수님의 거룩하신 보배피로 죄 사함 주시어 순종하게 하

소서! 주님께서는 이 시대에 거룩한 자를 찾으시고 그런 성령의 불이 있는 자를 통하여 일하십니다. 이 시대를 개혁하기를 원하십니다.

누가 하나님의 영광을 세상에 드러내시겠습니까?

주님께서는 당신을 통하여 그 일을 하시기를 원하시며 당신을 그분의 '거룩'으로 초대하시기를 원하십니다.

여호와의 눈은 온 땅을 두루 감찰하사 전심으로 자기에게 향하는 자들을 위하여 능력을 베푸시나니 대하16:9

당신이 일어나 빛을 발하기를 원하십니다!

당신의 기도는 하나님의 불을 이 땅에 가져오는 통로가 됩니다. 주님께서 친히 부어 주시는 것입니다. 기도할 때 하늘 권세가 임합니다. 하늘의 능력이 당신을 통하여 흘려가게 하시고 주님께서 영광 받으실 놀라운 일들이 일어나는 것입니다.

주님께서 말씀하신 것처럼 주님을 믿는 자는 주님이 하는 일을 그도 할 것이요 또한 그보다 큰일도 하게 되는 일이 지금 기도하는 당신을 통하여 일하시는 하나님 아버지의 뜻이십니다.

- 연단과 순종 -

잿물과 화학적 반응으로 때가 빠집니다. 과거 세탁기가 없던 시절의 시골 마을에서는 양잿물로 비누를 만들어서 냇가에 가지고 가 나무로 만든 빨래 방망이를 가지고 흙탕물과 때 묻은 옷들을 두드려서 깨끗하게 세탁을 하였습니다. 옷이 입이 있어 말한다면 아프다고 말하겠지만 방망이로 두드려서 빨 때 옷은 깨끗하여지는 것입니다. 연단 두 번 들어가면 더러운 때에는 더 많은 연단의 강도가 세집니다. 정금같이 나오리라!

하나님의 성도들에게는 자발적 순종과 자발적 예배가 중요합니다. 하나님께 병든 것 눈먼 것 드림이 곧 하나님을 멸시하는 행위인 것입니다.

우리는 하나님이 받으실 수 없는 제물을 드리고 있지 않는지 자신을 돌아보아야 합니다. 우리는 주님이 받으실 수 없는 제물을 드리다가 연단 받고 주님을 알고 나서는 의로운 합당한 제물을 드립니다.

하나님은 우리를 사랑하시어 연단가운데 제대로 된 예배자가 되게 하십니다. 과거 말라기서에서 하나님께서 얼마나 싫으셨으면 하나님께서 성전 문을 닫고 싶어 하셨을까요?

혹 나의 예배 나의 봉사나 헌신, 나의 헌금 생활이 이와 같지는 않을 까요? 마땅히 복을 받을 하나님의 백성이 합당한 제물을 드리기를 원하시므로 때로 연단의 표백시키시려는 과정이 필요하고 이를 통하여 변화되어 하나님의 복을 받기에 합당한 사람들로 세워지는 경험들을 하게 됩니다.

그리스도인은 성별 거룩 구별된 삶을 살아야합니다. 하나님이 싫어하는 일들은 멀리해야 합니다. 생명의 경계와 훈계를 잘 듣는 귀를 가진 자는 복이 됩니다. 훈계 받기를 싫어하는 자는 자기의 영혼을 경히 여기는 것이라고 말씀하십니다. 하나님의 책망을 달게 받는 자는 지식을 얻게 된다고 말씀하십니다.

여호와를 경외하는 것은 지혜의 훈계라 겸손은 존귀의 앞잡이니라 잠15:33

육신의 일과 육신의 생각은 하나님을 대적하며 하나님을 기쁘시게 하지 못합니다. 그리고 그 삶은 사망이요 영벌인 것입니다. 성령의 열매는 영생이 있고 이 땅에 복이 있습니다. 지금 교회 안에서도 하나님이 없다하며 하나님의 이름을 멸시하는 사람이 있습니다. 하나님이 싫어하는 삶을 사는 사람이 있고 하나님 말씀대로 구별하고 정결하며 성결한 삶을 사는 사람들이 있습니다.

하나님 말씀을 그대로 믿고 두렵고 떨리는 마음으로 살아간다면 몸은 죽여도 영혼은 능히 죽이지 못하는 자들을 두려워하지 말고 오직 몸과 영혼을 능히 지옥에 멸하시는 자를 두려워하게 됩니다. 마지막 라오디게아교회의 차든지 덥든지 하라고 하나님은 더럽기 때문에 토해버리신다는 말씀은 지금 이 시대에 하나님의 자녀에게 경고하시는 말씀인 것입니다.

하나님의 자녀들이 그 안에 생명과 빛이 있음에도 불구하고 내 스스로 빛을 어둡게 만들고 생명을 사망으로 바꾸는 그런 일을 하는 것을 봅니다. 그들은 말과 생각과 행동으로 자신을 속박합니다.

생명은 아침에 피었다가 저녁에 지는 꽃과 안개와 같습니다. 마지막 때 우리는 선악 간에 우리 행위와 말과 믿음대로 심판을 받습니다. 여호와를 경외하는 자들의 말과 여호와를 경외하지 않고 여호와를 멸시하는 자들의 말과 행동의 그 결과는 오직 그가 져야하는 것입니다.

이는 우리가 다 반드시 그리스도의 심판대 앞에 나타나게 되어 각각 선 악간에 그 몸으로 행한 것을 따라 받으려 함이라 고후5:10

그 때에 여호와를 경외하는 자들이 피차에 말하매 여호와께서 그것을 분명히 들으시고 여호와를 경외하는 자와 그 이름을 존중히 여기는 자를 위하여 여호와 앞에 있는 기념 책에 기록하셨느니라 말3:16

*여호와가 이르노라 너희가 완악한 말로 나를 대적하고도 이르기를 우리가 무슨 말로 주를 대적 하였나이까 하는도다
이는 너희가 말하기를 하나님을 섬기는 것이 헛되니 만군의 여호와 앞에서 그 명령을 지키며 슬프게 행하는 것이 무엇이 유익하리요
지금 우리는 교만한 자가 복되다하며 악을 행하는 자가 번성하며 하나님을 시험하는 자가 화를 면한다 하노라 함이라* 말3:13~15

하나님은 악인들이 죽는 것을 원치 않으십니다. 이스라엘 백성이 죄 때문에 소멸되지 않고 악인이 죄인의 자리에서 넘어지지 않고 돌아와 시편 1편 3절과 같이 되기를 원하십니다. 그러면 그들이 죄악 된 길에서 돌이켜 주님께로 돌아와야 됩니다. 모세가 호렙산에서 아브라함 이삭 야곱의 때 호렙산에서 율법을 받았던 조상인 그들의 죄로부터 나라를 잃게 되는 것입니다. 신명기서 10장13에는 "내가 오늘 네 행복을 위하여 네게 명하는 여호와의 명령과 규례를 지킬 것이 아니냐"라고 말씀하십니다.

성경 66권은 우리의 행복을 위하여 주셨습니다. 좋으신 하나님은 이스라엘이 젖과 꿀이 흐르는 땅에서 아름답고 행복하게 살기를 원하셨습니다. 그래서 십계명을 주셨습니다. 하나님과의 관계가 좋아야 그들은 우상을 제거하며 죄를 짓지 않는 것입니다. 하나님의 뜻에 어긋나게 이방인들을 죽이지 아니하고 자신들을 위하여 나무패며 물 긷는 자로 삼다가 그들은 결국 이방인과 결혼하고 우상을 섬기는 것들이 결국 나라를 잃게 되는 출발점이 되는 것입니다. 혹 나에게 당신에게 이방인을 따라 우상 섬기는 것과 같은 양심이 찔리는 성령님께서 근심하시는 잘못된 습관은 없는지요? 하나님께서 시내산 에서 율법 613가지와 왜 세부적 규례를 주셨습니까? 그것은 우리의 행복을 위하여 이스라엘이 하나님의 규례를 지키기를 원하신

것입니다.

*목이 곧고 마음과 귀에 할례를 받지 못한 사람들아 너희도 너희 조상과 같이 항상
성령을 거스르는 도다* 행7:51

하나님은 이사야 선지자 예레미야 선지자 아모스 선지자 호세아 선지자
등을 통하여 주신 하나님의 말씀을 거역하고 거스렸던 것처럼 항상 이스라
엘이 하나님의 백성이 죄를 범하였음에도 하나님께서는 말라기 3장6절 말
씀을 주셨습니다. 그리고 그런즉 내게로 돌아오라고 하십니다.

지금 교회가 많이 무너져 있는 것을 볼 수 있습니다. 그리스도인이라 하
지만 삶 가운데서 내가 다시 예수님을 십자가에 달려 죽이는 일을 행하고
있습니다. 우리의 모습이 예수그리스도를 십자가에 죽이니 여러 번 죄를
짓는 이 모습은 소멸되고 멸절되어야 마땅한 것입니다.

그러나 주님께서는 그럼에도 지금까지 돌보시고 은혜주십니다. 기다려
주시는 것입니다. 그런즉 내게로 돌아오라고 우리를 부르십니다. 죄인 중
에 죽에 마땅한 나를 죽이지 않으시고 내게로 돌아오라고 하십니다.

*너희 조상들이 선지자들 중의 누구를 박해하지 아니하였느냐 의인이 오시리라 예고한
자들을 그들이 죽였고 이제까지 너희는 그 의인을 잡아 준 자요 살인한 자가 되나니 너
희는 천사가 전한 율법을 받고도 지키지 아니하였도다 하니라* 행7:52~53

*나 여호와는 변하지 아니하나니 그러므로 야곱의 자손들아 너희가 소멸되지 아니하느
니라 만군의 여호와가 이르노라 너희 조상들의 날로부터 너희가 나의 규례를 떠나 지키
지 아니하였도다 그런즉 내게로 돌아오라 그리하면 나도 너희에게로 돌아가리라 하였
더니 너희가 이르기를 우리가 어떻게 하여야 돌아가리이까 하는 도다.* 말3:6~7

호세아서 6장 1~3 말씀하셨음에도 하나님의 백성 이스라엘이 하나님께
로 돌아오지 않아서 결국 이스라엘의 10개 지파가 소멸되는 것을 말씀을
통해서 우리는 알고 있습니다.

요시야 왕 31년 집권기간 동안 요시야 왕 8년부터 예레미야 선지자가 하나님의 말씀을 전하였습니다. 대하36장에 보면 하나님의 사자 선지자들을 사람들은 싫어했습니다. 때리고 조롱하였습니다. 그의 백성이 하나님의 사신들을 비웃고 그의 말씀을 멸시하며 그의 선지자를 욕하여 여호와의 진노를 그의 백성에게 미치게 하여 회복할 수 없게 하였으므로 하나님이 갈대아 왕의 손에 그들을 다 넘기시매 그가 와서 그들의 성전에서 칼로 청년들을 죽이며 청년 남녀와 노인과 병약한 사람을 긍휼히 여기지 아니하였으며 여호와의 전의 보물을 다 바벨론으로 가져가고 하나님의 전을 불사르고 예루살렘 성벽을 헐고 칼에 살아남은 자를 바벨론으로 사로 잡아가매 거기서 갈대아 왕과 그의 자손의 노예가 되어 바사국이 통치할 때까지 이르렀다고 말씀하고 있습니다. 그들은 거의 소멸되었습니다. 선지자들을 통한 하나님의 말씀에 순종하지 않고 여전히 완악하게 죄를 지은 유다 백성들은 그들의 죄로 말미암아 바벨론으로 끌려가게 되었던 것입니다.

그러나 유다지파를 통하여 예수님이 오셔야 되므로 그들을 소멸되게 하지는 않으셨습니다. 그들이 회개하고 돌아와서 하나님의 성전을 짓고 하나님 찾기를 원하셨습니다.

지금 교회가 죽어가고 그리스도인이 흩어지고 있습니다. 코로나 19로 인한 부정적 파급효과가 지금 교회의 현장에서 명명백백하게 드러나고 있습니다.

회개는 내가 행하던 죄악에서 돌아서는 것입니다.
하나님의 사람들이 소멸되지 않고 망령되지 않으려면 하나님을 없다하고 하나님을 멸시하는 죄를 끊어야 합니다. 우리의 육신의 생각은 견고한 진이 파쇄되기 전에는 못 돌아섭니다.

오직 성령님이 '견고한 진'을 파쇄 시키십니다. 내 안이 성령으로 파쇄 되어야 육은 교회에 나오지만 내 기쁨을 얻기 위해 신앙 생활하는 것을 버리게 됩니다. 하나님께서는 그 지극히 사랑하시는 자녀들에게 복을 주시기를 원하십니다. 하나님이 주시는 복을 받으려면 우리는 죄를 회개하고 거룩한 그릇을 준비해야 합니다.

그릇이 준비가 안 되면 복 주실 인생을 위해 고난과 곤고의 학교에서 교만한 마음을 낮추며 주님의 말씀에 순종할 겸손하고 주님을 경외하는 마음을 키워 가실 것입니다.

*미련한 자들은 그들의 죄악의 길을 따르고 그들의 악을 범하기 때문에 고난을 받아 그들은 그들의 모든 음식물을 싫어하게 되어 사망의 문에 이르렀도다 이에 그들이 그들의 고통 때문에 여호와께 부르짖으매 그가 그들의 고통에서 그들을 구원하시되 그가 그의 말씀을 보내어 그들을 고치시고 위험한 지경에서 건지시는 도다 여호와의 인자하심과 인생에게 행하신 기적으로 말미암아그를 찬송할지로다 감사제를 드리며노래하여 그가 행하신 일을 선포할 지로다 배들을 바다에 띄우며 큰 물에서 일을 하는 자는 여호와께서 행하신 일들과 그의 기이한 일들을 깊은 바다에서 보나니 여호와께서 명령하신즉 광풍이 일어나 바다 물결을 일으키는도다 그들이 하늘로 솟구쳤다가 깊은 곳으로 내려가나니 그 위험 때문에 그들의 영혼이 녹는도다 그들이 이리저리 구르며 취한 자 같이 비틀거리니 그들의 모든 지각이 혼돈 속에 빠지는도다 이에 그들이 그들의 고통 때문에 여호와께 부르짖으매 그가 그들의 고통에서 그들을 인도하여 내시고 광풍을 고요하게 하사 물결도 잔잔하게 하시는도다 그들이 평온함으로 말미암아 기뻐하는 중에 여호와께서 그들이 바라는 항구로 인도하시는도다

여호와의 인자하심과 인생에게 행하신 기적으로 말미암아 그를 찬송할지로다
시107: 17~31

고난당하기 전에는 내가 그릇 행하였더니 이제는 주의 말씀을 지키니이다 시119:67

고난 당한 것이 내게 유익이라 이로 말미암아 내가 주의 율례들을 배우게 되었나이다
시119:71

보라 내가 오늘 너를 여러 나라와 여러 왕국 위에 세워 네가 그것들을 뽑고 파괴하며 파멸하고 넘어뜨리며 건설하고 심게 하였느니라 하시니라 렘1:10

주님은 복 받을 백성이 여전히 죄 가운데 있으면 고난과 환난을 통해서라도 깨끗하게 씻으셔서 죄를 회개하고 거룩하게 하시고 복 받을 그릇을 만드셔서 복을 주십니다.

곤고와 환난을 통해서 내가 무너지고 말씀에 따라 살면 상황과 사건과 여건을 보지 않고 그냥 기뻐할 수 있습니다. 이 세상이 주는 그 무엇과도 바꿀 수 없는 영생이 내안에 선물로 와 있기 때문입니다. 우리가 은혜가 있다고 죄를 더 할 수 있느냐 우리는 우리의 육을 의의 무기와 불의의 무기로 드리는 것을 보게 됩니다. 내가 이 몸을 무엇으로 드리기로 결정하는 가에 따라 나는 하나님을 슬프게도 기쁘게도 할 수 있는 것입니다.

오직 의인은 믿음으로 말미암아 살리라!

죄의 삯은 사망이요 하나님의 은사는 그리스도 예수 우리 주안에 있는 영생이니라 롬6:23

우리가 교회에 나와서 성찬에 참여해도 죄를 짓고 회개하지 않으면 안식에 들어가지 못합니다. 의의 무기로 내 몸을 하나님께 드리면 우리는 영생에 들어갑니다.

로마서 12장 15절을 보면 의인은 어떻게 살아야하는가에 대하여 말씀하고 있습니다. 은혜 받았다고 자칭하면서 내 영광과 내 기쁨을 위해 하나님 섬긴 자의 그 삶은 사망인 것입니다. 교회 안에서 하나님을 섬긴다는 자들 안에서 알곡과 가라지를 가르는 것입니다.

둘 다 추수 때까지 함께 자라게 두라 추수 때에 내가 추수꾼들에게 말하기를 가라지는 먼저 거두어 불사르게 단으로 묶고 곡식은 모아 내 곳간에 넣으라 하리라 마13:30

그물을 치고 잡은 물고기 안에서 좋은 것은 그릇에 담고 못된 것은 내버리는 것입니다. 주님은 세상 끝에도 이러함을 말씀하십니다. 천사들이 와서 의인 중에서 악인을 갈라내어 풀무 불에 던져 넣을 것이고 거기서 울며 이를 가는 일이 있을 것입니다. 주님은 분명히 그리스도인이라고 하는 사람들 가운데서 하나님의 백성이라고 자칭 말하는 자들 안에서 양과 염소를, 의인과 악인을 구분하여 내실 것입니다. 그리스도인은 그래서 지금도 성별되어야 하고 구별되어야 하며 성령 받고 정직한 영을 받아야하는 것입니다. 그렇지 않으면 우리는 순간순간 육으로 살게 됩니다. 우리가 성령을 받아도 죄를 범하지만 죄를 범할 때에 마음에 찔림이 있고 가슴을 치며 회개 하는 것입니다.

죄성이 가득한 우리에게 회개의 주님의 성령님이 임하여서 마음의 할례를 받아야 우리가 주의 말씀에 순종하게 됩니다. 교회에도 가정에도 이 시대에도 하나님께서 여호와께로 돌아오라고 말씀하십니다. 누가 돌아갑니까?
예수그리스도가 누군가 알아야 돌아가는 것입니다.

우리는 그날그날 죄를 주님의 보혈 의지하여 회개하며 씻어야 합니다. 하나님은 성결한 자를 쓰십니다. 우리가 거룩하지 못하면 세상 신을 따라 하나님께 영광을 돌리지 않고 자신이 하나님의 영광을 가로채는 일을 하게 됩니다. 먼저 순종해야 복이 있습니다.

내 아들아 나의 법을 잊어버리지 말고 네 마음으로 나의 명령을 지키라 그리하면 그것이 네가 장수하여 많은 해를 누리게 하며 평강을 더하게 하리라 인자와 진리가 네게서 떠나지 말게 하고 그것을 네 목에 매며 네 마음 판에 새기라 잠3:1~3

- 내가 네게 무엇을 줄꼬 너는 구하라! -

주 예수님께서 여러 번 기도하는 중이나 예배하는 중에 또는 일상의 삶을 사는 가운데서 나타나시고 말씀하여 주셨습니다. 예수님 잘 믿는 사람들이 많은 것 같은데 나는 하루 종일 거의 예수님 생각하며 살지만 남들보다 엄청 부족하고 죄도 많고 똑똑하지도 못한데 주님께서는 긍휼히 여기사 은혜를 더 하여 주시는 것 같습니다.

결혼 전 예수님을 믿고 폐결핵 4기에서 주님의 은혜로 고침 받고 나서 주야로 기도하며 전도하며 살 때 직장에서 다음 수업을 준비하려고 앉아 있는데 주님께서 내 앞에 오셔서 말씀하셨습니다.

"내가 네게 무엇을 줄꼬 너는 내게 구하라!"

저는 너무 당황하고 어떻게 말 할 줄을 몰랐습니다. 시간이 제 앞에서 없어 진 것 같았고 주변 사물들도 다 사라진 것 같았고 시간 감각이 사라졌습니다. 그리고 그렇게 날마다 시간마다 회개하며 기도하고 살았음에도 불구하고 주님 앞에서니 완전히 나의 깊은 속이 다 드러나며 엄청난 부끄러움을 느끼게 되었습니다. 그래서 주님 앞에 기어 들어가는 목소리로 "주님 제 죄를 용서해 주세요." 라고 말씀드렸습니다.

그러자 주님께서는 그것 말고 다른 것을 구하라는 마음을 주셨습니다. 저는 부끄럽지만 믿음생활한지 몇 년이 지났지만 날마다 철야하고 금식도 많이 하며 기도는 열심히 하고 예배도 열심히 드렸는데 솔로몬의 지혜를 구하는 것을 읽어보지도 못했고 말씀도 못 들었습니다. 혼자서 말씀을 읽으려면 도대체 무슨 말씀인지 잘 모르고 이해도 잘 못하여서 말씀을 많이 읽지 못하였습니다. 다른 사람들은 저와 같지 않을 텐데 저에게는 너무도 부끄러운 일이었습니다.

　지금의 저는 하나님의 말씀을 사모하고 사랑하여서 늘 말씀을 가까이하여 읽고 듣고 읊조리고 외우고 만지고 보는 은혜가운데 살고 있습니다. 그러나 그때 당시에는 말씀을 모르니 그냥 주님 앞에 제 죄를 용서해 달라고만 하였던 것입니다. 주님께서는 안타까운 듯이 오래도록 그곳에 서 계시며 구할 것을 말하라고 하셨습니다. 그래서 그렇게 회개하며 깨끗하게 살려고 하였음에도 직장에서 다른 직원들이 나를 천사 같다고 하고 나를 아는 거의 모든 사람들이 나를 천사 같다고 하였지만 주님께서 내 앞에 서 계시니 나의 깊이 묻혀있는 죄가 너무도 환하게 다 드러나 너무 부끄러웠으므로 그저 나의 죄를 용서하여 주시기만을 다시 말씀을 드렸습니다. 어리석은 나는 주님께서 다른 것을 구하라고 하시는 것을 알면서도 그저 내 죄를 용서해 달라고 말씀드리자 주님께서는 두 가지를 보여주시면서 나의 죄를 용서하여 주셨음을 알게 하셨습니다.

　한 장면은 두 나무가 서 있는데 한 나무에는 아주 **빨간** 꽃이 잔뜩 피어있었습니다. 그것은 나의 죄 임을 알게 하셨습니다. 정말 틈도 없이 많이 피어있었습니다. 그리고 그 옆에는 너무도 하얀 꽃이 나무에 가득 꽉 차게 피어있는 것을 보게 하셨습니다. 그것은 나의 허다한 죄를 깨끗하게 용서하여 주셨음을 알게 하신 것이었습니다.

　그 다음에는 모래 해안이 있는 바다를 보여 주셨습니다. 나의 죄가 바다처럼 넓고 커도 모래해안이 그 바다를 감싸는 것처럼 내 죄를 용서하여 주셨음을 알게 하셨습니다. 그리고 주님께서는 떠나셨습니다. 저는 그 후에야 솔로몬의 지혜구하는 것을 알게 되었습니다. 그래서 저는 제가 말씀에 무지한 것이 안타까웠습니다. 잘 이해가 안 되더라도 무슨 말인지 잘 모르더라도 그 후로는 그래도 말씀을 읽게 되었습니다. 그리고 다시 주님께서 내게 나타나셔서 말씀하시면 꼭 솔로몬처럼 지혜를 구하리라고 생각하여 왔습니다.

그런데 많은 시간이 흘러 기도학교에서 모인 분들을 위해 말씀 전하고 공통기도 하고 한 사람 한사람을 위해 통성기도하고 나서 찬송을 크게 틀어놓고 기도하라고 하고 나도 강단 밑에서 무릎 꿇고 기도하는데 주님께서 다시 저에게 말씀하시는 것이었습니다.

"내가 네게 무엇을 줄꼬 너는 구하라!"

저는 너무도 감사하며 솔로몬처럼 지혜를 구하려고 하였습니다. 그런데 그렇게 지혜가 탁월한 솔로몬이 나중에 주님을 배반하고 우상을 섬기며 하나님의 마음을 아프게 한 것이 떠올랐습니다. 그리고 동시에 개척교회라서 물질이 어렵고 힘든 상황도 떠올랐습니다. 순간 돈을 구해야하나 라는 생각도 잠깐 스치고 지나갔지만, 그렇지만 돈보다도 지혜보다도 나는 주님을 배반하고 떠나고 싶지 않아서 주님께 "주님 저는 주님을 사랑하는 마음을 주세요. 저는 주님을 절대 배반하지 않도록 해 주세요" 하고 구했습니다. 그런데 그때 저는 느꼈습니다. 제 말을 들으신 주님의 가슴이 먹먹해지도록 감동하셨음을요. 감히 우매한 제가 깨닫기는 주님께서 목이 메이신 것 같은 마음이 들었습니다. 그리고 저는 더 구하고 싶어서 죄송하지만 조그맣게 뒤에다 더 붙여 말씀드렸습니다. "주님 사람들을 살리게 해주세요. 그리고 물질도 어렵지 않게 해 주세요"라고 구했습니다.

기도학교를 하다 보니 많은 사람들이 오는데 정말 여러 가지 상황의 어려운 사람들이 오는 것이었습니다. 그들을 정말 잘 돕고 세우고 힘든 사람들을 도와서 살리고 세우고 싶었습니다. 우리교회에 오는 사람들을 도와서 살리고 세워서 그 사람들이 다니는 교회에 가서 목사님을 잘 도우며 충성스러운 하나님의 사람들로 세워지기를 간절히 원하고 원하였습니다. 이것이 주님께서 기뻐하시는 것이라고 생각하였습니다.

주님께서는 아무 말씀도 안하시고 떠나가셨지만 저에게는 너무도 기쁜 일들이 차차 생겼습니다. 눈에 확 띄는 것은 안 보였지만 제 마음에 주님을 사랑하는 마음이 계속 물밀 듯이 차오르고 기쁨이 샘솟았습니다. 찬송이 제 입을 떠나지 않게 하셨습니다. 기쁨과 감사가 넘쳐났습니다. 또한 주님께서는 사람들을 잘 도울 수 있도록 저에게 은사를 깊이 더하여 주셨습니다.

시간이 자나서 보니 주님께서는 재정도 마르지 않게 점점 풍성히 부어 주셨습니다.

그 전에는 목사님이 오랫동안 사례비를 받지 않아서 물질이 어려워서 예배와 기도학교의 시간에 저해되지 않도록 직장은 다닐 수 없고 아르바이트라도 해야 되나 이것저것을 생각하기도 했었는데 하나님께서 물질을 부어 주시니 물질걱정 없이 주님의 일을 할 수 있게 해 주셔서 너무도 감사하였습니다. 주님께서 도우시고 일하시니 매일 매일의 삶이 기쁘고 감사한 일천지였습니다. 그래서 저는 사람들에게 이야기 합니다. 기도하시라고요. 기도하시다가 주님만나 주님께서 내가 네게 무엇을 줄꼬 너는 구하라고 하시면 꼭 주님께 드릴 말씀을 준비해 놓으시라고 전하고 있습니다. 그러면 기도하는 사람들도 마음에 소원을 가지고 주님을 만나기 위해 간절히 기도합니다.

제가 할 일은 그 사람들에게 주님을 만나도록 그래서 그 인생들이 복이 되도록 하는 것이라고 생각 되었습니다. 주님께서 저에게 맡기신 일은 사람들이 하나님의 자녀들로서의 자신들의 정체성을 다시금 찾게 만드는 일인 것을 깨닫게 하셨습니다.

곤고와 어려움가운데 있는 그들은 마치 소들이 소똥을 싸며 지나다니는 길거리의 흙 묻은 자갈돌 같다고 자신들을 생각한다는 것입니다. 하지만 그들은 온 세상을 창조하시고 지금도 다스리시는 살아계신 하나님의 존귀한 자녀이지요. 주님께서는 그들의 자존감을 세워주시고 그들에게 자신들의 앞날에 대한 주님의 말씀을 들려주시며 말씀 안에서 소망을 갖고 기도하게 하시는 것입니다.

그래서 그들 자신들이 하나님께서 존귀하게 여기시는 예수님의 보배피로 구원받은 하나님의 귀하고 귀한 진주 같은 보물임을 깨닫고 담대하게 주님의 자녀로서 일어서게 하는 것입니다.

그들이 힘을 얻어서 기도하며 힘차게 주님을 앙망하는 사람들로 세우시는 주님께서는 그들이 본 교회로 가서 겸손하게 주의 종을 위해 교회를 위해 기도로 동역하며 말없이 헌신적으로 남들이 하기 싫어하는 일들을 돌아보며 섬기는 사람으로 세워지는 것을 보게 하십니다. 주님께서 각 사람에게 은혜를 주셔서 일하시는 것이지요.

이러한 것을 아시는 목사님들은 사모님과 자녀들도 보내시고 성도들도 보내십니다. 기도로 그들을 도우며, 주님께서 원하시는 사람으로 세워지도록 섬기게 하십니다. 주님께서 은혜를 주셔서 도우시지 않으면 저는 아무것도 할 수 없음을 압니다.

신학박사 학위가 두 개있으신 목사님이 기도학교에 왔습니다. 저는 아무것도 기억이 나지 않는데 너무도 많은 사람들이 오기 때문에 다 기억이 나지 않습니다. 그들이 죽을병에서 고침 받거나 아주 큰 문제가 해결 되었다

해도 저는 다 기억이 나지 않습니다. 그 목사님이 말씀하시기를 자신의 가정에 아들과 사모와의 죽음의 문제를 주님께서 저를 통해 해결해 주셔서 이 가정이 살아났다고 말씀하셨습니다. 저는 그 일은 전혀 기억에 없고 모르는 일입니다. 사모님도 아들도 기억에 없었습니다. 그 전에 그 목사님도 본 적이 없었어요. 자신의 가정이 살아서 찾아오게 되었다고 하셨어요. 그 목사님이 말하기를 신학공부를 마치고 자신이 이제 교회를 개척하려하는데 죽음의 문제에서 회복된 자신의 가정을 보고 은사와 능력이 얼마나 중요한 지를 깨달아서 우리교회에 와서 먼저 제가 받은 은사와 능력을 받고 교회를 개척하는 것이 필요하다고 생각되어 왔다고 하였습니다.

은사와 능력은 주님께서 주시는 것이지 저는 잘 모릅니다. 그저 하나님의 절대적인 은혜가운데 부어주시고 사용되어지는 축복을 받은 것입니다. 우리가 일반적으로 아는 것은 우리가 구원을 받으려면 예수님을 구주로 영접하고 믿는다면 구원을 받는다는 것입니다.

그리고 주님께 순종하면 복을 받는다는 것입니다. 은사를 받고 싶으면 주님 안에서 기도를 많이 하면 되는 것을 압니다. 그것은 꼭 특정한 곳에서 기도를 해야 된다는 것은 아니라는 것을 압니다. 주님께서는 예배를 마치고 공기도 하고나서 각 사람을 위해 손을 뻗어 축복하며 기도할 때 그 목사님에게 말씀하여 주셨습니다.

"은사와 기적과 능력은 차원이 낮은 수준의 것이다. 너는 가장 귀한 것을 사모하여라 그것은 나를 사랑하는 것이다."라고 말씀하여 주셨습니다.

저는 복을 너무나 많이 받은 사람입니다. 다른 사람들을 위하여 기도 할 때 주님께서 말씀하여 주시는 것을 통해 주님의 마음을 알게 되고 저도 그 말씀을 전하면서 은혜를 받고 그 은혜 되는 말씀대로 살려고 하니 얼마나 제가 복을 받은 사람인지 날마다 체험하게 됩니다. 발은 이 땅에 머물러 딛고 사는데 천국을 날마다 바라보며 하나님께서 주시는 하늘 권세를 이 땅에서 예수이름으로 날마다 사용하며 누리고 삽니다. 저는 비가 올 때 장독대의 항아리 뚜껑을 활짝 열어놓고 하나님의 은혜의 단비가 가득 채워지도록 하고 있습니다.

주님께서는 주리고 간절히 사모하는 영혼을 실망시키시지 않으시고 후하게 날마다 시마다 때마다 그 풍성한 은혜 가운데 채워주시기를 기뻐하십니다. 의에 주리고 목이 마른 영혼을 만나 은혜의 단비를 흡족하게 채워주시기를 주님께서는 원하시고, 풍성한 은혜의 단비를 준비하고 기다리고 계십니다. 하나님께서는 사모하는 하나님의 자녀들에게 각양 좋은 은사와 온전한 선물을 부어주셔서 마음껏 주님을 영화롭게 해 드릴 수 있도록 은혜를 주시니 주님 안에서 산다는 것이 얼마나 자유하고 행복한지 매일의 삶이 오늘은 또 무슨 축복 된 일을 행하실까 주님의 일하심이 기쁨으로 기대되고 오늘은 또 어떤 사람을 살리실까 두근거리며 주님께서 행하실 일들을 기대하고 또 기대합니다.

우리 교회 성도들에게 하나님께서 행하신 일들을 전하면 그것 당연한 일 아닌가요? 라는 듯이 그저 늘 일어나는 평범한 일로 여기고 있습니다. 오직 주님의 은혜아래 기적이 상식이 되어 진 것이지요. 이제 너무도 많은 사람들이 병에서 구원받고 좋은 일들이 가정 가정에 많이 일어나니까 주님의 행하심을 당연한 것으로 알고 믿고 있는 것이지요. 오직 주님의 크시고 크신 은혜로 밖에는 설명할 수가 없습니다.

그가 사모하는 영혼에게 만족을 주시며 주린 영혼에게 좋은 것으로 채워주심이로다
시107:9

그러므로 너희도 영적인 것을 사모하는 자인즉 교회의 덕을 세우기 위하여 그것이 풍성하기를 구하여라 고전14:12

내 영혼아 여호와를 송축하라 내 속에 있는 것들아 다 그의 거룩한 이름을 송축하라 내 영혼아 영호와를 송축하며 그의 모든 은택을 잊지 말지어다 그가 네 모든 죄악을 사하시며 네 모든 병을 고치시며 네 생명을 파멸에서 속량하시고 인자와 긍휼로 관을 씌우시며 좋은 것으로 네 소원을 만족하게 하사 네 청춘을 독수리 같이 새롭게 하시는 도다 시103:1~5

참으로 여호와를 의지하는 자는 시온 산이 흔들리지 아니하고 영원히 있음 같은 담대함이 성령 안에서 뿜어져 나오게 하십니다.

- 소자야 안심하라 네 죄 사함을 받았느니라 -

어느 날 루프스 병에 걸린 여자 성도분이 왔습니다. 나는 루프스라는 이름마저 처음 들었습니다. 정말 모르는 병이었는데 자가 면역질환이라는 것이었고 면역계의 이상이 생겨서 온몸에 염증이 생기는 병이라고 하였습니다. 외부로부터 인체를 방어하는 면역계가 이상을 일으켜 오히려 자기가 자신의 인체를 공격하는 현상이 나타나서 신체 여기저기에 염증이 생기고 이것이 만성으로 되서 큰 어려움을 겪는 것이라고 하였습니다. 사람들을 위해 기도하다보며 깨닫는 것인데 정말 병도 많았고 우리가 모르는 병도 참 많다는 것입니다. 그런데 이 사람은 하나님을 아는 하나님의 사람이었습니다.

이 사람을 위하여 기도 할 때 주님께서는 마태복음 9장 2절과 6절 말씀을 하시며 이 사람을 치유하셨습니다.

"소자야 안심하라 네 죄 사함을 받았느니라" 라고 하셨어요.

저는 이 사람이 무슨 죄를 지었는지를 모릅니다. 그러나 주님의 말씀을 대언할 때 이 사람은 폭포수같이 눈물을 흘리며 엉 엉 소리 내어 회개하며 울었습니다. 하나님의 크신 은혜와 능력이 그 사람에게 부어진 것을 알게 하셨습니다. 하나님의 큰 능력과 은혜 기름 부으심이 그 사람에게 임하고 회개하며 기도하고 난 그의 얼굴이 해처럼 밝아 졌습니다. 그 죄에 용서함을 받고 죄악의 사하심을 받은 주님의 백성은 복이 큽니다. 약속의 말씀대로 그에게 치료의 광선을 발하신 주님의 은혜가 크고 큽니다. 그때 우리 교회에 왔던 이 사람은 하나님의 능력으로 치유함을 받았다고 하였습니다.하나님은 능치 못하심이 없으십니다.

침상에 누운 중풍병자를 사람들이 데리고 오거늘 예수께서 그들의 믿음을 보시고 중풍병자에게 이르시되 작은 자야 안심하라 네 죄 사함을 받았느니라 그러나 인자가 세상에서 죄를 사하는 권능이 있는 줄을 너희로 알게 하려 하노라 하시고 중풍병자에게 말씀하시되 일어나 네 침상을 가지고 집으로 가라 하시니 그가 일어나 집으로 돌아가거늘 마9:2,6~7

- 내가 사랑하니 복된 곳으로 인도 하겠다 -

임ㅇ기 목사님이 개척하여 섬기는 아름다운교회에서 목회자 세미나가 있었습니다. 목사님과 사모님과 교회성도님들이 주의 종들이 은혜를 받고 주님을 위해 세움을 받기위해 기도하며 사랑의 수고를 하며 헌신하였습니다. 주님께서 반드시 주와 복음을 위해 애쓰신 이 교회에 은혜와 상을 주실 줄 믿습니다. 주님께서 임 목사님을 세우시고 단순하지만 강력한 하나님의 말씀과 목회자들을 위한 따뜻한 사랑과 위로로 흔들리지 않는 견고한 믿음의 은혜와 힘을 주셨습니다.

목사님 중에 저의 사역을 아시는 목사님이 계셨는데 조카 목사님의 사모가 암의 재발로 인하여 어려움을 겪고 있는 중에 있었습니다. 개척하여 많은 수고를 하고 이제는 조금 안정되어 교회가 자라나고 있고 자녀들은 아직도 엄마 손이 필요한 학생인데 암이 재발되어 투병 중에 있는데 어찌 될 것인지 안타까워서 물어보시는 것이었습니다. 목사님은 자신의 조카 목사님의 사모가 어떻게 될지 안타까워 저에게 기도하기를 요청하였습니다. 기도하니 주님께서 주시는 말씀이 있는데 어려워서 전하기가 불편하였습니다. 그래서 자꾸 피하기만 하였는데 그날은 더는 피할 수만은 없게 되어서 주님께서 주신 그대로 전하였습니다.

주님께서 말씀하여 주시기를 "내가 사랑하니 복된 곳으로 인도하겠다" 라고 하셨습니다라고 전하여 드렸습니다.

사람의 생각은 기도하여 모든 병이 다 낫고 우리가 기도한 대로 응답받을 것을 원하지만 때때로 하나님의 생각은 그와 다르다는 것을 깨우칩니다. 주님의 생각은 깊고도 깊어서 우리가 어찌 다 헤아릴 수 있겠습니까? 하나님의 미련한 것이 사람의 지혜로운 것 보다 비교 할 수 없을 만큼 지혜롭지 않겠습니까? 이 땅에서 부귀영화를 다 누리고 가지 못한 다고 하여서 그 인생을 불쌍한 인생, 실패한 인생이라고 누가 단정 짓는 다는 것입니까? 진정 인생의 성공은 무엇일까요? 우리의 모든 것을 다 아시는 하나님께는 해답이 있는 줄 압니다.

주님께서 갑상선암을 고쳐주신 집사님이 어느 날 저에게 와서 급하게 이야기 하며 자신의 차에 저를 태웠습니다. 가면서 이야기 하자고 하는데 많이 허둥지둥하는 것 같았습니다. 왜 그러시는지 물어 봤더니 자신이 다니는 교회의 중고등부 선생님을 위해 기도해 주기를 원했습니다. 그 이야기는 저번에도 들어서 알고 있었습니다. 교회의 중고등부 젊은 선생님이 있는데 암이 중증이어서 자신도 하나님께서 암을 고쳐 주셨는데 그 젊은 재수해서 서울대 의대 대학원에 합격한 선생님을 위하여 기도해 달라는 것이었습니다. 그 이야기를 처음 들었을 때 주님께서는 그 젊은 선생님이 천국에 온다는 것이었어요.

저는 아무것도 모르지만 주님 뜻이 그렇다면 저는 기도해 드리는 것이 괜한 소망만 드리는 것 같아서 기도해 드리지 않겠다고 하였습니다. 분명히 이 집사님에게 확실히 전했음에도 불구하고 집사님이 생각하기에 너무도 안타깝고 아까운 젊은이가 암으로 일찍 죽는다는 것이 견디기 힘들다는 것이었어요. 집사님은 운전대를 잡고 자신을 고쳐주신 주님께서 이 젊은 선생님도 왜 안 고쳐 주시겠느냐며 기도해 달라는 것 이었습니다. 그러면서 그 선생님의 집으로 저를 데리고 가는 것이었어요. 저도 너무 안타까웠지만 제가 일을 하는 것이 아니고 하나님께서 일하시니 그 집사님에게 아니라고 하였습니다. 그런데 그 집사님은 계속 차를 운전해 갔습니다. 잠시 후에 전화가 왔습니다. 그 젊은 선생님이 쓰러져서 지금 병원으로 옮겨가고 있는 중이라고 집에 오지 말라고 하였습니다. 그때서야 집사님은 차를 멈추더니 자신의 생각과 하나님의 생각이 다르다는 것을 시인하였습니다.

자신은 하나님께서 자신의 암을 낫게 하셨으니 자신보다 더 젊은 그 선생님이 안타까워 저를 데리고 가서 그 집에 가서 그 선생님을 위하여 제가 기도하면 나을 것이라고 생각한 것 이지요. 하나님께서 하시는 것입니다.

하나님의 일을 하는 우리는 다만 하나님의 뜻을 행하는 도구로만 쓰임 받고 주님의 뜻만 나타내야 하는 것입니다. 우리의 생각에는 모든 사람들이 다 낫기를 원합니다. 하지만 저는 아무것도 모르는 사람이지만 주님께서는 우리의 연수와 연한이 계획되어 있는 것 같았습니다.

제가 다리가 아파서 2주간 기도학교를 쉴 때였어요. 주님께서 말씀하시기를 우리교회의 제가 기도학교를 인도하는 아래에 있는 강단을 보여주시며 네가 아니라도 돌맹이를 세워도 7살짜리 아이를 세워도 기적이 일어난다고 말씀하셨습니다. 하나님께서 세우신 이 교회에 기적과 놀라운 치유의 역사가 날마다 일어나니 혹여나 제가 한 일인 것처럼 생각하여 교만하여 망하게 될 까봐 주님께서 은혜가운데 저에게 가르쳐 주신 사랑의 말씀인 것입니다.

예전에 백석교단에서 총회장도 하신 목사님이 계셨습니다. 남편목사님이 청년시절에 다니던 교회의 담임 목사님이셨어요. 저희 결혼식 주례도 하신분이십니다. 이 목사님이 암에 걸리셨다는 소식은 들었는데 오랜만에 뵙는데 굉장히 살이 많이 빠지셨어요. 주님께서는 그 목사님에게 "죽을병이 아니라 네가 살고 죽지 아니하리라. 너의 사역의 방향이 바뀐다. 일 중심에서 사랑의 중심 사람중심으로 바뀐다"라고 하셨습니다. 그래서 그대로 전해 드렸더니 목사님께서 "그래 지금 내가 바뀌고 있어 "라고 말씀하셨습니다. 그리고 아들을 위해 안수 기도해 주시고 가셨습니다. 정말 그 목사님은 오래 사시고 오히려 간병하시던 사모님께서 먼저 천국에 가신 것을 보았습니다.

기도학교에 오신 권사님이 자신의 아들을 데리고 왔습니다. 외국에 공부하러 보냈는데 정신적으로 큰 어려움을 겪고 정신병 귀신의 역사로 2년을 정신병원에 있다가 나온 청년이었습니다. 아무리 좋은 아파트에 좋은 차를 타고 부족한 것이 없이 살지만 그 자녀가 고통 중에 있으니 기쁨이 없고 근심이 가득하였습니다. 계속 기도학교에 나와서 예배드리고 기도하면서 주님께서 만져 주심으로 평안을 찾아가고 온전하여져 갔습니다. 이것은 제가 체험한 지극히 개인적인 체험입니다. 어느 날 그 청년을 위해 기도하고 있는데 그 청년의 코로 고양이와 여우같은 모습으로 담배 피우게 하는 귀신이 나오는 것을 보았습니다. 그 청년이 그 귀신에 매어 눌려 살고 있는 것을 보았습니다.

그래서 그 본 것을 말했더니 어머니가 깜짝 놀라며 " 너 담배 피니?"하였습니다. 그 청년에게 말했더니 상당히 놀라는 것이었습니다. 그리고 자신의 의지로 담배를 피우는 줄로만 알았다가 그 배후에 역사하는 악한 영이 있다는 것에 정신이 확 드는 모습이었습니다.

이것은 취미나 기호가 아니라 그리스도인에게는 싸워야만 하는 영적인 전쟁인 것입니다. 술도 마찬가지입니다. 영적인 세계를 보시는 다른 목사님이 말씀하시는데 술잔에 그리고 술을 마시는 사람들 눈과 입과 목에 더러운 뱀들이 가득하고 귀신들이 그들의 어깨위에 올라타고 누르며 조롱하고 온갖 더럽고 악한 짓을 한다고 합니다. 그리스도인이라 하면서도 이 정도 쯤이야 하는 사람들은 주님의 말씀을 기억하셔야만 합니다.

포도주는 붉고 잔에서 번쩍이며 순하게 내려가나니 너는 그것을 보지도 말지어다
잠23:31

악은 어떤 모양이라도 버리라 살전5:22

그 청년은 제가 전해주는 그 모습을 듣고 상당히 놀라더니 믿음의 선한 싸움을 싸워서 담배를 끊고 계속 어머니와 기도학교에 참석하여 기도하였습니다. 그 후 그 청년은 어린아이들 사역에 비전을 갖고 신학교에 들어갔습니다. 젊은이들이 기도학교에 와서 교회에서 지속적으로 기도하는 것은 요즘의 세대에서는 상당히 쉬운 일이 아닙니다. 그들을 불러내는 그들의 관심을 끄는 것들이 이 세상에 아주 많은 것이 사실이지요. 그렇지만 기도하는 어머니들의 간구를 들으시고 주님께서는 젊은이들을 보내 주시어 그들의 삶을 복되게 하시는 일들이 많이 있어서 얼마나 감사한 일인지요! 하나님께서는 그분의 종들을 지명하시고 부르시고 세우시는 것을 봅니다.

기도학교에 나와서 기도하시는 여 목사님에게 아들이 있었습니다. 그런데 대학 4학년 한 학기를 놔두고 계속 졸업을 하지 않고 있었습니다. 어머니는 그 이유를 알 수 없었지만 특별히 이야기를 하는 것도 아니었습니다. 저는 막연히 취업 때문에 그러겠지 라고 생각하였습니다. 그 사람은 정치인의 캠프에서 아르바이트를 하고 있었고 자신의 앞길을 정치인과 함께하여 정치를 하려고 하였습니다. 그 청년을 위하여 기도하였는데 깨끗한 재활용 쓰레기봉지가 가득한 건물의 뒤편 후미진 곳에 있는 모습을 보여주시며 그렇게 밖에는 안 된다고 하였습니다. 그러시면서 여러 번 주의 길을 가라고 하셨습니다. 그 길을 갈 때 이 청년에게 참으로 복이 되는 것임을 알게 하셨습니다. 그 청년은 자신도 생각이 있다고 하였습니다. 주님께서는 그 청년에게 여러 번 반복하여 주의 길로 초청하시는 것이었습니다.

주님께서 말씀하시기를 "네 삶 네 인생을 청구한다"라고 그 청년에게 말씀하셨습니다. 처음엔 듣는 척도 안하던 청년이 어떤 일을 계기로 고려해 보더니 기도를 하였습니다. 기도학교에 계속 와서 기도하더니 그 청년에게 불이 임하였습니다. 그가 신학대학원에 가겠다고 하였고 그의 막혔던 일들이 순순히 잘 풀렸습니다. 얼마 후 그는 백석 신학대학원에 입학하였고 교회로 와서 감사하다며 저를 안아주었습니다. 앞으로 공부할 책이라고 하며 기뻐하며 그 과목과 책들에 대해서 이야기도하더니 과대표까지 자원해서 하겠다고 하였습니다. 이 청년을 위하여 기도하니 그가 침대에 엎드려서 성경책을 보는 것을 보여주셨습니다. 그런데 성경의 활자들이 다 일어서더니 우르르 그 청년에게 몰려가서 가슴과 그에게로 쏟아져 들어가는 것이 보였습니다. 그 이야기를 듣던 어머니 목사님이 그 청년이 꼭 침대에 엎드려서 책을 읽는다고 하였습니다. 날마다 주님께로 더 가까이 가는 그 청년을 주님께서는 더욱 은혜를 주시어 하나님의 마음을 시원케 하시는 주의 종이 되고 말씀을 통해 자신도 살고 만나는 사람마다 살리는 축복의 은혜의 주의 종이 되기를 간절히 기도하게 됩니다.

2013년도에 도서출판 드림북을 통하여 '내가 일하겠다'를 펴내게 하셨습니다. 주님께서 행하시는 놀라운 일들을 간증하게 하신 것입니다.

여러 명의 신학생들이 와서 신학교의 실천신학 시간에 교수님이 이 책을 소개하며 리포트를 내게 하셨다고 하였습니다. 저는 그분이 누군지도 모릅니다. 어리석고 미련하고 죄가 많은 사모가 곤고한 삶 가운데 주님을 의지하여 기도하게 하셨고, 교회에서 일어나는 놀라운 하나님의 역사를 전했습니다. 성령님께서 도우시며 역사하시는 놀라우신 창조의 능력의 기적의 하나님을 간증하는 내용이었습니다. 책에는 전화번호도 적지 않았는데 찾아서 왔습니다. 그때 같이 오신 분이 있는데 한 권사님이었습니다. 사람이 이렇게 마를 수도 있구나하고 놀랄 정도로 마르고 전혀 힘을 쓰지도 못했습니다. 힘이 없어서 제대로 걷지도 못했습니다. 그분은 아무것도 먹을 수가 없다고 하였습니다. 무슨 특별한 병이 있는 것은 아니었지만 하루에 겨우

한 두 숟가락양의 밥을 먹으며 영양제 주사를 맞아서 생명을 연장하고 있는 안타까운 상황이었습니다. 얼굴을 보니 깊은 마음의 고통을 겪고 있는 것처럼 보였어요.

그 권사님을 데리고 온 신학생들을 위해서도 기도하고 그 권사님을 위해서도 기도 하였습니다. 주님께서 권사님에게 아주 큰 위로를 전하시고 축복을 전하셨습니다. 그런데 구체적으로 그 먹지 못하는 것에 대해서는 아무 말씀도 안 해주셨어요. 각 사람에게 주님께서 주시는 말씀을 전했습니다. 주님께서는 구약의 말씀과 신약의 말씀을 통해서 각 사람에게 꼭 필요한 말씀을 전해 주시고 권면의 말씀을 전하게 하셨습니다. 회개의 말씀을 들으며 회개하고 주님께서 주시는 말씀을 듣고 모두들 감사하며 소망을 갖고 기뻐하였습니다.

조금 시간이 지난 후 한 청년이 들어왔습니다. 권사님과 신학생들을 위해 운전하고 온 권사님의 아들이라고 하였습니다. 인물이 시원하고 깨끗하였습니다. 그 청년을 위해서도 기도하였습니다. 그런데 주님께서 그 청년에게 아주 친밀한 어조로 말씀하셨습니다. "나는 네가 가려는 그 길을 떠나서 다시 내게로 오기를 원한다." 그러시면서 그 길을 가려하지만 그 길이 될 것 같은데 안 되고, 막혀있고 형통하지도 못할 것을 말씀하셨습니다. 그러시면서 원래 하던, 주님께서 원하시던 그 길을 가기를 원하신다고 하시며 주님께서 원하시는 예전의 길을 갈 때 부어주실 축복을 말씀하셨습니다.
주님께서는 안타까이 그 청년을 부르시는 것을 느꼈습니다. 그래서 저는 그 청년을 위해 기도하고 나서 물었습니다. 지금 가고 있는 길이 무엇이고 예전에 가던 길이 무엇이었느냐고요. 그랬더니 그 청년이 말하는 것이었습니다. 자신은 지금 충무로에서 영화 배우가 되어서 영화배우로 하나님께 영광을 돌리려하고 있는데 웬일인지 길이 열릴 것 같다가도 막히고 길이 잘 열리지 않아서 답답해하고 있던 차라고 하였습니다. 인상이 선하고 인물이 시원하고 깨끗하고 단정하였습니다. 그러면서 자신은 총신대 신학교에 재학 중 도중에 영화배우로 하나님께 영광을 돌리려고 영화계로 나갔다고 말하였습니다. 주님께서 분명히 말씀하셨으므로 이 청년은 주님께서 부르신 자리로 갈 것을 기뻐 믿게 되었습니다. 그러자 뒤에 있던 어머니 권사님이 저 아이를 위해서 서원을 하며 기도를 했는데 어느 날 이 아들이 잘 다니던 신학교를 그만두고 영화계에 들어간다고 할 때부터 밥을 못 먹기 시작했다고 하였습니다.

그런 이야기는 처음 하시는 것 같았어요.
아들은 묵묵히 듣고 있었습니다.

주님께서 저에게 교회 냉동실 속에 있는 여러 가지 곡식가루를 볶아 만든 아주 좋은 미숫가루를 그 권사님에게 드리며 처음엔 연하게 타서 끓여먹고 점차로 진하게 끓여서 먹으면 점차로 몸이 회복 될 것임을 알려 주셔서 그것을 전해 드렸습니다. 저는 그 미숫가루를 생각하지도 못했는데 주님께서 알려주셔서 그것을 전해 드렸습니다. 어머니권사님은 오랜만에 쉬어 보는 듯한 깊은 안도의 숨을 쉬시며 아주 평안한 얼굴이 되었습니다. 그 뒤로 연락은 안했지만 저는 이 청년이 주님의 말씀을 순종하였으리라 생각합니다. 자신이 가려던 길은 막혀 있고 안 된다고 하셨고 주님께서 안타까이 부르시며 주의 길을 갈 때 어떻게 인도하시고 축복해 주시겠다고 말씀하셨음을 그가 분명히 들었기 때문입니다.

주님께서는 지금 하나님의 군대를 부르시고 모집하시는 것을 깨닫습니다. 한해 한해가 너무도 달라진 악이 횡행하는 세대에 주님의 말씀의 기치를 높이 세우고 하늘 권세를 받아 능력 있게 하나님을 크게 영화롭게 할 하나님의 군대를 모으십니다.

- 너에게 줄 축복을 내가 누구에게 준단 말이냐! -

한해가 거의 다 끝나갈 무렵 한 사람이 찾아 왔습니다. 자신은 교도소에서 나온 지 얼마 안 된 사람인데 교도소에서 제가 쓴 책 두 권을 다 보았는데 큰 은혜를 받았다고요. 그러면서 우리 교회를 찾느라 고생했대요. 교회 주소와 전화번호를 넣지 않아서 고생 하셨구나하고 생각하였습니다.

네이버에 사당3동 주영광교회 하고 치면 다 나오던데 그분은 모르신 것 같았어요. 지금 자신은 의정부에서 어머니와 살고 있으며 교회에 잘 다니고 있다고 하였습니다. 자신이 교도소에서 책을 읽었는데 살아계시는 놀라우신 하나님을 책에 나와 있는 하나님을 만나고 싶었고 지금도 이렇게까지 하나님께서 세밀하게 잘 인도해 주신다면 자신은 마지막 희망을 걸고 하나님의 선하신 인도하심을 받기를 원하였습니다.

저는 아무것도 모릅니다. 죄인 중의 괴수요 어리석기가 그지없어요. 그렇지만 주님께서는 자신의 피로 사신 하나님의 백성들을 도우시기를 원하셔서 저 같이 어리석고 미련한 사람을 통해서도 일하시기를 기뻐하시는 은혜가 감사할 뿐입니다.

그 사람은 동네에 와서 우리 집을 찾아서 왔어요. 항상 교회에 있는 것이 아니니 동네 분들이 주영광교회 목사님사택을 알려줘서 찾아 온 것이지요.

교회에서 같이 예배드리고 기도를 하였습니다. 주님께서 말씀으로 찬송으로 인도하심이 성령님의 크신 은혜가운데 너무 은혜로운 시간들이었어요. 예배를 마치고 기도를 하는데 주님께서 환상을 보여 주셨습니다.

그 사람이 시골의 넓은 길에서 술에 취해서 뒷짐을 지고 이리저리 지그재그로 춤을 추며 가는 모습을 보여 주시며 "너에게 줄 축복을 내가 누구에게 준단 말이냐!" 하는 주님의 장탄식의 소리를 듣게 하셨어요. 주님께서는 이 사람을 사랑하셔서 이 사람을 복되게 하시고 이 사람을 통하여 많은 영광된 축복의 일들을 행하기를 원하시는 주님의 안타까운 마음을 알게 하셨어요.

그러시면서 신구약의 하나님의 약속의 말씀들을 통하여 이 사람을 권면 하시며 주의 길을 가기를 원하시는 마음을 전하시며 그 길을 갈 때 주님께 서 은혜를 크게 주시고 복을 주실 것을 말씀하시는 것 이었어요.

그 사람은 흐느껴 울더니 살면서 자기가 어디서 이런 말씀을 한 번도 들 은 일이 없다고 누구도 나에게 이렇게 말해준 일이 없다고 하더니 인생에 게 소망을 주시는 신실하신 주님께 감사를 드렸습니다.

그러더니 자기가 사실은 신학교 다니다가 그 길을 떠나서 세상 친구들과 술과 세상의 재미에 빠져서 많은 시간을 세상길로 산 것을 이야기 하며 주 님께서 아직도 자신을 기다려 주심에 놀라고 그 성실하심에 자신의 지난 잘못 된 삶을 애통해 하며 회개 하였습니다.

그가 술에 취해 일어난 일로 교도소에 가게 되었고, 그곳에서 곤고한 중 에 주님께서 일하신 책을 읽으며 주님을 다시 찾게 되었으며 이렇게 자신 을 부르셨던 주님을 다시 만나게 된 모든 일이 주님의 은혜 가운데 자신을 부르시는 음성이라는 것을 그 사람은 깨닫고 새 힘을 얻었습니다.

이제는 세상 술에 취하는 것이 아닌 성령 술에 취해서 주님과 복음을 크 게 영화롭게 할 주님의 귀한 용사되기를 기도하고 기뻐하였습니다.

- 계란 노른자와 같은 -

새로 온 성도 중에 미술로 미국 유학을 준비 중인 청년이 있었습니다. 그 청년은 지방에서 목회하시는 목사님의 자녀였습니다. 우리는 그 청년을 따뜻하게 품고 기도하여 주었습니다. 그런데 주님께서는 그 청년에게 말씀하시기를 그 청년이 미술을 공부하여 그림으로 하나님께 영광 돌리는 것이 아닌 주님의 길, 주의 종의 길을 가야 된다는 것을 말씀하여 주셨습니다.

주님께서는 달걀 프라이를 보여주시며 그 청년에게 주의 길을 가는 것이 그 청년의 인생 가운데 가장 복될 것임을 말씀하여 주시면서 다른 길을 가는 것은 별로 될 일도 안 되고 되어가는 것도 없을 것을 알게 하여 주셔서 그대로 전하였습니다. 그래서 미국에 가면 신학교에 들어가서 주님을 위하여 준비 할 때 일들이 순적하게 풀어짐을 말해 주었습니다. 그 청년은 알았다고 하면서도 여전히 자신의 생각을 놓지 못하고 자신도 처음에는 주의 길을 가려다가 자신이 잘하는 미술을 통하여 하나님께 영광을 돌리면 되지 않나하고 생각한다고 하였습니다. 앞으로의 미래가 심히도 걱정이 되어 청년을 주님께서는 주의 종으로 부르셨기에 다른 일을 하면 뭐든 되는 일이 없을 것이고 이 길을 갈 때 인생에서 계란 노른자와 같이 복되고 좋은 일들이 일어날 것임을 전해 주었습니다. 주님께서 맨 처음 그 청년을 위해 기도 할 때 계란프라이를 보여주시며 말씀하신 바가 있어서 그렇게 전해 준 것입니다.

그러나 주님께서 부르시지도 않았는데 자신의 생각으로 주의 길을 가려 하는 사람들에게는 시간이 자나면서 하나님께서 본인이 깨닫도록 가르쳐 주시고 또 그 길이 아닌 것을 말씀하여 주십니다. 저도 자녀를 기르고 주의 종으로서 교회를 섬기다 보니 그 청년이 남 같지 않고, 마음이 쓰였습니다.

미국에 가서 시카고 대학에 간다고 장학생이 되게 기도해 달라고 전화가 왔습니다. 미리 시카고 대학 가기 전의 도중에 있던 신학교에 가기를 주님께서 환상을 보여 주시면서 말씀해 주셨는데 듣지를 않고 여러 번 순종을 안 하더니 대학을 마치고 취업하는 과정에서 어려운 일을 많이 당하고 일반직장 다니더니 안 좋은 일을 통하여 그가 다시 내려앉는 것을 듣게 하였습니다. 주의 길이 얼마나 복된 길인지 자원하여 나아가는 자에게는 그 길이 얼마나 평탄한 길이 될지 순종하는 자를 가까이 옆에서 보니 그 길에 장애물이 없는 복된 길임을 보게 하여 주셨습니다.

그 청년이 부단히 그렇게 말했음에도 순종하지 못하고 인생의 복잡하고 꼬인 난관 가운데 자신만이 아닌 부모와 형제에게 까지도 근심과 괴로움을 안겨주는 것을 보니 주의 길이 얼마나 복된 일인데 그것을 아직은 알지 못해서 그런 것이 너무도 안타까운 일입니다.

가까이에 젊은 주의 종인데 주님께서 부르셨을 때에 기도하고 즉시 순종하여 주님의 길을 걸어가는 주의 종을 압니다. 주변에 있는 모든 사람들이 이 주의 종의 형통함을 보고 놀랍니다. 그 주의 종은 기도하고 주님께서 말씀하신다면, 성령님께서 감동주시면 즉시 순종을 잘합니다. 교회에 필요한 물품이나 교회에 뭐가 필요한 것이 있다면 그는 다른 사람들이 움직이기를 기다리지 않고 즉시로 자신의 지갑을 털어서 즉시로 하나님의 집에 필요한 것을 사 놓습니다. 다른 사람들도 다 똑같이 보고 듣고 알지만, 누가 하기를 기다리지 않고 계산하지 않고 즉시로 가장 좋은 것으로 감사함으로 기쁘게 드립니다. 다른 선교사님이나 선교사님에게 필요한 것이 있다거나 주의 종이나 다른 교회에 필요한 것이 있다면 즉시로 그의 돈을 다 털어서 아끼지 않고 즉시로 먼저 드립니다. 그 젊은 주의 종을 잘 아는 사람들은 그가 주님의 일에, 또 주님의 필요하심에 민감하여 오래도록 계산하거나 하지 않고 순전한 마음으로 '즉!시!로' 자신에게 있는 것을 다 찾아서 드려서 순종하는 것을 많이 보아왔습니다. 주님께서도 그 주의 종이 필요한 것을 미리 미리 주시는 것을 봅니다. 그 주의 종이 가야 할 길을 넘치게 후히 필요할 때 즉시로 주시는 것을 보고 은혜 받고 배웁니다.

우리가 무엇으로 심든지 주님은 그대로 갚아 주십니다. 이것은 성도나 주의 종이나 마찬가지입니다. 순종하는 길은 형통하고 평탄한 것을 그리고 범사에 복이 되는 것을 보게 하셨습니다.

주님께서는 예전에 엄청 기도가 터쳐 나오게 하시더니 노트에 글을 쓰게 하셨습니다. 여기에 옮겨 봅니다.

" 믿음은 곧 순종이다 행함으로, 행함으로 너의 순종을 보이라. 많은 이들이 불순종으로 불신의 늪에서 예비 된 축복 가운데로 걸어 나오지 못하고 있다. 내가 이를 안타깝게 여기고 있다. 믿음은 그 행함과 함께 일한다. 너는 전도인의 직무를 다하라 하늘의 비밀을 맡은 자로써 네게 명한 것이니 일기 교회 일어난 일들을 다 기록 하여라 후한 상이 기다리고 있다."

그리고 주님께서는 주님께서 말씀하실 때 즉시 순종하는 자와 더디 순종하는 자의 복이 완전히 다름을 말씀하여 주셨습니다.

저는 모든 사람들이 즉시 순종하여 인생가운데 평탄하고 복된 길을 가기를 간절히 원합니다. 저도 미련하고 어리석어서 불순종함으로 어려운 고난과 가시밭길을 충분히 걸어보았기에 이제는 내 생각은 자르고 오직 주님의 성령님의 인도하심에 순종하고자 합니다.

우리가 악한 자라도 자녀에게는 좋은 것으로 주기를 원하는데 하물며 아들의 목숨까지 주셔서 우리를 흑암의 나라에서 아들의 생명의 나라로 옮기신 아버지께서 자녀에게 좋은 것으로 가장 좋은 것으로 주시기를 원하심을 알아야만 합니다. 하나님의 마음을 안다면 모든 하나님의 자녀들은 즉시 주님께 순종할 것입니다. 우리가 어려운 인생의 유라굴라 같은 풍랑을 겪지 않고, 아픔을 겪지 않고 즉시 순종하여 인생 가운데 즐거운 평탄한 순항하기를 간절히 원합니다.

> *사람이 흑암과 사망의 그늘에 앉으며 곤고와 쇠사슬에 매임은 하나님의 말씀을 거역하며 지존자의 뜻을 멸시함이라 그러므로 그가 고통을 주어 그들의 마음을 겸손하게 하셨으니 그들이 엎드러져도 돕는 자가 없었도다 이에 그들이 그 환난 중에 여호와께 부르짖으매 그들의 고통에서 구원하시되 흑암과 사망의 그늘에서 인도하여 내시고 그들의 얽어 맨 줄을 끊으셨도다 여호와의 인자하심과 인생에게 행하신 기적으로 말미암아 그를 찬송할지로다 그가 놋문을 깨뜨리시며 쇠빗장을 꺾으셨음이로다*
> 시107:10~16

> *내가 오늘 네 행복을 위하여 네게 명하는 여호와의 명령과 규례를 지킬 것이 아니냐*
> 신10:13

> *이스라엘이여 너는 행복한 사람이로다 여호와의 구원을 너 같이 얻은 백성이 누구냐 그는 너를 돕는 방패시오 네 영광의 칼이시로다 네 대적이 네게 복종 하리니 네가 그들의 높은 곳을 밟으리로다* 신33:29

그렇습니다! 내 의식을 내려놓고 주님만을 바라보며 주님의 이끄심과 인도하심에 따른다면 주님께서 그 인생을 책임져 주시는 것을 우리는 볼 수 있습니다. 사무엘의 어머니 한나가 브닌나의 격동 가운데에서도 온전히 자신의 아이를 주시면 주님께 드린다는 서원을 하였습니다. 한나는 하나님께서 주신 사무엘을 하나님 앞에 드리는 서원을 지켰을 때 주님께서는 엘리 제사장을 통한 하나님의 축복을 그에게 베풀어 주십니다. 하나님께 자신의 서원을 지켜 아들을 주님께 드린 한나에게 사무엘 외에도 세 아들과 두 딸을 더 주십니다. 수치를 면케 해 주실 뿐아니라 더하고 더하는 은혜와 축복을 주시는 좋으신 하나님 아버지이십니다.

먼저 그의 나라와 그의 의를 구하는 삶을 주님께서는 아시고 축복하시어 그가 미처 구하지도 아니한 모든 필요한 것들을 후히 넘치도록 채워 주시는 것입니다. 이것은 하나님의 베푸시는 법칙입니다. 기도학교 때 예배를 마치고 기도시간에 한 사람 한 사람을 위하여 같이 주님께 통성으로 기도할 때 주님께서는 기도하는 사람에게 7:3으로 기도하라고 하셨습니다.

먼저 그의 나라와 그의 의를 구하고 그 다음에 그 사람과 가정을 위하여 그의 필요를 위하여 기도하라고 하셨습니다. 이것이 지혜인 것입니다. 우리는 기도시간이 아까울 정도로 우리와 우리가족과 우리의 필요를 구하기가 바쁩니다. 그러나 주시는 하나님 아버지의 마음을 감동시킨다면 우리가 구하지도 아니한 우리와 우리 가족과 그 모든 필요한 것들을 기쁘게 채워 주시는 하나님아버지 이심을 우리는 알아야만 합니다.

이러므로 주님께서는 마태복음 6장 33절에서 말씀하시는 것입니다. 너희는 먼저 그의 나라와 그의 의를 구하라 그리하면 이 모든 것을 너희에게 더 하시리라고요. 또한 신6:5말씀을 우리는 압니다.

이스라엘아 들으라 우리 하나님 여호와는 오직 유일한 여호와 이시니 너는 마음을 다하고 뜻을 다하고 힘을 다하여 네 하나님 여호와를 사랑하라 신6:4~5

여호와의 눈은 온 땅을 두루 감찰하사 전심으로 자기에게 향하는 자들을 위하여 능력을 베푸시나니 대하16:9상

당신의 삶 가운데서도 한번 전심으로 주님을 구하며 그분을 사랑하시는 충만한 은혜를 체험해 보시기를 축복합니다. 그러면 우리 사람이 떡으로만 사는 것이 아니라 하나님의 입에서 나오는 모든 말씀으로 우리가 살아간다는 당신이 아시는 말씀을 당신의 삶에서 다시금 체험하실 것입니다.

5. 기 도

*나는 너를 애굽 땅에서 인도하여 낸 여호와 네 하나님이니 네 입을 크게 열라
  내가 채우리라 하였으나* 시81:10

　여느 때와 같이 교회에서 기도를 하는데 하나님의 말씀을 주셨습니다. 시편 81편 10절 말씀을 하시면서 주님께서는 사람들의 기도를 들어 주시기를 원하시는데 사람들이 기도를 안 하는 것을 기이히 여긴다고 하셨습니다. 그 말씀을 하실 때 주님의 마음이 느껴졌는데 주님께서는 기도하면 은혜주시고 복을 주시기를 원하시는데 약속의 말씀을 주셨음에도 그리고 그 말씀을 알면서도 기도를 하지 않는 것을 아주 기이히 여기시는 마음을 깨닫게 하셨습니다.

*내 백성이 내 소리를 듣지 아니하며 이스라엘이 나를 원하지 아니하였도다 그러므로
 내가 그의 마음을 완악한 대로 버려두어 그의 임의대로 행하게 하였도다 내 백성아
 내 말을 들으라 이스라엘아 내 도를 따르라 그리하면 내가 속히 그들의 원수를 누르고
 내 손을 돌려 그들의 대적을 치리니 (나를 미워하는 자들은 그들 앞에 무릎을 꿇었을
 것이며 이것이 그들의 영원한 운명이 되었을 것이다) 또 내가 기름진 밀을 그들에게
 먹이며 반석에서 나오는 꿀로 너를 만족하게 하리라 하셨도다* 시81:11~16

　15절 말씀(   )은 이해를 돕기 위해서 대한 성서공회에서 나온 새번역 성경 말씀으로 기록하였습니다. 우리는 주님의 자녀이기 때문에 아버지 하나님의 마음과 생각이 늘 그분의 자녀에게 가까이 있는 것입니다. 우리가 죄를 짓고 사는 악한 자라 할지라도 자녀에게는 좋은 것으로 줄줄 압니다. 가장 좋은 것으로 자녀에게 주기를 원하는 마음이 있습니다. 하물며 단 하나의 아들의 목숨까지도 내어 주시며 우리의 영혼을 지옥 불에서 건져주신 우리를 극진히 사랑하시는 하나님께서 그분의 자녀에게 필요한 것들을 구할 때 어찌 주시지 않겠습니까? 좋은 것으로 주시기를 원하십니다. 좋은 것

으로 그 소원을 만족케 하사 그 청춘으로 독수리 같이 새롭게 하시기를 원하시는 것입니다.

*도둑이 오는 것은 도둑질하고 죽이고 멸망시키려는 것*뿐이요 내가 온 것은 양으로 생명을 얻게 하고 더 풍성히 얻게 하려는 것이라* 요10:10

아버지께서는 우리가 예수님을 믿고 구원받아 영생 천국을 누리는 것만을 원하시지 않습니다. 우리가 예수님을 영접하여 그분의 자녀가 된다면 영원한 천국도 그분의 자녀 된 우리의 것일 뿐만 아니라 이 땅에서도 그분의 왕의 자녀답게 더 풍성히 후히 누리고 살기를 원하시는 것입니다. 그러나 그분의 자녀들인 우리가 그분을 오해하여 구하지 않는다면 그것은 그분의 마음을 아프게 해드리는 것이고 그분의 자녀들인 우리는 그분께서 공급하여주시는 하늘의 신령한 것과 땅의 기름진 것으로 후히 거두어주시는 은혜를 거부하는 아버지의 마음을 아프게 해드리는 불효자의 모습이 되는 것입니다.

그런데 지혜가 여기 있습니다. 우리는 먼저 아버지의 마음을 알아서 아버지의 마음에 기쁘시게 하는 기도를 드릴 때 주님께서는 구하지도 않는 것까지도 풍성하게 그분의 자녀의 인생가운데 채워주시고 기뻐하시는 것입니다.

앞에서도 말씀드렸듯이 주님께서는 먼저 그의 나라와 그의 의를 구하기를 원하십니다. 마음을 다하고 성품을 다하고 뜻을 다하고 힘을 다하여 먼저 주님을 사랑하기를 원하십니다.

저는 기도 학교의 기도시간에 주님께서 "내가 네게 무엇을 줄꼬 너는 구하라"라고 말씀하셨을 때 주님을 더욱 사랑하는 은혜주시기를 구하였습니다. 물론 어리석고 무익한 제가 그렇게 구할 지혜가 있었던 것이 아니고 제 안에서 살고 계시며 도우시기를 원하시는 성령하나님께서 저에게 은혜로 가르쳐 주신 때문에 주님의 마음에 맞게 구할 수 있었던 것입니다.

그렇게 구했을 때 저는 순간 주님의 은혜로 감히 주님의 마음을 깨달아 알 수 있게 은혜를 주셨는데 그때 주님께서는 이 부족하고 어리석고 무익한 종의 소원을 들으시고 주님의 가슴이 먹먹하시고 목이 메이는 것을 깨닫게 해 주셨습니다. 사랑하는 온 세계와 우주를 창조하시고 다스리시는 창조주 하나님의 마음을 감동시키는 것은 이 어리석고 연약하고 무능한 자의 작은 외침 오직 주님을 더욱 사랑할 수 있는 은혜를 구하는 작은 기도였던 것입니다.

주님께서는 그때 아무 말씀도 안하시고 떠나셨지만 그 후의 제 삶을 보면 사람가운데 이와 같은 은혜를 받고 사는 것이 얼마나 크신 은혜와 축복인 줄을 저를 보는 사람이나 만나는 사람마다 보고 놀라게 되는 것입니다. 겉모습은 비록 후패하나 속은 날로 새롭게 하시어서 늘 기쁨과 감사와 행복을 주시고 항상 성령님께서 인도해 가시니, 부족함이 없는 인생 천지간에 모든 축복을 다 받은 은혜와 능력의 삶을 살게 하시니 오직 감사할 뿐입니다. 비록 발은 이 땅에 붙이고 살지만 하늘 권세를 날마다 누리는 축복된 삶을 살게 하시니 주님의 능력으로 사는 너무나 감당 할 수 없는 큰 은혜를 받고 사는 것입니다.

새벽예배를 마치고 기도 할 때도 먼저 주님께서 기뻐하시는 선교사님들을 위하여 주의 종들을 위하여 교회를 위하여 기도할 때 주님께서는 제가 단 한마디의 자녀들을 위한 기도도 하지 못했어도 말씀하여 주시는 것입니다. 그때도 주님께서는 주님의 마음에 원하시는 기도를 들으심으로 주님의 가슴이 먹먹한 감동을 받으심을 느끼게 해 주셨습니다. 그때도 주님께서는 제가 구하지도 아니한 제 아들들에 대해서 말씀하여 주셨습니다.

"네 아들들은 내가 돌보겠다!"

세상에 죄인 중의 죄인, 회개하고 돌아서면 다시 마음과 생각으로 혹은 말로 죄를 짓는 이 연약하고 무능하고 부족하여 날마다 순간순간 죄와 싸우고 또 싸우는 어리석고 무익한 이 사람을 향하신 하나님의 어찌 그리도 크신 은혜인지요! 주님께서 가족뿐 아니라 교회와 성도들도 다 친히 인도하시고 섭리하여 가시니 이 얼마나 평강하고 복된 일인지 시편 23편 여호와는 나의 목자시니 내게 부족함이 없으리로다라는 고백이 절로 나오게 하시는 큰 은혜를 받고 삽니다.

주님께서는 사람들이 기도할 때 가슴에 온도계를 보여 주십니다. 그 온도계가 때로는 27도 어떤 사람들은 75도 어떤 사람은 83도 어떤 사람은 97도 이렇게 온도계의 빨간 눈금을 보여 주십니다. 그래서 저는 입으로는 기도를 하며 마음으로 주님께 여쭤보지요.

"주님 사람들의 가슴에 숫자가 쓰여진 온도계가 있어요. 이것이 무엇이예요?"라고 주님께 여쭤봅니다. 그러면 주님께서는 어리석고 무능한 저를 그대로 놔두시지 않으시고 도와주십니다. "기도의 양이다" 밥도 100도가 되어야 끓고 밥을 먹을 수 있는 것처럼 기도도 100도 까지 되어야 응답을 주시는 것임을 알게 하셨습니다. 기도의 양도 필요한 것입니다. 그래서 저는 사람들에게 말해 줄 수도 있고 도와 줄 수도 있게 되는 것입니다.

심한 위 근 무력증에 시달리어 죽도 제대로 소화가 잘 안 되는 집사님이 계셨어요. 주님께서는 그분을 위해서 기도하게 하시고 하나님의 크신 은혜로 그 날 밤에 집에 돌아가서 죽도 소화 안 되던 분이 밥을 먹게 하시고 소화도 그 시간이후로 다 잘되는 은혜와 축복을 주셨습니다. 또한 가정에 큰 은혜를 주셔서 말씀이 삶 가운데서 역사하는 체험을 주셔서 가정이 올바로 세워지는 은혜를 주셨지요. 그 아내 되는 분도 주님께서 병원에서 못 고친 뇌병을 고쳐 주셔서 살아나신 분이세요. 이 남편 집사님이 수출입 사업을 하는데 재정을 위해서 기도할 때 주님께서 재정이 풀리는 복을 주심을 말씀하셨습니다. 한 달여의 시간이 지난 뒤 그분이 말씀하셨어요.

"사모님이 기도할 때 하나님께서 재정의 복을 주신다고 하셨는데 도대체 언제 주십니까?" 하며 강하게 힐문하시는 것이었어요. 성도가 얼마나 재정의 압박을 받으면 저렇게 말할까 그 마음을 알 것 같았지만, 저는 순간 당황하였습니다. 분명 그렇게 기도한 것 같은데 저는 잘 모르는 것입니다. 기도하고 주님의 성령님께서 가르쳐 주시는 것만을 전할 뿐이지 제가 특별히 저의 지혜로 전하는 것이 아니니까요. 저는 경제적인 것을 잘 모르는 사람 이예요. 그래서 당황한 가운데 속으로 주님께 말씀드렸어요. "아버지 하나님 이 사람이 이렇게 따져 묻는데 저는 잘 몰라요 어떻게 말해 줘야 되나요? 가르쳐 주세요" 라고기도 했는데 눈앞에 환상이 보이는 거예요. 사진처럼 보여주셨어요. 어떨땐 동영상같이도 보여 주시는데 그때는 정지된 화면처럼 보여주시는데 좀 입체적으로 보였어요. 그 부부가 고속버스 터미널에서 고속버스를 탄 것을 보여 주셨어요. 그들이 버스의 좌석에 나란히 앉아 있는 모습이 보이는데 손에 전주 익산의 차표를 쥐고 있었어요. 주님께서 그 모습을 보여 주시면서 말씀하여 주셨어요. "차표를 쥐고 그 차를 타고 있으니 그곳에 도착한다. 그러나 도착하는 과정과 시간이 필요하다."라고 말씀하여 주셨습니다. 저는 얼마나 안도 했는지 몰라요.

주님께서 안 가르쳐 주시면 제가 무엇을 알겠습니까? 그래서 주님께서 가르쳐 주신대로 환상을 본 이야기와 함께 주님께서 가르쳐주신 말씀을 드렸어요. 약속은 받았지만 그 약속이 실현될 때까지의 과정과 시간이 필요하다고요. 그 이야기를 해 드리자 그 집사님은 가만히 계셨어요. 저도 그분들이 재정의 복을 받기를 안타까이 주님께 기도 하였습니다. 앞에도 말씀

드린 바와 같이 보혈로 구원하신 주님의 자녀들을 사랑하시는 하나님께서는 기도 할 때 사람들에게 가르쳐 주십니다.

신명기서 6장 5절의 마음으로 마태복음 6장 33절처럼 먼저 그의 나라와 그의 의를 구하여야 한다는 것을 가르쳐 주십니다. 기도 할 때도 우리 아버지의 마음을 알아서 가까이 다가가는 그런 기도를 할 때, 주님께서 원하시는 주님이 기뻐하시는 그런 기도를 먼저 할 때 내 기도를 미처 다 하지 못해도 주님께서 나의 미처 구하지 못한 것 까지도 다 해결해 주시는 놀라운 은혜를 부어주시는 것입니다.

우리는 지난 십여 년이 넘는 많은 시간동안 지속적으로 기도학교를 통해서 예배를 드리고 하나님을 경외하고 그분을 앙망하며 기도하여 왔습니다. 특별히 주님께서는 나라와 민족을 위하여 이 민족이 주님의 뜻을 좇아 나아갈 바를 기도하게 하셨습니다. 주 예수님 이름으로 아버지 하나님께 남북한 나라를 민족을 이 땅을 아버지 하나님께 바쳤습니다. 주님께서 기뻐 받으시고 주님의 뜻대로 이 나라와 민족이 가장 복된 길로 인도해 주심을 믿고 기도 하였습니다.

기도할 때 영안을 열어 주셔서 보게 하시는데 교회의 윗 건물들과 지붕이 없어지고 우리의 기도가 불타는 횃불이 되어 하늘 높이 힘 있게 솟구쳐 올라가는 것을 보았습니다. 2021년 초 나라를 위하여 기도할 때 서울의 하늘이 청와대부터 다 시커먼 구름으로 가려져 있었지만 하나님께서 서울의 한 구석에서부터 조그맣게 금빛 찬란한 빛을 준비하고 계시는 것을 보여 주셨습니다. 하나님께서 고레스왕과 같은 자 다리오왕과 같은 자를 세워서 순교의 피가 흘러있는 이 나라를 복되게 인도해 나가실 것을 기도하고 있고 요셉과 같은 자 다니엘과 같은 충성스럽고 지혜로운 지도자들을 주시기를 기도하고 있습니다. 주님께서 이와 같은 자들을 세우셔서 이 나라를 반드시 복되게 인도해 나가실 것입니다. 그동안 나라와 민족을 위하여 기도 할 때 크고 작은 많은 응답들을 미리 받고 기뻐하며 하나님을 찬양하게 하셨습니다.

동성애로 어린 영혼들까지 유린하여 그들의 영혼과 육신을 망하게 하는 더럽혀진 서울의 시청 앞 광장을 거룩하게 구별하여 주시기를 기도 하였을 때 전 서울시장의 여비서 성희롱 문제가 불거졌습니다. 서울 시청 앞 광장을 동성애자들의 축제장으로 내어주어 수많은 젊은이들이 죄악가운데로 담대하게 빠져들게 만드는 책임을 가진 사람은 안타깝게도 지금 이 세상에 없습니다. 우리는 우리의 인생에 무엇으로 심을 것인가를 말씀을 통해 깨닫고 보배롭게 거둘 일들로 심어야만 할 것입니다.

자비로운 자에게는 주의 자비로우심을 나타내시며 완전한 자에게는 주의 완전하심을 보이시며 깨끗한 자에게는 주의 깨끗하심을 보이시며 사악한 자에게는 주의 거스르심을 보이시리니 주께서 곤고한 백성은 구원하시고 교만한 눈은 낮추시리이다
시18:25~27

간절한 마음으로 나라와 민족을 위하여 기도할 때 주님은 수많은 나라의 위경과 문제들을 도와 주셨습니다. 특별히 박전 대통령 때 전북의 익산에 이슬람의 할랄단지를 크게 만들어서 우리나라의 경제에 보탬이 되게 하려는 대통령의 계획이 있었습니다. 이 일은 사실 우리나라의 경제에 그다지 이익도 되지 않을뿐더러 나라에 이슬람을 거대 유입함으로 수많은 문제들이 파생될 엄청난 위경의 일이었기 때문에 깨어있는 그리스도인들은 기도하지 않을 수가 없었던 일이었습니다. 마음 아픈 일들로 인하여 박전 대통령이 계속 정치를 할 수 없었으므로 더 이상 이슬람을 우대하여 할랄단지 정책을 이어 나갈 수가 없게 되었습니다.

우리는 이스라엘 민족의 흥망성쇠를 보면서 교과서로 표본으로 삼을 것이 많음을 봅니다. 이스라엘 남쪽 유다나라의 히스기야왕의 아들 므낫세가

12세에 왕이 되어 예루살렘에서 55년을 유다 나라를 다스렸습니다. 그는 나라를 자기의 생각대로 부강하게 만들기를 원하였습니다. 그는 어리석게도 우상을 섬기고 우상에게 빌면 그 생명 없는 우상이 그의 나라를 부요하고 강대하게 만들 것이라 생각하고 우상섬기기를 극렬히 하였습니다. 아래의 말씀들은 므낫세가 한 행동들입니다.

여호와 보시기에 악을 행하여 여호와께서 이스라엘 자손 앞에서 쫓아내신 이방 사람들의 가증한 일을 본받아 그의 아버지 히스기야가 헐어버린 다시 세우며 바알들을 위하여 제단을 쌓으며 아세라 목상을 만들며 하늘의 모든 일월성신을 경배하여 섬기며 여호와께서 전에 이르시기를 내가 내 이름을 예루살렘에 영원히 두리라 하신 여호와의 전에 제단들을 쌓고 또 여호와의 전 두 마당에 하늘의 일월성신을 위하여 제단들을 쌓고 또 힌놈의 아들 골짜기에서 그의 아들들을 불 가운데로 지나가게 하며 (자신의 자식을 말 못하는 생명 없는 우상에게 바쳐서 불에 태워 죽이며) 또 점치며 사술과 요술을 행하며 신접한 자와 박수를 신임하여 여호와 보시기에 악을 많이 행하여 여호와를 진노하게 하였으며 또 자기가 만든 아로새긴 목상을 하나님의 전에 세웠더라 옛적에 하나님이 이 성전에 대하여 다윗과 그의 아들 솔로몬에게 이르시기를 내가 이스라엘 모든 지파 중에서 택한 이 성전과 예루살렘에 내 이름을 영원히 둘지라 만일 이스라엘 사람이 내가 명령한 일들 곧 모세를 통하여 전한 모든 율법과 율례와 규례를 지켜 행하면 내가 그들의 발로 다시는 그의 조상들에게 정하여 준 땅에서 옮기지 않게 하리라 하셨으나 유다와 예루살렘 주민이 므낫세의 꾀임을 받고 악을 행한 것이 여호와께서 이스라엘 자손 앞에서 멸하신 모든 나라보다 더욱 심하였더라 대하33: 2~9

하나님께서는 이악한 므낫세 왕을 즉시 하늘에서 불을 내려 멸하시지 않으셨습니다. 그에게 여러 번 말씀하셔서 회개하고 그의 삶을 고칠 기회를 주었으나 그는 완악하여 듣지 않았습니다.

여호와께서 므낫세와 그의 백성에게 이르셨으나 그들이 듣지 아니하므로 여호와께서 앗수르왕의 군대 지휘관들이 와서 치게 하시매 그들이 므낫세를 사로잡고 쇠사슬로 결박하여 바벨론으로 끌고 간지라 그가 환난을 당하여 그의 하나님 여호와께 간구하고 그의 조상들의 하나님 앞에 크게 겸손하여 기도하였으므로 하나님이 그의 기도를 받으시며 그의 간구를 들으시사 그가 예루살렘에 돌아와서 다시 왕위에 앉게 하시매 므낫세가 그제서야 여호와께서 하나님이신 줄을 알았더라 대하33:10~13

우리는 북이스라엘과 남 유다의 여러 왕들을 보면서 결단코 하나님의 말씀을 버리고 떠나고, 우상숭배를 통해서는 나라가 하나님의 복을 받을 수가 없음을 압니다. 하나님께서 은혜주시고 축복하시기를 원하시는 나라와 백성은 오직 하나님을 경외하며 그분의 말씀에 순종하여 살 때 전능하신 하나님께서 지켜주시고 복을 주시어 나라와 민족이 부강하며 잘되는 것을 배우게 됩니다.

주님께서는 2018년에 도서출판 쿰란을 통하여 '거룩으로 꽃피게 하라'를 두 번째로 발간하게 하셨습니다. 이 책을 통하여서는 하나님께서 행하신 놀라우신 축복된 일들과 '성차별금지법'과 전 정부가 주도하여 추진하려하는 각종 인권법과 잘못된 사학 법, 젠더 문제 등을 통한 폐해와 해악을 경고하였습니다. 하나님께서는 여러 번 사람들을 통하여 권고하시고 듣지 않으시면 촛대를 옮기십니다. 하나님께서 원하시는 공법과 공의에는 전혀 염두에 두지 않고 완악하고 오만하게 하나님을 대적하는 도구로 쓰임받기를 주저하지 않고 기독교 개교 이념을 무시한 사학법과 나라의 근간을 흔들고 젊은이들을 죄악으로 몰아넣는 기회를 제공하는 성차별 금지법등 악법들을 지속적으로 추진하며 하나님을 두려워하지 않고, 백성을 위하고 나라를 위하는 정치가 아닌 당리당략만을 위한 정략적 정치를 해 나갈 때 하나님을 대적하는 이러한 악한 법들로 인하여 하나님의 심판을 받게 된다는 것을 말씀에 의지하여 미리 분명히 말하였습니다. 이것은 말씀에 비추어 보아서 명약관하한 일인 것입니다. 하나님께서 말씀하신 것이 있습니다.

"나를 대적하는 것을 대적하라!"

- 나를 대적하는 것을 대적하라! -

하나님을 이길 자는 없습니다.
우리 하나님은 상천하지에 오직 유일하신 하나님이십니다.

'태초에 하나님이 천지를 창조하시니라' 창1:1

하나님은 온 세상을 창조하신 창조주이십니다. 그 하나님은 나라를 세우기도 하시고 멸하기도 하시고 왕을 세우기도 하시고 폐하기도 하십니다. 사람들의 생사화복을 주관하십니다. 하나님께서 새롭게 세우실 정부와 나라의 일을 맡은 위정자들은 근신하여 두려움과 경외함 가운데 이 나라를 세우신 하나님의 말씀에 순종하여 하나님이 싫어하시는 우상숭배와 하나님을 대적하는 사단마귀의 종인 공산당을 세우고 조종하는 사단 마귀세력이 기뻐하고 주장하는 각종 악한 법들을 세우는 일에 동조해서는 안 될 것입니다. 오직 하나님을 두려워하는 가운데 이 나라와 국민을 위하여 성심껏 나아가며 하나님의 도우심을 구한다면 그 길이 길 것이요. 복될 것이며 하나님의 도우심의 손길이 클 것입니다. 무엇보다도 주님 보시기에 옳고 바르게 나아가려 애 쓸 때 범사에 도우셔서 잘되고 복이 될 것입니다.

많은 순교의 피가 흘려진 이 대한민국 우리나라를 통하여 하나님은 복을 주시고 이 나라를 통하여 세계와 민족 가운데 하나님의 축복하심이 흘러가기를 원하십니다. 이것이 하나님께서 이 민족을 통하여 일하시기를 원하시는 것입니다. 우리나라를 세계가운데 우뚝 세우셔서 경제적으로도 번영하기를 원하시고 우리나라를 통하여 세계와 민족을 복되게 하는 축복이 흘러가는 통로로 사용하셔서 열방과 열국을 열 왕을 살리시기를 원하시는 하나님 아버지의 뜻이 있으십니다.

대한민국의 곳곳에서 하나님의 사람들은 지금도 나라와 민족을 위하여 이 나라를 다스리는 위정자들을 위하여 기도하기를 멈추지 않고 있습니다. 믿음의 계보가 이어 질 때마다 이 중요한 기도는 대를 이어 사수 될 것입니다. 누가 알아 줘서 하는 기도가 아닙니다. 주님께서 특별히 마음에 감동된 자들을 일으켜 세우시고 그들은 밤이 맞도록 나라와 민족을 위해서 이 민족이 살길 세계 복음화를 위해서 선교사와 주의 종들 그리고 교회와 하나님의 백성들을 위하여 기도를 게을리 하지 않을 것입니다. 주님께서 보여 주셨는데 나라와 민족을 위해 기도하는 하나님의 백성들의 기도가 도처에서 기도의 향이 되어 계속 올라가는 것을 보여 주셨습니다. 그리고 하나님께서 위에서 계속 기름부음을 끊이지 않고 내려 주시는 것을 볼 수가 있었습니다. 우리나라는 동방의 예루살렘이라는 칭호를 얻었고 얻을 것입니다. 이 자랑스러운 나라는 하나님께서 통치하시고 다스리시는 하나님의 나라가 될 것입니다, 이 백성은 하나님의 백성이 되어 하나님의 보호하심과 다스리심의 은혜 가운데 축복 받으며 살기를 원합니다. 이 대한민국의 땅은 하나님께서 친히 다스리시고 통치하시는 땅이 되어서 하나님의 특별하신 보호 가운데 지켜주시고 은혜 베풀어 주실 것을 믿습니다. 여러 번 전쟁이 일어난다고 하였으나 그때마다 기도하면 하나님께서는 전쟁이 일어나지 않는다고 하셨습니다.

　한번은 양재동의 신실하신 사모님을 통하여 에스겔 말씀을 전하면서 남북전쟁이 바로 일어남을 예언하는 이야기를 들었습니다. 그 소식을 들은 수많은 주의 종들과 하나님의 사람들이 금식을 하며 기도를 하였습니다. 수많은 기도들이 다급하고 간절하게 주님께 올려졌습니다. 정말 수많은 하나님의 사람들이 3일씩 금식하며 철야하며 회개하며 나라와 이 민족을 위하여 간절히 기도를 하였습니다. 저는 새벽에 교회에 가서 앉자마자 주님께 여쭤 보았습니다. "주님 전쟁이 일어난다고 하는데 진짜 전쟁이 일어나는 거예요?" 주님께서는 즉시 "아니다 전쟁은 일어나지 않는다."라고 말씀하셨습니다. 그래서 저는 "주님 그러면 그 사모님이 잘못 말씀하신 거네요? 그러면 그 사모님 잘못 말씀하셨다고 사람들에게 말 하겠습니다." 라고 주님께 말씀드렸습니다.그러자 주님께서는 그리 하지 말라고 말씀해 주셨어요. 그 사모님의 예언도 주님께서 주신 거라고 하셨습니다.

가나안 백성의 죄가 땅에 가득 찼을 때 주님께서는 그들을 쫓아내시고 이스라엘 백성이 그 땅에 들어가 살게 하셨음을 깨닫게 하시고 우리나라와 백성의 입에까지 가득 찬 죄를 하나님의 사람들이 금식하며 애통하며 회개하는 그 회개의 기도를 들으시고 전쟁을 막아 주시는 것을 알게 하셨습니다. 주님께서는 전쟁이 일어나지 않도록 정수리까지 가득 찬 이 백성의 하나님을 모른다는 오만한 죄, 음란죄, 살인하고 행악하는 죄, 거짓의 죄 등 수많은 심판받아 마땅할 그 죄로 인하여 전쟁이 일어나도 마땅하지만 회개의 눈물의 기도를 애통하며 금식하며 부르짖는 주의 종들과 하나님의 백성들의 기도를 들으시고 전쟁을 막아 주신 것을 알게 하셨습니다.

우리는 오래도록 이 나라의 주의 종들과 교회들을 위하여 기도해 왔습니다. 회개하고 깨어서 거룩하여 하나님의 영광을 나타내고 세계에 복음을 전하며 성령의 불을 전하는 시대적 사명을 감당하기를 위해서요. 하나님의 쓰임받기에 합당한 주의 종이 되기를 위해서 기도하였습니다. 우리들은 오래도록 나라와 민족을 위하여 기도해 왔습니다. 주님께서 그렇게 시키셨습니다. 작은 인원이지만 모여서 나라와 민족을 위하여 기도할 때 주님께서는 이 나라와 민족을 복되게 하시는 여러 기도 제목들을 들어 주셨습니다. 우리 교회 작은 성도들 뿐 아니라 깨어 있는 대한민국의 온 교회와 성도들은 모두다 안타까이 이 나라와 민족을 위해 눈물로 부르짖고 기도 하였을 것입니다. 하나님의 도우심으로 이 나라의 자유민주주의의 가치가 수호되기를 위하여 국민이 안심하고 평안히 살 수 있는 나라, 나라의 경제를 위하여 또 마음껏 예배하고 기도할 수 있는 나라, 주의 종들이 강단에서 하나님의 말씀을 가감 없이 마음껏 전할 수 있는 나라, 전도할 수 있는 자유가 막히지 않는 나라가 되기를 위하여 천국시민인 하나님의 백성 된 믿음의 사람들은 주야로 주님께 부르짖어 도우심과 축복하심을 구하고 매일 매일 기도하였습니다.

기도하는 나라는 망하지 않습니다. 기도하는 국민은 주님의 보호하심과 도우심 가운데서 거합니다. 자신의 자리에서 한 사람 한 사람 기도하는 그 사람 때문에 이 나라는 반드시 여러 어려움 가운데서도 부강한 나라 세계 여러 나라 여러 민족을 복되게 하는 나라가 될 것입니다. 앞으로도 수많은 어려움과 난관이 있지만 그것을 돌파하고 이 나라는 부흥 할 것입니다. 우리는 세계 열방 가운데 세계를 선도 할 경제 대국 되게 해 주실 것을 믿고 기도합니다. 비록 작은 교회의 작은 인원이 주님께 날마다 부르짖어 기도하지만 이것을 귀히 보시어 기쁘게 기도를 받아 주신 것을 압니다.

주님께서는 이 나라를 복되게 하시기를 원하십니다. 남북도 통일 되게 하시기를 원하십니다. 또한 세계 열방가운데 우리나라를 우뚝 세우셔서 존귀하게 하고 부강하게하고 지도자적인 위치로 나라의 기치를 높이 올리실 것입니다.

누가 이 일에 쓰임 받을 까요? 대한민국의 많은 교회들을 주님께서는 깨우시고 기도하게 하시고 주님께서는 주님의 영광된 역사를 이루어 가십니다. 이 일은 이전에도 있어왔던 일입니다.

일본의 식민통치 가운데 믿음의 하나님의 자녀들은 나라와 민족을 위하여 기도하며 독립운동을 주도하여 왔고 민족들을 일깨우는 선구자적인 일들을 감당하여 왔습니다. 비단 유관순열사 안중근의사만이 아닙니다. 일본의 의회에 가서 하나님의 대 사명이다라고 외치며 일본이 회개하지 않으면 유황불의 하나님의 심판이 기다리고 있다는 것을 주저 없이 외친 박관준 장로와 안이숙 선생도 있었습니다. 일본인들은 회개하지 않았고, 결국 히로시마와 나가사끼에 투하된 원자폭탄으로 인하여 완전히 항복을 하게 되었습니다. 결국 하늘에서 유황불이 내려 하나님의 심판을 받게 된 것이지요.

그리고 얼마나 많은 하나님의 백성들이 하나님의 말씀을 따라 이 나라와 백성을 사랑하여 말씀을 좇아 하나님의 의를 이루어 갔는지요? 그들은 하나님의 눈을 바라보며 나아갔기에 사람들이 알아주지 않아도 배신을 당하여도 나라사랑하는 애국 애족을 조금도 굽히지 않았던 것입니다.

북한에서 남한을 침략했을 때 공산주의 세력이 남한을 적화통일 시키게 된다면 반드시 예수님 믿는 남한의 50만 명의 기독교인들이 맨 먼저 처참하게 죽임을 당할 것을 알기에 선교사님들과 많은 미국의 목사님들은 이 사실을 애타게 화급히 전했습니다.

그들의 간절한 외침을 듣고, 당시 믿음의 사람들이 많던 미국의회에서는 긴급의회를 열어, 남한의 50만 명의 예수님을 믿는 그리스도인들을 살리려 미국은 전쟁에 수많은 고귀한 목숨을 드린 젊은이들과 엄청난 전쟁 물자를 보내어 남한을 도왔기에 지금의 자유 한국이 존재 할 수 있었던 것입니다. 하나님께서 이 나라와 백성을 구한 이 사실을 대한민국의 사람들은 모두 알고 우리를 구하신 하나님께 감사를 드려야만 하는 것입니다. 절체절명의 위기에서 우리를 도운 미국과 참전 국가들에게 감사하여야만 하는 것입니다.

또한 6.25동란으로 이 대한민국이 존폐의 위기에 있을 때 부산에서 주의 종들이 회개 하며 3일간 간절히 금식하며 기도할 때 주님께서는 5000분의 1로 그 어렵다던 인천상륙작전을, 하나님을 경외하며 신실하게 기도하는 맥아더 사령관을 통하여 성공리에 마칠 수 있는 놀라운 축복과 은혜를 주셔서 우리나라가 절대 절명의 순간에, 회복의 전기를 마련하게 되었다는 것은 모두가 다 아시는 주지의 사실인 것입니다.

하나님께서는 안전보장이사회의 상임 이사국 중 당시 만장일치제로 소련대표가 참석할 경우 반드시 반대할 것을 아시니 아무도 도울 수 없는 길에서 소련대표의 차를 고장 나게 하시어 회의에 참석할 수 없게 만드셔서 유엔의 수십 개국의 나라들이 한국을 도울 수 있는 길을 여신 것은 하나님의 크신 은혜입니다.

당시 유엔군 참전국은 미국, 영국, 오스트레일리아, 뉴질랜드, 프랑스, 캐나다, 남아프리카공화국, 터키, 타이(태국), 그리스, 네델란드, 콜롬비아, 에티오피아, 필리핀, 벨기에, 룩셈부르크 등 16개국이었고 의료지원국은 덴마크, 인도, 이탈리아, 노르웨이, 스웨덴등 5개국이었다고 합니다.

우리나라는 이러한 나라들에 빚이 있습니다. 우리나라가 잘되어 이러한 나라들에 대해서 반드시 하나님의 축복을, 나라의 경제의 복을 나누어 흘러 보내 저들 나라들을 유익되게 하고 잘 되게 할 은혜 갚을 사명이 있음을 잊지 말아야겠습니다.

앞으로 대한민국의 교회들과 주의 종들, 하나님의 사람들은 더욱 더 회개하고 기도함으로 새롭게 됨을 받아 거룩하여 하나님 쓰시기에 합당한 열매들을 맺어 가실 것이고, 주님 앞에 존귀하게 쓰임을 받아, 복음으로 세계를 살리고 도울 사명을 잘 감당하기를 위하여 우리는 계속 기도 할 것입니다.

- 여호와의 기구를 메는 자 -

이 일을 위하여 하나님은 기도할 하나님의 사람들을 먼저 세우십니다. 내가 먼저 회개하여 주님 앞에 세상가운데 구별되어 거룩하게 세워져야 할 것입니다. 하나님이 부르실 때 의복을 정결케 하여야 합니다. 하나님의 기구를 메는 자는 스스로 세상가운데 구별되어 성별 되어야합니다.

주님께서는 저에게 말씀하여 주셨습니다.
나는 할 수 없습니다. 오직 주님의 성령님이 도우십니다.

"네 눈을 성별하라"
"네 눈을 성별하라"

"네 귀를 깨끗하게 하라"
"네 귀를 깨끗하게 하라"

"네 입을 복되게 하라"
"네 입을 복되게 하라"

지금 주님께서 당신을 부르십니다!
다른 사람이 아닌 당신을 부르십니다.

기도의 거룩한 부르심에 응답 하십시오

당신을 성결케 하여 주님 앞에 나아가는 일에
주님은 지금 당신을 부르십니다.

당신의 무릎은 기드온의 용사처럼 깨어 있습니다.
당신의 손과 귀는 기드온의 용사처럼 깨어 있습니다.

주님은 용사들을 불러 모으십니다.

누가 여호와의 산에 오르시겠습니까?

주님께서 지금 당신을 부르십니다.
주님께서 내어 미는 손을 붙잡으십시오! 기도가 그 시작입니다.

창대한 일들이 당신 앞에 펼쳐 질 것입니다. 주님은 당신을 통해서 놀라운 일을 행하실 것입니다. 주님의 피 값 주고 사신 당신은 존귀한 하나님의 사람입니다. 주님을 위한 당신의 기도와 헌신은 하나님의 마음을 감동케 하십니다!

여호와의 산에 오를 자가 누구며 그의 거룩한 곳에 설자가 누구인가 곧 손이 깨끗하며 마음이 청결하며 뜻을 허탄한 데에 두지 아니하며 거짓 맹세하지 아니하는 자로다
시24:3~4

많은 백성이 가며 이르기를 오라 우리가 여호와의 산에 오르며 야곱의 하나님의 전에 이르자 그가 그의 길을 우리에게 가르치실 것이라 우리가 그 길로 행하리라 하리니
사2:3

나의 간절한 기대와 소망을 따라
아무 일에 든지 부끄러워하지 아니하고
지금도 전과 같이 온전히 담대하여
살든지 죽든지
내 몸에서 그리스도가 존귀하게
되게 하려하나니(빌1:20)

여호와의 산에 오르자

1판 인쇄   2022년 6월 18일
1판 발행   2022년 6월 24일

지 은 이 최길숙
펴 낸 이 김덕식
펴 낸 곳 도서출판 주영광
등   록 214-95-63653
주   소 서울특별시 동작구 사당로 23사길 21 골든빌 102
전   화 02)3482-5163
I S B N 979-11-978760-0-4
총   판 하늘유통